동물권력

사자의 눈, 고래의 시선,
	고릴라의 마음으로 다시 쓴 역사!

맬 애덤스

매혹하고
행동하고
저항하는

동물의 힘

동물권력

부크리가

남방큰돌고래 '삼팔이'가 탈출했다! 가두리 그물에 30센티미터짜리 구멍이 있었던 모양인데, 그걸 용케 찾아 빠져나간 것이다.

당시 제주도 성산항의 가두리에는 수족관에서 돌고래쇼를 하던 제 돌이와 삼팔이, 춘삼이가 야생 방사를 기다리고 있었다. 이제 한 달이면 가두리 문을 열어 주려고 했는데 비상사태가 발생한 것이다. 예기치 않은 삼팔이의 행동에 과학자들은 허둥댔고, 국내 첫 돌고래 야생 방사 계획은 암울해지고 있었다.

닷새 뒤, 놀라운 소식이 들려왔다. 삼팔이가 서귀포 대정 앞바다에서 야생 남방큰돌고래들과 어울려 헤엄쳐 다니고 있는 게 아닌가! 다섯 마리의 수족관 돌고래가 고향 바다로 돌아가 야생의 친구들을 다시 만나고 새끼까지 낳은, 세계적으로도 유명한 한국 남방큰돌고래 야생 방사 프로젝트는 사실 이렇게 삼팔이라는 '탈출 돌고래'의 의지와 행동으로 첫 성공을 거뒀다.

그때 나는 남방큰돌고래에게 푹 빠져 있었다. 2012년 3월《한겨레》 1면에 「제돌이의 운명」이라는 기사에서 수족관 돌고래의 야생 방사 문제를 제기한 이래 제돌이를 필두로 한 남방큰돌고래들의 고향 가는 길을 함께하고 있었다.

그런데 가까이서 보니 돌고래들은 수족관에서도, 가두리에서도 인간에 의해 일방적으로 조종되고 지배되는 게 아니었다. 돌고래는 시시때때로 과학이 주관하는 실험실을 빠져나갔고, 인간 정치에 저항했으며, 역사에 개입했다. 지구는 인간만의 세계가 아니었다. 인간을 포함하여 모든 종은 서로에게 기대고 있으며, 인간동물과 비인간동물은 공동으로 세계를 구성하고 있었다. 그동안 인간이 세계의 모든 일을 장악하고 있다는 생각에 사로잡혀 좀처럼 보이지 않았을 뿐이다.

이런 시각으로 남방큰돌고래 야생 방사를 다룬 책『잘 있어, 생선은 고마웠어』의 집필을 마치고, 문제의식을 확장해 인간-동물 역사를 새롭게 써 보고 싶다는 생각이 들었다.

그간 인간-동물 관계에 관한 역사 기술은 평면에 그려진 지도 같았다. 동물은 세계의 외부자였다. 자연환경의 구성 요소에 불과하다고 여겨졌으며, 동물의 삶 또한 인간에 의해 빚어지는 수동적 결과물로 표시됐다. 동물들이 개별 주체로서 의지를 갖고 활동하며 변화를 일으키는데도, 우리는 인간중심주의의 편견에 갇혀 그것을 보지 못했다. 지리산 지도를 보고 산의 대강을 그려 볼 수는 있지만, 그 안에 숨어 있는 계곡과 절벽, 나무와 동물들의 군집과 동태는 알 수가 없다. 이 책을 집필하는 작업은 나에게 이런 후미진 곳을 탐험하는 것과 같았다. 최대한 평면적인 지도에서 벗어나 입체적인 지도를 만들자!

이 책은 인간-동물 관계의 역사를 통사적으로 다룬다.

1부는 인간이 스스로를 동물로 여기던 수렵채집 시대부터 동물을 타자화하여 지배하기 시작한 신석기시대까지 다룬다. 인간이 동물과 경쟁하고 협력하던 체제는 인간이 동물을 일방적으로 착취하는 체제로 이행한다. 하지만 모든 대륙의 시간이 똑같은 속도로 흐르는 건 아니어서, 근현대에도 구석기시대 인간-동물 관계의 원형을 찾아볼 수 있다. 100여 년 전 오스트레일리아의 에덴에서, 그리고 지금 이 순간 브라질 라구나 마을에서 그런 모습을 발견했다.

2부는 인간이 동물을 상품화해 정치의 최하위 계급으로 복속시킨 근대 이후를 다룬다. 인간과 동물 간에 이뤄지는 지배, 협상, 저항 등을 동물정치라고 한다면, 근대에 들어서며 둘 사이의 일대일 지배 관계는 전례 없는 변화를 맞이한다. 인간의 노동력이 상품으로 거래된 것처럼 이 시대 동물정치는 자본주의의 극단적인 형태를 보여 준다. 반면 고통받는 당나귀와 말, 고기가 되는 동물들의 고통에 공감하는 이들이 대리인으로 정치에 참여함으로써 새로운 형태의 동물정치 또한 등장한다.

3부는 동물 영웅 이야기다. 수족관에 끌려가 세 건의 인명 사고에 연루됐으나 돌고래 해방운동의 견인차가 된 범고래 틸리쿰부터 기만적인 선진국의 환경주의를 폭로한 세실까지, 이들 '동물 영웅'은 인간 중심의 역사에 새로운 갈림길을 제시했다.

4부에는 과학의 발전과 동물권 운동의 성장으로 우리가 새롭게 마주한 동물을 담았다. 아직 가야 할 길이 멀긴 하지만, 동물을 '고통 없는 기계'로 인식하는 경향은 다행히 줄어들고 있다. 거기에는 인간 언어를 배우며 사람처럼 키워졌다가 종국에는 버려진 유인원 수십 마리의 불행이 있었다는 점을 잊어선 안 될 것이다.

마지막 5부에서는 인간중심주의를 뛰어넘은 인간-동물 관계를 다룬다. 세상에 단 하나뿐인 고래에 대한 열망, 침팬지의 절망을 함께 나눈 인간의 이야기 등을 통해 흐릿하지만 앞으로의 전망을 담아 보려 했다.

동물이 인간 지배의 결과물이라는 생각은 여전히 견고하다. 동물권을 부르짖는 사람들조차도 자신을 구원자로 여기며, 동물을 피해자라는 정체성에 가두곤 한다. 그러나 그것이 다가 아니다. 동물은 근육과 눈빛으로 우리를 바꾼다. 세상을 바꾸고 역사를 창조한다. 역사는 인간과 그의 하인들로 구성된 닫힌 세계가 아니다.

나는 동물이라 통칭되는 수많은 비인간동물의 눈높이에서 세상을 들여다보고 싶었다. 인간이 만든 질서를 뛰어넘어 각자의 방식대로 역사에 참여하는 동물의 삶 앞에서 겸허라는 단어를 수없이 떠올렸다. 우리의 편견 때문에 볼 수 없는 것들이 있으므로, 동물의 능동성을 포착하는 것이 이 책의 임무라고 생각했다. 하지만 몇 장의 스틸 사진을 겨우 건졌을 뿐 처음과 끝이 있는 한 편의 매끄러운 동영상을 손에 쥐지 못한 게 못내 아쉽다.

이 책은 뇌종양이라는 병으로 아플 때 꾸역꾸역 써 나갔다. 역설적이지만 삶의 절벽이 주변에 도사리고 있을 때, 차분한 평안이 찾아온다. 문득 사자 무리 앞에서 초연한 얼룩말 무리의 평안이 이런 게 아닐까 싶었다. 사실 삶은 언제나 죽음에 맞닿아 있다.

깜짝 놀랄 정도의 팩트 체크로 책의 완성도를 끌어올려 주신 북트리거 김지영 선생님, 힘든 시절을 함께해 준 아들 지오와 아내 명애, 기도하시는 어머니와 가족들에게 감사드린다.

세상을 바꾸고 불행해진 모든 동물들에게 이 책이 작은 위로가 되었으면 좋겠다.

2022년 11월

남종영

목차

1부 길들임과 지배 사이

2부 동물정치의 개막

우리는 왜 동물 탈옥수를 응원하나

알 카포네가 앨커트래즈 감옥을 탈출했어도 이만큼 시선을 끌진 못했을 것이다. 신문과 방송이 연일 수색 작업을 보도했지만, 원숭이는 오리무중이었다. 그의 이름은 앨피Alfie. 1987년 7월 23일 미국 피츠버그동물원을 탈출했다.

일본원숭이지만 앨피의 고향은 일본이 아니었다. 텍사스에서 태어났다는 기록을 봤을 때, 그는 미국에서 유행처럼 번진 사설 동물원 출신일 가능성이 크다. 지금 하늘을 날아다니는 점보제트기의 이름을 선사한 코끼리 '점보'나 최초로 우주여행을 한 개 '라이카'처럼 이름을 역사에 남기지도 못했다. 탈출 사건이 일단락된 이후 앨피를 기록하거나 추적한 사람도 없다(코끼리 점보에 대한 논픽션만 네댓 권이다). 앨피는 평범한 동물로 태어나 이름 없이 묻혔다. 하지만 1987년 미국 사회는 온통 앨피에게 신경이 쏠려 있었다. 도대체 탈출한 원숭이는 어디로 간 거야?

앨피가 동물원에서 태어났다는 건 바깥세상에서 살아가는 법을 배우지 못했다는 얘기다. 그런데도 앨피는 탈출한 뒤 동물원 주변에서 기웃거리지 않았다. 먹이를 준 건 항상 사람이었지만 가까이 다가가진 않았다. 혼자 자급하며 꾸준히 진군했다. 큰 강을 건너 오하이오주에 이르렀다.

오하이오의 시골은 보수적이다. 앨피의 탈출 사건 3년 전에 세상에 나온 영화 〈풋루즈〉Footloose 또한 오하이오의 시골 동네가 배경이다. 보수적인 가정에서 자유를 갈구하는 청춘들이 케니 로긴스의 동명 노래에 맞춰 춤을 춘다. 앨피에게도 '풋루즈'라는 별명이 붙었다. 발 가는 대로 간다는 뜻이다. 앨피는 태어나서 처음으로 발 가는 대로 갈 수 있었다. 그래서일까? 사람들은 앨피를 응원했다. 잡히지 말라고, 자유롭게 살라고…. 앨피를 위한 노래가 만들어지고, 디스크자키는 '이단아 원숭이'를 외치며 음반을 돌렸다. 소도시 벨레어에 앨피가 도착했을 때, 마을 사람들은 어떻게든 한번 앨피를 보기 위해 뒷마당에 음식을 두고 기다렸다.

원숭이 탈옥수는 '영웅'이 되어 갔다. 보다 못한 피츠버그동물원은 전문 사냥꾼들을 고용했고, 동물원으로부터 100킬로미터 떨어진 브리지포트에서 마취제를 단 화살이 앨피의 몸에 꽂혔다. 이를 전한 신문은 첫 문장을 이렇게 썼다.

"오하이오 남동부 사람들은 영웅을 잃었고, 피츠버그동물원은 원숭이를 되찾았다".

신문에 실린 앨피의 귀환
1988년 1월 28일 지역신문 《피츠버그 포스트가제트》 1면 머리기사로 실린 앨피의 포획 소식. 바나나의 유혹을 이기지 못하고 '오디세이'가 끝났다고 쓰여 있다. 사진은 다시 철창에 갇힌 앨피의 모습이다.

1988년 1월 27일, 탈출한 지 여섯 달 만이었다.[1]

동물에게 '자유'란 무엇인가

동물의 탈출이 드문 일은 아니다. 사실 18세기 유럽에서 근대 동물원이 탄생한 뒤 수많은 탈옥 동물이 있었다. 대부분은 잡혔고 사살됐다.

1980년대 미국 샌디에이고동물원의 상습 탈옥수였던 오랑우탄 '켄

앨런'은 팬클럽이 생기고 티셔츠가 돌아다닐 정도였다. 2007년 일본 도쿄시라이프파크의 홈볼트펭귄이 강에서 헤엄치고 있을 때, 동물원은 펭귄이 사라진 것도 몰랐다. 나중에 펭귄 수를 세어 보곤 한 마리가 빠진 걸 알아차렸다(펭귄은 82일 만에 잡혀 회수됐다). 같은 해 미국 샌프란시스코동물원의 시베리아호랑이 '타티아나'의 탈출 사건은 더 극적이다. 한 번도 넘지 않았던 해자(울타리)를 훌쩍 뛰어넘어 자신을 놀리던 인간을 공격했다.[2] (해자를 뛰어넘을 수 있는 능력을 가진 호랑이가 왜 평소에는 탈출하지 않았을까? 이 질문은 동물의 인지와 의지에 관해 깊은 질문을 던진다.)

한국에서도 탈출한 동물을 응원하는 신드롬이 인 적이 있다. 2010년 12월 서울대공원을 탈출한 말레이곰 '꼬마'다. 꼬마는 사육사가 청소하는 사이 문을 열고 나와 청계산으로 올라갔다. 매점을 털고 등산객이 버린 과일을 먹었다. '신창원 곰'이라는 별명이 붙고 '청계산에서 계속 살라'고 응원하는 글들이 이어졌다. 꿀과 정어리로 유인하고 전문 인력이 투입된 끝에 꼬마는 9일 만에 포획돼 동물원으로 이송됐다. 꼬마에게 청계산은 어떤 기억이었을까?

피츠버그동물원으로 잡혀 온 앨피는 신체검사를 받는다. 관례적인 검사였으나, 의외의 결과에 동물원이 놀란다. 앨피에게서 '헤르페스 B 바이러스'에 대한 양성반응이 나온 것이다. 헤르페스 B로 말할 것 같으면, 인수공통감염병을 일으키는 바이러스 가운데 가장 악명이 높다. 원숭이와 사람을 숙주 삼아 돌아다니는데, 원숭이에게는 가벼운 염증만 일으키지만 사람에게는 치명적인 뇌 감염을 유발한다. 이 바이러스를 가진 원숭이에게 물리면 치사율이 80퍼센트다.

피츠버그동물원은 이 사실을 숨긴다. 동물 스타 앨피를 보기 위해 동물원은 사람들로 북적인다. 앨피는 아무 일 없다는 듯 철창 바깥 사람들을 바라본다. 이 기회를 이용해 동물원은 앨피를 앞세워 장사를 했다. 앨피에게 새 보금자리를 만들어 준다며 목표액 1만 5,000달러의 모금 사업을 시작한다. 멍키비즈니스Monkey Business Inc.라는 주식회사를 세우고 1달러짜리 주주를 모집했다. 8~10달러짜리 기념품 티셔츠도 제작했다. 동물원장 찰스 위켄하우저는 너스레를 떤다.

> "〈조니 카슨 쇼〉나 〈데이비드 레터먼 쇼〉에서 섭외가 안 와서 앨피가 실망하고 있다는 루머는 확인되지 않았습니다. 라스베이거스에서 거액의 출연 요청도 아직 안 왔습니다."[3]

열광은 오래가지 않는다. 앨피를 보려고 일부러 코스를 조정한 수학 여행단의 발길도 끊겼다. 반년의 자유를 맛본 앨피는 동물원에서 그저 그런 동물로 살아갔다.

1994년 1월 1일 《피츠버그 포스트가제트》는 피츠버그동물원 문서를 입수해 앨피 외에도 최소 일곱 마리의 일본원숭이가 헤르페스 B 바이러스 양성반응을 보였고, 동물원이 이를 알고도 뒤늦게 조처했다고 폭로한다. 앨피는 이미 동물원 열대우림관의 지하실에 격리된 상태였다. 왕년의 영웅은 이 사건으로 잠시 소환됐다가 다시 잊혔다.

이후 기록은 1999년 미국에서 출판된 책 『지하의 동물들: 미국의 희귀 외래종 암거래의 역사』Animal Underworld: Inside America's Black Market for Rare and

Exotic Species에서 희미하게나마 더듬어 볼 수 있다. 미국 동물원의 암거래를 추적한 논픽션 작가 앨런 그린$^{Alan\ Green}$은 앨피가 다른 원숭이 여덟 마리와 함께 동물 거래상 로버트 크로가 운영하는 '애슈비에이커스 야생동물공원'으로 조용히 옮겨졌다고 밝혔다. 그중 다섯 마리는 헤르페스 B에 양성반응을 보인 원숭이였다. 그린은 애슈비에이커스가 미국 유명 동물원의 합법적인 원숭이 '쓰레기 처리장'^{dumpsite}으로 이용됐다고 말한다.

> 1993~1994년 밀워키, 피츠버그, 시러큐스의 동물원은 스무 마리 이상의 일본원숭이를 애슈비에이커스 야생동물공원에 '버렸다'. (…) 크로는 원래 원숭이 네 마리를 가지고 있었다. 하지만 동물원들로부터 원숭이를 받은 몇 년 뒤에도 여전히 주^{州} 사냥위원회에 네 마리만 있다고 보고했다. (…) 그렇다면 다른 원숭이들은 어디 갔는가?[4]

역사 속에는 자유를 향해 위험을 무릅쓴 동물이 많았다. 이렇게 말하면 자유, 해방 같은 언어가 어떻게 동물에게 어울리냐고 묻는 사람이 있다. 하지만 동물도 자유와 해방의 감각을 느낀다. 다만 철학자의 복잡한 사상이 없을 뿐이다. 이렇게 생각해 보자. 인간은 항상 심오한 철학으로 움직여 행동하는가? 그저 속박의 삶에서 자유로워지길 원해서, 불평등에 분노해서 행동할 뿐이다. 동물도 마찬가지다. 자신의 삶에서 주체가 되기 위해 울타리를 넘는다.

하다못해 집에서 개 한 마리를 길러 봐도 알 수 있는 당연한 사실을 우리는 진지하게 생각하지 않는다. 동물은 어떤 행동을 해야 보상받고 처벌받는지 경험으로 안다. 자신의 행동에 이은 결과를 추론할 줄도 안다. 동물원에 갇힌 동물은 자신이 철창을 뛰어넘으면 전기 울타리에 감전당하거나 마취 총을 맞고 쓰러지는 줄 안다. 돌고래쇼를 하는 돌고래는 높이 점프하지 않으면 밥을 굶는다는 걸 안다. 그런데도 불이익을 감수하며 금기를 넘는다. 생태역사학자 제이슨 라이벌Jason Hribal은 이를 '동물의 저항'[5]이라 표현하고, 동물지리학자 트레이시 워켄틴Tracy Warkentin은 (인간과 동물 사이 특정 공간에서 암묵적으로 맺어진) '동의의 균열'[6]이라고도 개념화한다.

현대 인간-동물 관계의 특징은 '가해 행위의 은폐'와 '죄의식의 소거'로 요약된다. 공장식 밀집 농장에서 숨을 헐떡이는 돼지의 고통을 모르기 때문에 우리는 돼지고기를 즐겁게 먹는다. 정글처럼 꾸며진 동물원에서 우리는 종종 그들이 갇혀 있다는 사실을 잊는다. 하지만 비일상적인 사건은 항상 동물이 경계를 넘는 지점에서 발생한다. 거기서 인간과 동물 사이의 은폐된 적대가 드러난다.

고통만으로 환원되지 않는 동물의 삶

"사자가 글을 쓰기 전까지 역사의 영웅은 사냥꾼으로 남을 것"이라는 아프리카 속담이 있다. 동물의 눈으로 역사를 기록하면 세상은 어떻게 보일까?

최근 동물권에 대한 인식이 폭넓어지고 있다. 미국 시월드 올랜도의 범고래 '틸리쿰'이 조련사를 사고에 빠뜨려 죽인 사건은 동물쇼는 곧 동물 학대라는 인식을 불러일으킴으로써 전 세계적인 돌고래 해방운동을 촉발했다. 좀 더 온건한 방식의 변화도 있다. 찍찍거리는 실험용 쥐들은 하얀 가운을 입은 연구원들의 죄의식을 자극한다. 쥐들의 비명은 동물 실험을 다른 방법으로 대체하고, 실험을 하더라도 개체 수를 줄이거나 고통을 경감하는 실험 윤리(3R)를 각국에 제도화했다. 동물권 논쟁이 점화할 때마다 동물은 고통스러운 삶의 피해자로 소환되는 동시에 인간의 잔인함을 성찰하는 거울이 된다. 그런데 동물의 역사는 그게 전부일까?

우리는 세상을 이분법적으로 보는 데 익숙하다. 인간과 동물, 남성과 여성, 백인과 비백인, 문화와 자연, 문명과 야만, 정신과 육체, 선과 악에 이르기까지, 이분법은 불가피하게 내부와 외부를 생산하고, 각각은 자기 정체성으로 미끄러진다. 내부에 있는 '우리'는 외부를 배제하거나, 지배하거나, 계몽해야 한다고 믿는다.

기존의 동물권론조차 이분법 구도에 기대어 있다. 그동안 문화적 존재인 인간이 야만적 존재인 동물을 다스려야 마땅하다고 생각했다면, 동물권론자들은 동물의 정체성을 희생자로 바꾸었을 뿐이다. 그들이 동물의 권리를 위해 싸운다는 점은 분명하나, 그 과정에서 동물의 삶은 '고통'이라는 이차원적 단면으로 환원되는 경향이 있다.

동물은 그보다 다면적인 삶을 산다. 고통과 슬픔을 느끼지만 동시에 즐거움, 기쁨의 감정에 몰입하고 미래를 계획하는가 하면, 다른 종과 동맹하고 전쟁한다. 동물은 우리가 생각하는 것보다 능동적으로 행동하고 새로운 사건을 일으키기도 하며, 종국에는 세계를 구성하는 주체로 참여하고 있다.

바이러스 폭탄을 가지고 다녔던 탈옥수 원숭이부터 자신을 놀린 사람을 물어 죽인 호랑이까지, 동물은 평소엔 여느 때와 다름없이 행동하다가도 갑자기 비일상적인 행동을 폭발시킴으로써 세계를 위협하는 존재들이다. 언제든 파업할 가능성이 있기 때문에 노동자에게 권력이 있듯이, 탈출하고 공격하고 파업할 수 있기 때문에 동물에게 권력이 있다. 사람을 감동시키고, 변화시키고, 세계를 바꾸는 영향력이 있다. 이 책의 목적은 사자에게 역사를 만들어 주는 것이다. 동물이 주체적으로 참여한 공동의 세계를 조명하는 것이다.

1부

걸음임과 지배 사이

1장

최초의 협력자
사피엔스-개 동맹

2011년 5월 2일 파키스탄 북부 국경 지역인 아보타바드의 작은 마을. 굉음을 울리며 헬리콥터 두 대가 마을 상공에 접근했다. 헬리콥터는 높은 담장으로 둘러친 3층집 마당을 선회하더니 착륙해 중무장한 미 해군 네이비실 대원 일흔아홉 명을 차례로 토해 냈다. 거기에는 땅에 코를 대고 킁킁거리며 네발로 뛰어다니는 동물도 있었다.

이 개는 독일셰퍼드나 벨기에말리노이즈였을 거라고 《뉴욕 타임스》가 익명의 소식통을 인용해 보도했다.[1] 이 군견에게는 9·11 테러를 일으킨 오사마 빈라덴을 찾는 임무가 주어졌다. 빈라덴은 자택 3층에서 발견됐고, 현장에서 사살됐다. 마치 영화를 보듯, 바다 건너 미국의 버락 오바마 대통령, 힐러리 클린턴 국무장관 등이 인간과 개의 협동작전

현대전에서 핵심적인 역할을 하는 군견
현대전에서 개는 인간과 완벽한 군사 파트너다. 공중 낙하 훈련으로 침투 작전을 몸에 익히고, 무선 이어폰으로 지시를 받고, 등에 달린 카메라로 후방에 상황을 알려 준다. 사진은 2007년 이라크전쟁에 투입된 미 공군의 군견 '잭슨'.

을 지켜보고 있었다.

오사마 빈라덴 제거 작전에 개가 함께한 장면은 이 종이 역사에서 차지한 상징적인 지위를 보여 준다. 아주 오래전부터 개는 인간과 함께 사냥을 했고, 양을 몰았으며, 무거운 짐을 끌었다. 희로애락을 같이하며 인간의 동반자가 되어 주었다.

개는 인류 역사에서 가장 오랫동안 인간과 함께해 온 동물이다. 가장 먼저 가축이 되었고, 인간과 더불어 역사를 만들었다. 본능적인 교감과 고도의 협력으로 인간과 호흡을 맞추면서 자신의 종과 인간의 운명을 바꾸었다.

인간과 개는 어떻게 만났을까? 그리고 개는 언제, 어떻게, 그리고 왜 야생의 땅을 버리고 인간의 땅에서 살기로 결심한 것일까? 나는 늑대가 처음 인간에게 길들 때의 풍경을 상상하곤 했다. 이 모든 역사를 펼쳐 놓은 태초의 사건 말이다.

늑대는 어떻게 개가 됐을까

아주 오래전 어느 날, 한 무리의 사람들이 모닥불 주위에 앉아 고기를 구워 먹고 있다. 오늘의 사냥은 성공적이었고, 날씨도 맑아 편안히 잘 수 있겠다. 어둠이 깔리고 냉랭한 공기가 쳐들어오는데, 기분 나쁜 짐승들 소리가 정적을 깬다. 풀숲을 뒤적이는 소리, 야수의 노란 눈빛이 적막한 어둠을 가르지만 사람들은 두려워하지 않고 아무렇지도 않게 고기를 먹는다. 식사가 끝나자 그들은 고기를 그대로 남겨 두고 잠자리로 향한다. 남은 고기는 짐승들의 차지다.

늑대가 처음 인간에게 길들 때의 풍경은 아마 이러했을 것이다. 사냥하며 살던 수렵 부족은 자신들이 마주쳐 온 동물이 늑대라는 걸 알고 있었다. 늑대는 사냥 경쟁자이기도 했지만, 그렇다고 자신들을 해치는 동물도 아니었다. 그리고 어떤 늑대는 직접 사냥하기보다는 사람들을 따라다니며 버려진 고기를 먹는 걸 좋아한다는 것도 알게 됐다. 어떤 사람은 그런 늑대에게 남은 고기를 따로 챙겨 주기도 했다. 이런 관용적인 문화는 점차 확산되었고, 어느덧 부족을 따라다니는 늑대 하나하나를 일일이 알아볼 정도가 됐다.

이런 역사적 풍경 속에서 예상 가능한 일련의 사건이 하나둘씩 쌓였을 것이다. 부족의 어린아이가 귀여운 새끼 늑대 한 마리를 발견하고 데려왔다거나, 부족을 따라다니던 늑대가 잠자는 사람을 다른 포식자로부터 지켜 주었다거나, 무리 가운데 한 마리가 사냥에 합세해 사냥감의 위치를 알려 주었다는 얘기 같은 것 말이다.

인간과 늑대의 접촉면이 넓어지면서 인간과 함께 생활하는 늑대들이 늘어나고, 둘은 서로의 자리를 존중하면서 의사소통하는 법을 익힌다. 한편 인간은 순한 늑대를 선별해 교배하고, 이들 늑대는 긴 시간이 흘러 개가 된다.

인류학자와 고생물학자들은 개의 진화에 대해 지금도 침을 튀기며 논쟁하고 있다. 개가 단일한 조상, 즉 늑대의 후손이라는 데에는 대체로 의견이 일치한다. 치와와에서 그레이트데인까지 놀라울 만큼 다양한 개의 크기와 형태 때문에 불과 반세기 전만 해도 동물학자들 사이에서 개가 두 종 이상의 조상을 갖고 있다는 주장이 있었음을 비춰 볼 때 (노벨상을 수상한 동물행동학의 창시자 콘라트 로렌츠Konrad Lorenz조차 그렇게 주장했다),[2] 이는 아주 진일보한 것이다. 하지만 늑대가 언제, 어떻게, 왜 개가 되었는지에 대해서는 아직도 갑론을박이 이어진다. 앞서 서술한 역사적 풍경은 서로 엇갈리는 입장을 모두 고려해 그나마 내가 중도적으로 그려 본 것이다.

그러다가 또 한번 논쟁의 전장에 불길이 솟는다. 부부 동물행동학자인 레이먼드 코핑거Raymond Coppinger와 로나 코핑거Lorna Coppinger가 2001년 현생 개가 신석기시대 부족의 쓰레기장에서 살면서 스스로 가축이 되었다는 '스캐빈저 가설'scavenger hypothesis을 내세우면서다. 그들의 대담한 주장은 학계에서 논쟁의 중심으로 떠올랐고, 대중매체는 다큐멘터리를 제작할 정도로 열렬히 반응했다.[3]

우선 코핑기 부부는 기존에 광범위하게 받아들여진 개의 진화에 대한 추측을 '피노키오 가설'Pinocchio hypothesis이라고 비판했다.[4] 피노키오 가설은 제페토 할아버지가 떡갈나무를 조각해 목각 인형 피노키오를 만든 것처럼, 인간이 의도적으로 개를 만들었다는 가정을 전제한다. 이 가설은 사냥이나 경비 등 목적을 가지고 어린 늑대를 입양해 선별 교배함으로써, 목적에 맞는 새로운 종을 만들었다는 일반적인 생각을 대변한다. 양이나 염소, 돼지와 소 등 다른 동물이 가축이 된 과정과 마찬가지였다는 것이다.

반면, 코핑거 부부는 신석기 부족의 마을 쓰레기장을 중심으로 늑대가 자연스럽게 개가 되었을 거라고 주장했다. 당시 인간과 늑대는 사냥의 경쟁자였다. 대형 초식동물로 사냥감이 겹쳤고, 서식지도 비슷했다. 다만 인간과 늑대는 서로를 먹이로 여기지 않았기 때문에 암묵적으로 불가침 협정이 맺어진 상태였다. 때마침 인간은 수렵채집 사회를 벗어나 사냥과 농사를 병행하며 잉여생산물을 쌓기 시작할 즈음이었다. 이때 스스로 사냥하지 않고 인간의 잉여생산물을 섭취하는 늑대들이 생겨나기 시작했다. 그리고 늑대들은 스스로 가축이 되었다. 인간의 의도적이고 직접적인 선별 교배는 없었고, 있었다고 하더라도 가축화의 주동력은 아니었다. 늑대가 개가 된 주동력은 인간 주거지 주변에서 스스로 살기로 선택한 늑대들이 인간 곁에서 살아남기 위해 받은 선택압력이었다. 육식에서 잡식까지 포괄하는 유연한 식성, 인간을 위협하지 않는 친근함을 갖춘 늑대가 새로운 환경에 더 잘 적응했고, 이들이 광범위하게 번식했다. 그렇게 늑대는 개가 되었다.

코핑거 부부가 주장한 역사적 풍경이 잘 상상이 되지 않는다면, 동남아시아나 인도 등지에 여행 가서 만난 거리의 개들을 떠올리면 적잖이 도움이 될 것이다. 거기에 사는 개들은 어떤 사람이나 집에 의해 배타적으로 소유되어 있지 않다. 마을이나 도시의 특정 구역에 머물면서 거리를 돌아다니며 산다. 음식물 쓰레기가 있는 공간을 뒤지는 시간, 자신에게 먹이를 주는 너그러운 인간을 찾아가는 시간, 낮잠 자는 시간 등으로 개들의 하루 일과는 빼곡하게 채워져 있다. 그들은 인간의 땅과 야생의 땅의 경계에 살면서 삶을 꾸려 나간다. 이런 삶은 서구에서 보살핌을 받는 개의 삶보다 열악할지언정 수동적이지는 않다. 서구 문화에 익숙한 이들은 이렇게 느슨한 개와 인간의 관계가 낯설겠지만(유기견으로 인식되어 처분될 것이다), 사실 우리나라에 얼마 전까지 있던 마을 개들의 모습이 이러했다.

코핑거 부부의 주장은 '자기가축화'self-domestication 가설의 일종이다. 4장에서 구체적으로 설명하겠지만, 쉽게 말해 늑대 스스로 가축이 되었다는 것이다. 즉 인간이 선택한 게 아니라 늑대가 선택했다는 점에서 기존의 이론과 차별된다. 우리는 종종 인간의 능력을 과대평가하는 버릇이 있다. 동물은 우리가 무엇을 하면 그대로 움직이는 수동적 대상이라고 격하하는 경향이 있다. 그러나 생명의 관계에서는 '기브 앤드 테이크'가 적용된다.

개가 된 늑대는 다른 생존의 방법을 선택한 것이다. 이들은 야생에서 힘겹게 먹이를 찾아다니는 것보다 인간 주거지 옆에서 먹이를 구하는 게 이득이라고 봤다. 이는 인간에게도 나쁘지 않았다. 부족의 청소비용을 줄일 수 있고 나중에는 사냥, 경비, 운반 등의 목적으로 개의 노동력을 활용할 줄 알게 되면서 지친 삶의 동반자를 얻게 되었다. 코핑거부부의 가설은 생태계 행위자로서 동물의 능동성을 인식했다는 점에서의미가 있다. 사실 모든 가축화는 쌍방향이다. 가축으로서의 운명은 늑대가 선택했다.

....

코핑거 부부의 주장은 매력적이다. 왜냐하면 가축화에는 두 상대, 즉 인간과 동물이 있다는 것을 직접적으로 강조하기 때문이다. 우리가 그동안 가축의 기원에 대해 이야기하면서 놓쳐 왔던 부분이다. 두 행위자는 협력해야만 한다. 협력하지 않으면, 가축이 되지 않는다.

유감스럽게도 진화의 시간에서 늑대가 운명의 주인이었는지 지금은 검증하기 어렵다. 동물행동학자 마크 베코프Marc Bekoff나 동물고고학자 팻 시프먼Pat Shipman 같은 이들도 코핑거 부부의 주장에 대해서 증거가 빈약한 대담한 주장일 뿐이라고 신랄하게 비판을 한다.[5]

물론 많은 갯과 동물들이 인간 거주지에서 나오는 음식물로부터 이득을 취해 온 것은 사실이다. 여우도 그렇고 코요테도 그렇다. 그리고 이런 행동을 하면서 인간의 존재에 더 익숙해졌을 가능성이 크다. 이것은 곰, 라쿤 등 다른 종도 마찬가지다. 하지만 이 지점에서 우리는 '왜 하필이면 늑대만 스스로 가축의 길을 선택했는가'라는 물음도 던져 보아야 한다. 왜 여우와 코요테, 그리고 다른 갯과 동물은 늑대의 길을 밟지 않았는가? 아직까지 여기에 대한 속 시원한 답변은 나오지 않았다.

또 하나, 늑대의 생태적 특성과 관련한 문제다. 늑대가 가축이 되었던 즈음의 후기 구석기, 초기 신석기 시대 사람들은 아직 반⁺유목 상태에 머물러 있었다. 다수의 늑대 무리가 인간의 여정을 따라 지역을 옮겨 다니는 게 가능했을까? 현생 늑대를 보면, 이들은 강력한 영역 동물이다. 다른 늑대 무리가 자신의 영역을 넘어오면 공격적 견제와 철저한 응징으로 대응한다. 인간을 따라다니던 늑대들은 불가피하게 다른 늑대 무리의 영역을 침범해야 했을 것이다. 수많은 다툼이 벌어지고 그 혼란을 인간이 감수해야 했을 텐데, 과연 인간이 좋아했을까?

이러한 논박이 오가는 도중 코핑거 부부의 이론에 결정적인 문제가 생겼다. 벨기에 한적한 지방의 고예 동굴Goyet Cave에서 발견된 개 뼈가 무려 3만 6,000년 전 구석기시대의 것이라는 소식이 들려오면서다. 그때까지만 해도 개 화석의 방사능 연대를 측정해 보면, 기껏해야 1만 년에서 2만 년 전 사이의 시기였다.

최초의 인간-동물 협력

리처드 도킨스Richard Dawkins는 "고고학의 아름다움은 두 학자가 똑같은 데이터를 보고 서로 반대되는 주장을 하는 데 있다"고 말한 적이 있다. 상반된 해석이 나오는 이유는 제한된 증거 때문이다. 아주 적은 수의 화석으로 고고학자는 수천, 수만 년 전의 역사를 추측해야 한다. 어떤 경우에는 화석 수보다 그 화석을 연구하는 고고학자 수가 더 많다. 개의 경우가 대표적일 것이다.

고인류학의 두 가지 수수께끼가 있다. 하나는 우리가 지금까지 살펴봤던, 개의 진화에 관한 미스터리다. 개는 언제, 어떻게, 왜 인간의 땅으로 들어왔는가? 또 하나는 3만여 년 전 있었던 네안데르탈인의 갑작스러운 실종과 호모사피엔스의 지배라는 인류사의 격변이다. 아프리카에서 기원한 호모사피엔스는 5만~4만 5,000년 전 유라시아 대륙에 진출했다. 혹독한 추위가 몰아친 기후변화와 이에 따른 사냥감의 감소 속에서도 번성했다. 반면, 그전부터 유라시아에 살던 네안데르탈인은 이때 무슨 이유에서인지 멸종했다. 두 종이 공존한 기간은 고작 1만 5,000년에 불과하다. 현생인류인 호모사피엔스는 인류 진화 과정에서 살아남은 단 하나의 종이다. 사람속 Homo 가운데 유일하게 멸종하지 않고 생존해 지구 위에 퍼져 살고 있다.

여기서 개의 진화에 대한 새로운 가설이 등장한다. 미국 펜실베이니아대학의 고생물학자 팻 시프먼이 제안한 이 가설은 인류학의 두 가지 수수께끼를 하나의 열쇠로 풀어 버리는 것이라는 데 의미가 있다.[6]

최초로 연구를 진행한 건 벨기에왕립자연과학연구소의 미체 제르몽프레 Mietje Germonpré가 이끄는 고고학 연구 팀이었다. 이들은 먼저 현생개 53마리와 현생 늑대 48마리, 고대 개 5마리의 두개골 표본을 부위별로 측정한 뒤 복잡한 통계 모델을 돌려 이 셋을 구분하는 표준 모델을 만들었다. 이렇게 만들어진 표준 모델에 현재 살고 있는 야생 늑대나 차우차우처럼 애완용으로 길든 개 품종 같은 것을 넣으면 현생 개, 현생 늑대, 고대 개 세 가지 중 하나에 속하는 결과가 나왔다. 일종의 갯과 화석 분류 기계를 완성한 셈이다.

제르몽프레 연구 팀은 본격적인 작업에 나섰다. 자기 나라에서 가장 유명한 고예 동굴의 개 화석을 이 표준 모델에 넣어 돌려 본 것이다. 그런데 이 개 화석은 세 범주 어느 것에도 일치하지 않았다! 대신 늑대와 고대 개 사이의 어딘가에 자리 잡고 있었다. 또 한 가지 놀라운 점이 있었다. 이 개 화석의 방사능 연대 측정을 다시 해 보니 3만 6,000년 전으로 나타났다. 그때라면 인간이 농사를 하기는커녕 하루하루 끼니를 걱정하며 숲을 헤매느라 정신이 없던 진짜배기 수렵 부족이었을 때다. 이 화석은 개가 구석기시대 말이나 신석기시대에 가축이 되었다는 기존의 가설을 뒤엎는 것이었다.

그렇다면 이 동물의 정체는 무엇이란 말인가? 구석기시대에 가축이 된 또 하나의 개? 아니면 신석기시대 개의 조상? 역사의 빈 공간은 얼마 되지 않는 수의 화석으로 엮은 그물코만큼이나 넓었다.

또 하나 재미있는 점은 고인류의 식량이던 매머드의 대량 발굴터에서 이 동물의 뼈가 발견됐다는 것이다. 우크라이나의 메진Mezine과 메지리치Mezhirich 유적에서 발견된 개 화석도 비슷한 시기의 매머드 뼈와 함께 발견됐다. 팻 시프먼은 그 시기가 네안데르탈인이 사라진 직후라는 점에 착안했다. 그의 가설은 과감해진다.

'유라시아로 진출할 때 혹은 진출한 직후 호모사피엔스 옆에는 개가

초기 인류와 개의 공동 사냥
리비아의 타드라르트 아카쿠스 암각화에는 초기 현생인류가 개
와 함께 사슴을 사냥하는 장면이 그려져 있다.

있었다. 사피엔스는 이 개와 함께 매머드를 비롯해 다른 동물을 사냥했
다. 빙하기가 절정인 시절, 먹이 찾기가 쉽지 않았을 때 사피엔스는 개
와 협력함으로써 네안데르탈인과의 경쟁에서 우위에 섰다. 결국 경쟁
에서 낙오한 네안데르탈인은 멸종했다.'

시프먼은 이 구석기 개가 세 범주(현생 늑대, 현생 개, 고대 개)의 어디에
도 포함되지 않는다는 점에서, 이를 '늑대-개'wolf dog라고 칭한다. 물론
'구석기 개'라 불러도 좋다.

구석기 개와 함께하는 호모사피엔스의 사냥은 혁신적이었다. 구석
기 개는 냄새로 사냥감을 발견해 쫓았다. 거친 숲에서 장애물에 걸리지
않고 달리며 추격하는 능력도 사람보다 뛰어났다. 사냥감을 따라잡으
면 이 구석기 개는 사피엔스가 올 때까지 포위하며 잡아 두었다. 사피엔

스는 뒤쫓아 가서 최후의 일격을 가하면 됐다. 구석기 개는 이렇게 후각 감지 능력, 단거리 주파 능력을 인간에게 제공해 주었고, 인간은 '확장된 신체'extended bodies를 얻게 되었다. 그때까지 인간이 발명한 그 어느 도구보다도 유연하고 뛰어났다. 기술혁신 덕분에 사냥은 하나의 시스템이 되면서 쉬워졌고 실패율이 줄었다. 사피엔스의 식탁이 풍성해졌다. 개와의 협동은 인간에게 잉여 에너지와 안정된 일상을 제공했고, 인구의 증가로 이어졌다. 사피엔스가 지구를 지배하게 된 결정적인 동력이 이렇게 만들어진 것이다.

물론 이러한 공동 사냥이 인간에게만 이로운 것은 아니었다. 협력은 늑대에게도 이로웠다. 현생 늑대의 사냥을 관찰해 보면, 추적자 늑대와 살육자 늑대의 분업이 있다. 즉 비교적 마른 몸매의 추적자 늑대는 사냥감을 쫓아 포위하고 기다리며, 싸움에 능한 덩치 큰 살육자 늑대는 뒤이어 나타나 거친 몸싸움 끝에 사냥감을 물어 죽인다. 어떻게 보면, 늑대는 후자의 역할을 사피엔스에게 넘기며 개가 된 것이다. 사냥의 분업으로 개 또한 높아진 사냥 성공률의 혜택을 입었다. 사피엔스가 사냥하고 던져 주는 음식 덕분에 안정적으로 먹이를 공급받을 수 있게 되었고, 한밤중에는 다른 경쟁자들의 공격에서 보호받게 되었다. 사피엔스와 개는 매머드를 사냥하며 경쟁자인 네안데르탈인과, 다른 육식성 포유류를 앞질렀다. 네안데르탈인은 경쟁에서 밀려나 도태됐다. 다른 육식성 포유류도 마찬가지였다. '사피엔스-개 동맹'은 지구 생태계를 바꾸었다.

침팬지의 하얀 공막

하얀 공막의 비밀

이 사진을 보자. 침팬지가 오른쪽 방향으로 눈동자를 움직여 어딘가
를 바라보고 있다. 무언가 이상하지 않은가? 사실 이 침팬지는 돌연
변이다. 원래 침팬지의 공막˙은 짙은 갈색이어서, 이렇게 눈동자가 눈
에 잘 띄지 않는다. 수십 년 전 영장류학자 제인 구달^{Jane Goodall}이 탄자니
아의 곰베국립공원에서 이런 침팬지를 두 마리 목격한 적이 있는데, 이
런 개체는 자연에서 아주 드물게 발견될 뿐이다. 다른 종의 동물도 대개
마찬가지다. 공막은 보통 어두운색이며 피부색과 비슷하다. 또한 눈꺼
풀이 공막의 상당 부분을 가리고 있어서 시선의 움직임을 남이 알아채

● 각막을 제외한 눈알의 바깥벽 전체를 둘러싸고 있는 막.

기도 힘들다.

그러나 인간은 이 돌연변이 형질을 적극적으로 수용했다. 영장류 중에서 흰자위가 있는 동물은 인간이 유일하다.[7] 하얀 공막 위 어두운 색깔의 눈동자는 눈에 잘 띈다. 내가 눈동자를 움직이는 것만으로, 상대방에게는 어떤 신호가 된다. 이러한 인간의 눈 구조는 시각적 의사소통을 가능하게 해 준다. 의식적이든 무의식적이든 눈의 움직임은 상대방에게 정보가 된다. 독일 막스플랑크 진화인류학연구소의 마이클 토마셀로Michael Tomasello 연구 팀은 이런 것을 '시각적 협동 가설'이라고 이름 붙였다. 인간은 하얀 공막을 갖게 되면서 '눈빛만으로도' 가능한 긴밀한 협력을 할 수 있게 되었다는 것이다. 이를테면 인간은 타인의 시선을 주시하는 데 비해 영장류는 다른 개체의 머리를 주시한다.

그렇다면 인간은 왜 하얀 공막을 가진 쪽으로 진화한 걸까? 다른 동물은 대개 포식자에게 자신의 의사를 들키지 않으려고 피부색과 비슷한 공막과 눈동자를 가졌다. 인간은 정반대의 이유에서 하얀 공막을 가지게 된 건 아닐까? 일촉즉발의 사냥 현장에서 동반자 사냥꾼과 눈빛만으로도 호흡을 맞출 수 있는 협력이 필요하니까 말이다.

팻 시프먼은 이렇게 늑대-개 가설을 한층 더 밀어붙인다. 인간의 하얀 공막은 늑대와 원활히 협력하기 위해서 적응한 결과물이라는 것이다. 사냥의 동반자인 늑대는 인간의 시선을 파악해 인간의 의사를 바로 알아챌 수 있었다. 인간도 늑대의 눈빛을 알아채야 했다. 늑대 같은 갯과 동물은 하얀 공막을 가지지는 않았지만, 눈과 얼굴색 그리고 눈동자와 홍채 사이에 강한 대비를 이룬다. 시프먼은 말한다. "흰색 공막이 인간 사이에서 보편적으로 확산된 이유는 이 형질이 인간 사이에서뿐 아니라 함께 생활하고 사냥하는 늑대-개와의 소통을 가능하게 했기 때문이다."[8]

동물의 세계에서 시선을 읽는 능력이 가장 뛰어난 종이 바로 인간과 개다. 개를 키워 본 사람은 안다. 개는 그 어떤 동물보다 인간의 얼굴을 더 주시하고 민감하게 반응한다. 사람의 감정과 분위기에 그토록 개가 잘 반응하는 이유는 개의 이러한 능력과 관련이 있다. 이것은 훈련의 결과가 아니다. 유전자의 표현이다. 인간과 늑대는 서로 눈빛과 시선을 교환하며 의사소통할 수 있는 존재로 공진화共進化한 것이다.

가축화는 쌍방향으로 일어난다. 인간은 물론 가축화에 참여하는 동물에게도 생태적 이득이 있어야 한다. 또 하나 주목할 점은, 인간의 몸과 동물의 몸은 동시에 진화한다는 사실이다. 이 분야에서 가장 잘 알려진 사례가 성인이 되어서도 우유 속의 유당(락토스)을 소화시키기 위해 락테이스 효소를 분비할 수 있게 된 인간 몸의 변화다. 원래 인간을 비롯한 대다수의 동물들은 젖먹이 때에만 락테이스 효소를 분비해 유당을 소화시켰다. 하지만 어른이 되면 효소 분비가 중지되면서 우유를 먹기 힘들어진다. 그런데 가축화로 인해 인간이 동물의 젖을 먹게 되면서 DNA의 한 부분에서 돌연변이가 일어났고, 지금은 성인이 되어서도 락테이스를 분비할 수 있게 되었다. 물론 아직도 우유만 먹었다 하면 설사하는 사람들이 더러 있다. 전통적으로 목축업이 발달하지 않았던 아시아 사람들에게 락테이스가 나오는 경우가 극히 드물다는 사실은 우리 몸의 진화가 동물과 긴밀하게 연결되어 있음을 역설적으로 보여 준다.

인간중심주의의 선입견들

하얀 공막은 우리가 개와 함께한 역사의 흔적이다. 우리가 움직이면 놓칠세라 우리 얼굴을 빤히 쳐다보는 개의 행동에도 그런 역사가 담겨 있다. 인간과 개는 서로 영향을 주고받으며 함께 살았다. 두 종의 몸과 행동에 그 역사가 새겨져 있다.

코핑거 부부의 '스캐빈저 가설'이나 시프먼의 '늑대-개 가설'은 고고학적 증거가 제한적이기 때문에 성긴 이론을 채우려면 좀 더 많은 증거가 필요할 것이다. 그러나 그동안의 논쟁을 통해, 우리가 무시했던 동물들이 생각 이상으로 우리와 함께 역사를 만들어 왔다는 것을 배웠다. 동물이 일방적으로 가축이 되었으리라는 가정, 동물에게는 아무 선택권과 이득이 없었을 거라는 가정, 동물은 옛날에도 그랬고 지금도 그렇듯 그저 노예에 불과하다는 가정 따위는 세계를 절반만 인식하는 인간중심주의의 선입견들이다.

고대의 개는 우리 생각처럼 순종적이고 복종하는 가축이 아니었을지도 모른다. 사냥 동맹을 맺은 인간과 동물은 어쩌면 사냥터에서 아주 평등하게 각자의 역할을 수행했을 수 있다. 그런 사례는 과거에 확인할 수 있으며, 지금도 더러 발견된다. 동물과 인간 사이, 태고의 평등한 관계가 이어져 온 곳들에서.

2장

고래잡이배의 은밀한 거래
에덴의 범고래

우리는 동물의 역사를 인간중심적으로 바라보는 경향이 있다. 동물은 일방적으로 지배당하며 우리 생각대로 움직인다고 생각한다. 그러나 종종 간과되는 부분이 있다. 바로 인간과 동물이 동등한 위치에서 협력해 온 역사다.

인간과 동물의 종간 협력은 태곳적에 시작되었고, 지금도 세계의 한 귀퉁이에서 지속되고 있다. 다만 우리가 몰랐거나 외면했을 뿐이다. 사냥감을 추적하는 사냥개와 사냥꾼, 쥐를 잡아 주인에게 바치는 고양이, 휘파람 소리를 내어 새를 부르는 농부까지. 둘은 변함없이 서로 배신하지 않고 돕는다. 동물과 인간이 맺는 상호의존관계는 자본주의 출현과 공장식 축산의 등장으로 지축이 흔들릴 정도로 파괴되었지만, 아직도 수천, 수만 년 전의 풍경이 이어지는 곳들이 있다.

플리니우스의 와인 마시는 돌고래

1973년 프랑스의 동물음향학자 르네기 뷔넬René-Guy Busnel은 고대 로마사가가 쓴 책을 읽고 있었다. 예수가 태어나고 얼마 안 되어 쓰인 플리니우스Gaius Plinius Secundus의『박물지』Historia Naturalis 제9권을 읽다가 동화 같은 이야기에 그의 눈이 번쩍 뜨였다.

프랑스 나르본 해안가의 한 호수. 간조가 되어 바닷물이 빠지면 석호에 들어와 놀던 숭어들도 좁은 물길을 통해 바다로 빠져나가려고 한다. 이때 어부들이 소리친다. "시몽Simon!" 때마침 불어온 육풍은 어부들의 외침을 바다로 실어 보내고, 돌고래는 이 소리를 재빨리 알아듣고 해안가로 다가온다. 돌고래들은 바다로 나가는 통로를 막고 숭어 떼를 얕은 물가로 몬다. 그러자 어부들은 그물로 숭어 떼를 에워싸면서 작살로 물고기 잔치를 벌인다. 사냥이 끝나면 어부들은 돌아가 생선을 분류하고, 돌고래는 하루를 더 기다린다. 이튿날 어부들은 돌고래들에게 생선을 나누어 준다. 와인에 적신 빵도 선사한다.

이 이야기는 사실일까? 플리니우스가『박물지』를 쓴 게 서기 77년이니, 그 당시로부터 거의 2,000년 전의 일이다. 뷔넬은 세계 각지의 어업 현장에 대한 조사를 시작한다.[1] 그리고 불과 몇 년 전인 1967년에 프랑스의 인류학자 라파엘 앙토니오즈Raphaëlle Anthonioz가 쓴 민속기술지를 발견한다. 서아프리카 모리타니의 엘 멩가El-Memghar에서 인간과 돌고래가 함께 물고기를 잡고 있다는 것이다. 그는 곧 이 사하라사막 연안의 작은 마을로 향한다.

뷔넬이 도착해 둘러보니, 엘 멩가는 돌고래가 살 것 같지 않은 마을이었다. 마을 앞에는 모래사장이 펼쳐져 있었고, 수심은 2미터 이내로 얕았다. 돌고래에게 얕은 바다는 위험하다. 아쉬운 표정으로 모래사장을 걷고 있는데, 먼바다에서 푸른빛이 검푸르게 솟아나더니 꿈틀거렸다. 푸른빛은 이내 구렁이처럼 커져 수평선을 휘감으며 움직였다. 숭어 떼가 마을 앞바다를 통과하고 있다는 얘기였다.

어부들은 배를 타고 나가지 않았다. 그저 한 어부가 긴 막대기를 들고 바닷속으로 걸어 들어갈 뿐이었다. 이윽고 그는 막대기를 들어 바다를 내리쳤다. 바다에 대고 북을 치듯이, 리듬감 있는 북소리가 3~5분 동안 수평선을 울렸다.

그때였다. 마술에 걸린 바다가 성난 물고기를 토해 냈다. 성난 사자처럼 수천 마리가 넘는 숭어 떼가 파도를 일으키며 몰려오고 있었다. 비로소 어부들이 움직이기 시작했다. 수십 명의 어부가 바닷속으로 걸어 들어가 일렬로 선 뒤 침착하게 그물을 던졌다. 뷔넬은 "숭어 수천 마리가 물 위를 뛰어 몰려오는 환상적인 장면"이라고 말했다.

숭어 떼를 몰고 온 것은 돌고래였다. 돌고래는 적을 때는 한두 마리, 많을 때는 열 마리까지 이 사냥에 참가했다. 바다는 인간과 숭어, 그리고 돌고래로 난장판이 되었다. 어부들이 들어 올리는 그물 속에는 숭어들이 팔딱거렸고, 돌고래는 난장판을 헤집으며 도망가는 숭어들을 낚아챘다. 어떤 숭어들은 도망가다가 해변 모래밭에 떨어지기도 했다. 돌고래는 몸통과 꼬리는 얕은 물에 두고 주둥이를 뻗어 모래 위에서 팔딱거리는 숭어를 가져갔다.

여기서 잠깐.

이 놀라운 광경은 어부가 막대기로 바다를 찰싹 때리는 신호로 시작됐다. 플리니우스가 기록한 고대 로마제국의 바다에서도 어부들이 외치는 '시몽'이라는 신호로 시작됐다. 둘 다 주파수가 있는 '소리', 즉 음향신호acoustic signal다.

재미있는 것은 현대의 돌고래 수족관에서도 이 소리가 유효하다는 점이다. 조련사는 손바닥으로 물 위를 툭툭 친다. 이것은 돌고래에게 '이리 오라'는 소리로 이해된다. 뷔넬은 어부들의 막대 소리가 숭어가 튀어 올라 수면에 떨어질 때 나는 소리와 비슷하다고 말한다. "숭어가 뛰니까 망둥이도 뛴다"는 속담이 있지 않은가. 숭어는 잘 뛰는 생선이다. 그래서 시끄러운 생선이다. 돌고래는 수면을 찰싹 때리는 소리를 먹잇감이 내는 소리로 해석해 왔고, 인간은 역사의 어느 시점에 그것을 흉내 냈고, 인간과 돌고래의 공동 어업이 시작된 것이다.

원래 역사는 우연한 사건으로 시작된다. 돌고래와 인간이 사냥을 함께 시작한 그 최초의 순간을 완벽히 복원할 수는 없지만, 아마도 우연에 우연을 거듭하여 시작했을 것이다. 인간이 바다를 탁탁 친 소리를 듣고, 돌고래가 한번 가 보았다면? 숭어 떼가 일으키는 소리가 아니라는 것을

라구나 마을의 인간-돌고래 공동 어업
초기 인류와 동물의 오랜 협력의 장면이 지금도 관찰되는 경우
가 있다. 브라질 라구나 마을에서 주민들과 돌고래가 함께 숭어
를 잡고 있다.

돌고래는 이내 깨달았겠지만, 서로 다른 두 종이 소통할 수 있는 신호가
된다는 점 또한 알았을 것이다. 대개 언어는 이런 시행착오와 무한 반복
을 통하여 학습된다. 그렇게 돌고래는 인간의 신호를 이해하게 된 것이
아닐까? 어떻게 보면 인간과 돌고래가 서로 알아듣는 단수의 '언어'가
생겼다고 말할 수 있지 않을까?

돌고래는 얕은 수심의 바닷가를 위험해 꺼리지만, 위험을 무릅쓰고
숭어를 몰면서 해안가 가까이로 온다. 세계 곳곳에서 이런 일이 벌어지
고 있다. 나중에 취합된 사실이지만, 뷔넬이 발견한 모리타니의 엘 멩
가 마을 말고도 세계 각지에서 인간과 돌고래의 공동 어업이 보고됐다.

브라질 라구나 마을의 큰돌고래, 미얀마(버마)의 이라와디돌고래, 아마존강의 강돌고래 '보토', 그리고 오스트레일리아 모튼만※의 남방큰돌고래 등 고대 로마제국에서 이뤄졌던 공동 사냥이 지금도 지속되고 있다. 아마 이런 방식의 어업은 로마 시대 훨씬 전부터 시작되었을 것이다.

라구나 마을의 인간-돌고래 공동 어업

이 가운데 과학적으로 가장 많이 연구된 사례가 브라질 라구나 마을에서 벌어지는 인간과 돌고래의 공동 어업이다. 동물행동학자들은 이 지역 돌고래 사회의 생태와 행동을 30년 이상 연구해 왔다. 모리타니의 엘 멩가 마을과 차이가 있다면, 이 마을에서 신호를 먼저 보내는 건 인간이 아니라 돌고래라는 점이다. 숭어 떼가 눈에 띄면 돌고래는 꼬리나 머리를 들어 수면을 찰싹 때린다. 그 소리를 듣고 어부들이 그물을 들고 바다로 걸어 나아간다. 그 뒤의 상황은 앞에서 이야기한 것과 같다.

동물행동학자들은 이 집단의 행동을 연구해 꽤 흥미로운 사실들을 밝혀냈다. 일단 라구나 돌고래 무리 중 공동 어업에 참여하는 것은 전체의 3분의 1인 50마리 수준이라는 것이다.[2] 즉 인간과 공동 경제활동을 영위하는 돌고래도 있는 반면, 과거 종의 전통적인 방식대로 자급자족하는 돌고래가 있다는 것이다. 그리고 돌고래들은 끼리끼리 어울리는 경향을 보였다. 다시 말해, 인간과 공동 어업을 하는 돌고래와 그렇지 않은 돌고래들은 깊이 섞이지 않았다. 공동 어업 여부는 무리를 짓는 중요한 변수였다.

새끼에게 공동 어업을 가르치는 어미 돌고래

공동 사냥의 기술도 '학습'되고 있는 것처럼 보였다. 1994년 연구원들은 흥미로운 장면을 목격했다.[3] 어미 돌고래 한 마리가 여섯 달 된 새끼를 데리고 나타났다. 공동 어업이 벌어지고 있는 현장이었다. 이날 이 돌고래는 모두 여섯 차례 공동 어업을 했는데, 맨 처음 두 번은 새끼가 뒤에서 어미의 공동 어업을 지켜보는 것처럼 보였다(맨 위 그림). 그다음 세 번은 숭어 떼를 어부 쪽으로 몰아내는 어미 옆을 새끼가 줄곧 따라

다녔다(가운데 그림). 마지막 사냥에서는 드디어 새끼가 나섰다. 새끼가 어미를 뒤에 남겨 두고 직접 숭어 떼를 몰며 인간 어부에게 향했다(맨 아래 그림). 어미 돌고래는 몇 미터 뒤에서 지켜볼 뿐이었다.

과학자들은 이것을 학습의 증거라고 해석한다. 사실 돌고래 입장에서 인간과 같이 일한다는 게 간단하지는 않다. 제한적이지만 인간과의 소통 기술이 있어야 하고, 숭어 떼를 잘 몰 줄 알아야 하며, 얕은 바다에서 좌초하지 않고 그물에 걸리지 않도록 지형지물에 익숙해져야 한다. 어미가 이런 기술과 행동을 자식에게 가르쳐 대대로 전승했을 것이다. 인간도 마찬가지다. 라구나 마을 주민의 증언에 따르면, 적어도 삼 대 이상 돌고래와 함께 숭어를 잡아 왔다. 인간과 동물이 서로 영향을 주고받으며 함께 역사를 만들어 온 것이다.

우연찮게도 르네기 뷔넬은 2,000년 전 플리니우스가 기록한 공동 어업을 모리타니를 찾아가 발견할 수 있었다. 수면을 때려 돌고래를 부르는 인간, 물고기를 그물로 모는 돌고래. 플리니우스의 기록은 사실이었고, 돌고래와 인간은 '전통'을 고수하고 있었다. 와인에 적신 빵을 주는 것 말고는.

범고래와 포경선의 기이한 사냥

"고래다!"(Thar she blows!)

만약 사람이었다면 이렇게 소리쳤을 것이다. 그러나 사냥감의 출현 소식을 알린 건 인간의 목소리가 아니었다. 꼬리를 들어 수면을 '찰싹'

내리치는 범고래.

오스트레일리아 남동부 투폴드만[※]의 작은 마을 에덴^{Eden}의 앞바다. 범고래는 몸을 거꾸로 세우고 계속 꼬리로 수면을 내리치고 있었다. 찰싹. 고래가 나타났다고! 그다음부터는 긴박한 풍경이 이어졌다. 믿기지 않는 사건의 찢겨진 몽타주이기도 했다.

이 소리는 카이아 포구^{Kiah Inlet} 언덕 위에서 바다를 내려다보고 있던 백발의 한 남자에게도 닿았다. 마치 기다리고 있었다는 듯이, 범고래의 기이한 신호를 받은 그는 항구의 선원들에게 출항 지시를 내렸다. 그의 이름은 조지 데이비드슨^{George Davidson}. 여남은 명의 포경 선원을 이끄는 배의 선장이었다.

에덴의 선원들을 실은 배는 북극해나 태평양에서 거친 파도와 싸우던 공룡 같은 포경선이 아니었다. 뱃머리에서 선미까지 9미터밖에 되지 않는, 볼품없는 작은 포경 보트였다. 선장의 출항 지시에 따라 포경 보트가 고래를 쫓기 시작했다. 뱃머리 앞에서는 범고래들이 헤엄치고 있었다. 고래가 저기 있어. 우리 친구들이 그 녀석을 잡아 두고 있다고. 대형 먹잇감을 포착한 범고래들은 앞서 나가 길을 알려 주고 있었다. 범고래들은 말이 없었지만, 작살 하나 들고 왜소한 보트에 몸을 맡긴 선원들은 범고래를 믿을 수밖에 없었다. 9미터의 보트는 20미터의 혹등고래와 싸워야 했다.

이 풍경은 사냥개를 따라다니는 영국의 귀족 사냥꾼을 연상시켰다. 아니, 그보다도 더 복잡했다. 범고래는 크게 세 개의 소대로 나눠 전략적으로 움직였다.

범고래와 함께하는 포경
에덴의 범고래 '올드 톰'(오른쪽)이 선원들과 함께 고래를 잡고
있다. 가운데에 작살에 꽂힌 새끼 고래가 있다.

첫 번째 소대는 전령이었다. 투폴드만 주변 해역은 고래들이 남극
을 오갈 때 지나가는 길목이다. 에덴에서 몇 킬로미터 떨어진 먼바다에
서 사냥감이 되는 대형 고래(대부분은 혹등고래와 긴수염고래였지만, 종종 지
구상에서 가장 큰 생물체 대왕고래도 희생자가 됐다)가 발견되면, 범고래 무리
는 카이아 포구로 전령을 파견했다. 전령은 대개 마을 사람들에게 '올드
톰'Old Tom이라고 불렸던 수컷 범고래가 담당했다. 올드 톰이 포구의 언
덕에서 기다리고 있는 사람에게 고래 출현 소식을 알리는 사이, 나머지
범고래들은 두 개의 부대로 나뉘어 공격과 퇴로의 동선을 짰다.

두 번째 소대는 사냥감 추적 부대로, 대형 고래를 투폴드만의 안쪽
으로 몰아넣는 역할을 맡았다. 만의 안쪽으로 갈수록 수심은 얕아지고

도망칠 수 있는 길은 좁아져서 고래를 가두기에 금상첨화였다.

그리고 마지막 세 번째 소대는 퇴로 차단이 임무다. 이 범고래들은 투폴드만 바깥쪽에서 진을 치고 돌아다니며 고래가 바다로 나가는 퇴로를 막았다. 남극의 차가운 바다를 출발해 두 달째 항해하던 이 희생자는 불행하게도 목적지인 따뜻한 산호초 바다를 얼마 안 남겨 두고 인간과 동물로 구성된 사냥꾼 무리를 만나 막다른 길에 선 것이다.

두 번째 소대의 범고래들이 쫓고, 부딪치고, 물고, 괴롭히는 동안 선원들이 탄 보트는 손쉽게 사냥감에 접근한다. 그리고 최후의 일격! 선원이 던진 작살이 고래의 급소에 꽂힌다.

그런데 선원들은 부표만 남겨 두고 바다를 떠난다. 빈사 상태에 이른 고래는 동물 사냥꾼의 차지다. 범고래들이 좋아하는 혀와 입을 해치우자, 형체만 남은 고래 사체가 바다 위로 떠오른다. 선원들은 이튿날 사냥 현장에 가서 고래를 수거한다. 고래기름을 추출할 수 있을 정도로 살덩어리는 충분하다.

전령 파견과 사냥감 추적, 퇴로 차단 등 세 소대로 나뉘어 활동하는 고도의 사냥 전술과 인간을 끌어들이는 창의성을 지닌 범고래 이야기를 들으면, 처음에는 잘 안 믿긴다. 20세기 초 이 이야기를 조사한 생물학자 윌리엄 데이킨William Dakin도 회의적이었다. 그러나 목격자들의 일관된 진술을 듣고 과거 선장의 일기를 발견한 뒤, 그는 '사실'이라고 결론 내린다.[4]

누가 누구를 이용했는가

지구 생태사에서 가장 기이한 대목 중 하나인 '인간-범고래의 공동 사냥'은 사실 오래되지 않았다. 애버리지니^{Aborigine}(오스트레일리아 원주민) 가 고래를 사냥했다는 증거는 없으므로, 이전의 이야기는 접어 두기로 하자. 긴 세월 에덴 앞바다의 주인은 범고래들이었다. 이들은 남극에서 대형 고래들이 북상하기 시작하는 가을 무렵 에덴 앞바다에 머물면서 돌고래나 물범 등 소형 포유류를 먹으며 대형 고래를 기다렸다. 그리고 고래가 나타나면 집단으로 달려들어 잔치를 벌였다.

이 판에 균열이 생긴 건 유럽의 백인이 들어와 고래를 잡기 시작한 1843년부터다. 오즈월드 브라이얼리^{Oswald Brierly} 선장은 연안의 범고래 무리가 혹등고래, 긴수염고래 등 대형 고래를 공격하는 광경을 목격한 다. 에덴 항구를 기지로 삼아 앞바다에서 사냥하는(이런 포경 방식을 연안 포경이라고 한다) 작은 포경 기지가 설치됐고, 대형 고래가 북상하는 6월 이 되면 선원들은 보트를 타고 나가 작살을 던지기 시작했다. 범고래에 게 경쟁자 '인간'이 나타난 것이다.

그러나 얼마 안 되어 인간과 범고래 두 경쟁자는 일종의 '협약'을 맺 고 공존하는 관계로 바뀐다. 사냥 과정에서 범고래는 고래를 쫓아 지치 게 하고, 인간은 작살로 결정타를 가하는 역할을 맡게 된 것이다. 선원 들은 고래의 숨줄만 끊고 범고래에게 먼저 만찬의 기회를 제공한다. 그 리고 남은 사체를 수거해 고래기름으로 가공했다.[5]

어찌 보면, 청소동물^{scavenger}(생물의 사체를 먹이로 하는 동물) 이야기의 외전 정도 되는 흔해 빠진 이야기일 수 있다. 실제로 18~19세기 포경의 시대에 범고래는 청소동물로 살았다. 고래를 해체하고 남은 부산물이 포경선에서 버려졌고, 포경선이 가는 바다마다 범고래들이 따랐다.

사실 포경은 길고도 어려운 작업이다. 여러 대의 포경 보트가 고래 한 마리를 뒤쫓고, 수차례 헛방을 날리다가 고래 몸의 급소에 작살 하나를 명중시켜야 전세를 역전할 수 있었다. 그러나 거기서 끝이 아니었다. 거대한 고래는 작살을 성가신 바늘 하나 꽂힌 것쯤으로 생각하고 몸을 비틀어 댔고, 고래 몸에 꽂힌 작살에 이끌린 보트는 허공으로 날아가기 일쑤였다. 그래서 에덴의 포경 선원들은 결정타를 가하는 역할 정도만 맡고, 고래를 빈사 상태로 빠지게 하는 역할을 범고래에게 맡긴 것이다. 소규모 포경선단으로선 후반 작업을 범고래에게 맡기는 건 인간에게도 이익이었다. 범고래 입장에서도 사냥의 성공률을 높일 수 있으니, 나쁘지 않은 선택이었던 셈이다.

그러나 사냥이 지속되면서 둘의 관계는 '청소동물 가설'만으론 설명하기 힘들 만큼 복잡해진다. 범고래가 고래를 발견하고 인간에게 달려와 꼬리를 쳐서 알려 주었다는 것이 그렇다. 심지어 보트가 고래를 쫓다가 짙은 안개 때문에 놓치면, 범고래들이 되돌아와 다시 길을 인도했다고 한다. 에덴의 선원들에게 범고래는 충직한 사냥개 같은 존재였다. 범고래가 숨구멍에 조개껍데기를 올려놓고 '쉬쉬' 소리를 내면서 선원을 불렀다는 얘기까지 나돌 정도였다. 옥스퍼드대학 출신 동물학자인 대니엘 클로드Danielle Clode도 2002년 펴낸 『에덴의 살인자들』Killers in Eden에서 이렇게 썼다.

물론 조개껍데기 운운하는 이야기는 사실이 아니다. 하지만 야생의 범고래나 돌고래는 자기네들끼리 바다를 찰싹 쳐서 의사를 전하곤 한다. 마찬가지 방식으로 인간에게 고래 출현을 알렸을 수 있다. 꽤 설득력 있는 이야기다.[6]

이쯤 되면 범고래는 수동적인 청소동물이 아니다. 오히려 사냥에 적극적으로 참여하면서 포경선단의 일원으로 활동했다고 보는 게 맞는다. 인간에게 종속된 관계도 아니었다. 범고래들은 끊임없이 자기 견해를 피력하며 이익을 지켰다. 특히 사냥이 끝난 뒤 선원들이 고래를 바로 항구로 가져가려고 하면, 범고래들은 이러한 '반칙'에 항의했다고 한다. 대표 선수 격인 '올드 톰'은 그럴 때마다 배나 작살에 달린 밧줄을 잡아당기면서 막은 범고래로 유명하다. 1910년에는 올드 톰이 보트 쪽으로 자기 몸을 내던져 방해했다는 기록도 있다.

에덴의 선원들은 당시 보급되기 시작한 폭약 작살을 사용하지 않았다. 폭약 작살을 쏘면 고래의 내장에서 폭약이 터졌으므로, 선원들로선 죽어서 떠오르는 고깃덩어리를 끌고 가기만 하면 됐다. 작살이 꽂힌 뒤 인간과 고래 사이의 생명을 건 줄다리기 같은 걸 할 필요도 없었다. 하지만 19세기 후반 에덴의 포경선단을 이끈 조지 데이비드슨 선장은 폭약 작살을 사용하지 않고 전통적인 방식인 손으로 던지는 작살을 쓰는 걸 자랑으로 삼았다. '꽝' 하는 폭약 소리가 범고래를 겁주고 깜짝 놀라게 할지도 모를 터였다. 아무리 효율적이라고 해도 범고래에게 해가 될 수 있는 기술을 도입하지 않은 것은, 그만큼 사냥 동료로서 범고래에 대한 유대감이 컸다는 말이다.

에덴은 더 이상 에덴이 아니다

에덴의 포경선단은 약 70년 동안 폭약 작살을 쓰지 않고 범고래와 함께 고래를 잡았다. 모선과 보트로 구성된 대형 선단으로 먼바다에서 한 해 수십에서 수백 마리를 잡는 원양 포경과 비교할 수 없었지만, 잘 나갈 때는 한 해에 여덟 마리도 잡았다. 하지만 자기 파괴적인 포경은 전 세계 바다에서 고래의 씨를 말리고 있었다. 사정은 에덴에서도 마찬가지여서, 에덴 앞바다를 지나가는 대형 고래도 부쩍 줄었다.

1901년 올드 톰의 동료인 '타이피'Typee가 죽는 사건이 벌어졌다. 범고래는 제 몸이 땅에 닿을 정도로 얕은 바다에서 숨었다가 물범을 급습하기도 하는데, 이렇게 매복 사냥을 하고 있던 타이피를 한 주민이 칼로 찔러 죽인 것이다. 1907년에는 무리의 리더인 '스트레인저'Stranger가 이웃 지역의 어부에게 죽는다.

그즈음부터 에덴에 찾아오는 범고래는 부쩍 줄기 시작했다. 19세기에는 스무 마리에서 서른 마리였는데, 1902년에는 일곱 마리만 에덴을 찾아왔다. 1923년에는 딱 세 마리였다. 끝까지 에덴을 방문한 고래는 올드 톰이었다. 사냥할 먹잇감은 거의 씨가 말랐지만, 올드 톰은 그냥 혼자 있다가 갔다. 밍크고래를 홀로 쫓아다니는 걸 봤다는 얘기만 들릴 뿐이었다. 올드 톰은 1930년 해안가에서 죽은 채 발견된다. 며칠이나 굶었는지 위장은 빈 상태였고, 머리에는 종양이 있었다.

왜 범고래들은 하나둘 에덴을 떠났을까? 범고래의 먹이인 대형 고래가 줄었기 때문일 것이다. 그러나 대니엘 클로드는 무엇보다 범고래들이 가족의 죽음을 목격했다는 점을 이유로 든다. 그들도 에덴이 안전하지 않다는 걸 깨달았기 때문이라는 것이다. 에덴은 더 이상 에덴이 아니었던 것이다.

....

종간 협력은 이것 말고도 사례가 많다. 인간과 함께 사냥하면서 아예 늑대에서 종을 바꾸어 버린 개가 대표적이다. 초기의 협력은 지금보다 훨씬 대등한 위치에서 이뤄졌을 것이다. 신석기시대 잉여생산물을 쌓아 둔 창고를 다른 동물로부터 지키면서 인간과 함께 살게 된 고양이는 지금도 비교적 대등한 위치에서 머물고 있는 것으로 보인다.

야생동물 중에서는 꿀잡이새가 지금도 인간과 협력한다. 천일야화에나 나올 법한 이 신비한 협력의 이야기는 꿀잡이새가 사람에게 다가와 울음소리를 내는 것으로 시작한다. 사람은 꿀잡이새를 따라가고 마침내 도착한 곳은 벌집이 있는 곳이다. 인간은 연기를 피운 뒤 조심스럽게 벌집에서 꿀을 채취하고, 꿀잡이새는 꿀벌의 공격을 피할 수 있는 지점에서 날갯짓을 하며 조심스럽게 바라본다. 인간이 꿀을 다 채취하고 남은 벌집의 나머지 부분은 꿀잡이새 차지다. 밀랍과 애벌레는 꿀잡이새에게 에너지원이다.[7] 꿀잡이새의 학명은 인디카토르 인디카토르*Indicator indicator*, 즉 '길잡이'라는 뜻이다. 이들은 사람과도 협력하지만, 벌꿀오

소리와도 같은 방식으로 협력한다.

우리가 동물의 역사를 이야기할 때 경계해야 할 것은 '인간이 주인 공'이라는 도그마다. 우리 역시 인간이기 때문에, 역사의 목적은 지금의 인간이라는 지독한 자기중심주의에 빠지기 쉽다. 하지만 생명의 역사와 자연의 세계는 보이는 것 이상으로 복잡한 그물로 얽혀 있다는 점을 우리는 상기해야 한다. 우리가 초월자의 위치에서 동물을 전일적으로 지배하는 것은 아니며, 동물도 인간에게 결정적인 영향을 미칠 수 있음을 복기해야 한다.

또한 이런 질문을 던져 볼 수도 있다. 동물은 역사의 피해자이고, 피해자이므로 항상 선한 존재인가? 그렇지 않다. 에덴의 범고래는 인간과 함께 대형 고래를 멸종의 파탄으로 끌고 가는 데 일조하지 않았던가. 이원론은 세계의 복잡성을 인식하는 데 장애가 된다. 그렇다면 인간과 동물의 평화로운 공존은 문명화된 시대에는 불가능한가? 꼭 그렇지만은 않다. 브라질 라구나 마을에서 인간과 동물은 2,000년 전의 방식으로 호흡을 맞추고 있다.

그러나 이러한 사례가 현대사회에서 아주 희귀하다는 점은 분명하다. 꿀잡이새가 인간과 협력하여 얻은 밀랍은 딱딱하여 먹기 불편하고 소화가 되지 않아 대부분의 동물이 버리는 것이다. 그러나 꿀잡이새의 경우 내장에 사는 박테리아가 소화를 돕는다. 이러한 공존의 사슬은 앞으로 끊길 위험이 크다. 전통적인 방식으로 벌꿀을 채집하는 인간이 줄어들고 있어서, 인간과 협력하던 꿀잡이새의 문화도 사라질지 모른다. 빛의 속도로 발전한 인간의 문명은 여태껏 유지해 왔던 균형을 깨뜨릴 결정적 요인이다. 역사를 돌이켜 보면, 특히 문명이 급속도로 발전할 때 아름다운 종들은 사라져 갔다. 그리고 돌고래에게 와인 적신 빵을 주던 시절, 바다 건너편에서는 동물에 대한 본격적인 착취가 시작되고 있었다.

3장

콜로세움에서 멸종하다

북아프리카코끼리

　수렵채집 시대에서 신석기시대로 이행하고 나서 문명의 시계는 고속도로를 탄 것처럼 거침없이 흘러갔다. 인간은 곧바로 청동기와 철기를 다룰 줄 알게 되었고, 잉여생산물은 곳간에 기하급수적으로 쌓였으며, 함께 짐승을 잡고 열매를 따던 동료들은 왕과 귀족, 그리고 평민과 노예 등으로 계급이 분화되어 갔다. 땅과 농작물, 노예에 대한 소유 개념은 사회 전반으로 퍼져 갔다. 소유를 위해 포획했으며, 포획한 뒤에는 구속했다. 동물도 마찬가지였다.

　동물이 소유물이 된 세상에서 인간은 더는 자신을 동물의 경쟁자라고 생각지 않았다. 동물을 지배할 수 있다고 여겼다. 동물은 점차 권력을 전시하는 허영의 액세서리가 되어 갔다. 구석기시대에 인간은 숲과 바다에서 동물과 경쟁하거나 협력했지만, 이 시대에 이르러 인간은 소유물인 동물에게 잔혹하게 굴다가 불현듯 동물을 사랑하고 동정하는 미친 이중인격자가 된다.

대전차 경주의 조연들

로마시의 아이들에게는 거의 어머니의 자궁에서부터 흡수한 것 같은 특별한 악들이 있는데, 그것은 극장에서의 편파성, 전차 경주와 검투사 경기에 대한 열정이다.

— 타키투스, 『대화편』Dialogus de oratoribus 중에서[1]

로마의 역사가 타키투스Tacitus가 했다는 이 말은 로마제국의 원형경기장에서 벌어진 검투사 경기가 인간의 잔인한 본능을 자극하고 있음을 보여 준다. 황제나 귀족이 여는 검투사 경기는 '승리 아니면 죽음'이라는 막다른 길에 생명을 처박아 놓고 잔혹하게 다루며 사람들을 광분시키는 축제였다.

원형경기장에서는 영화 〈글래디에이터〉나 〈벤허〉에 나오는 주인공들의 박진감 넘치는 승부만 있던 게 아니다. 검투사 대결이나 전차 경주가 하이라이트인 건 분명했지만 또 다른 중요한 조연이 있었으니, 바로 로마의 식민지에서 잡아 온 동물이다.

동물은 오전 '식전 행사'에 출연했다. 사슴, 토끼, 멧돼지 등 로마 사

원형경기장에서 행해진 동물 사냥을 그린 벽화
1세기경 원형경기장에서 열린 동물 사냥 경기와 처형식을 묘사
한 벽화. 리비아 트리폴리의 자마히리야국립박물관 소장.

람들에게 익숙한 동물도 있었지만 인기를 누린 건 코끼리, 사자, 표범, 곰, 호랑이 같은 이국적인 동물이었다. 지중해 건너 북아프리카, 아니면 중부 유럽이나 서아시아에서 잡아 왔다.

원형경기장에서 행해진 동물 공연은 크게 두 가지가 있었다. 첫째, 베스티아리우스^{bestiarius}라는 '동물 검투사'가 동물에 맞서 '죽기 아니면 살기'로 싸움을 벌이는 베나티오^{venatio} 경기였다. 베스티아리우스에는 직업 사냥꾼도 있었지만, 대개는 경기장에서 시한부 삶을 사는 노예나 범죄자였다.

이탈리아 수도 로마에 있는 콜로세움은 아직도 원형을 간직하고 있다. 콜로세움에 입장해 위에서 아래를 내려다보면 동물이 갇혀 있었던 지하 공간이 보인다. 동물들은 경기 전날부터 굶주린 채 지하 우리에 갇혀 있다가, 시간이 되면 엘리베이터를 타고 올라가 경기장 위로 배출됐다. 5만 관중의 함성이 야수를 흥분시켰다. 피비린내가 진동하는 살육전이 이어졌고, 사람이건 동물이건 패배한 자는 죽었다. 관중들은 열광했다. 살비아누스^{Salvianus}는 이렇게 기록했다.

그들의 가장 큰 즐거움은 사람들을 조금씩 찢어 죽이는 것, 그것도 아주 포악하고 더 잔인하게 죽이는 것이다. 야생동물들의 배가 게걸스럽게 먹은 인육으로 채워지면 관중이 즐거워하여 희생자들은 동물의 이빨에 먹히는 만큼이나 관중의 눈초리에 먹히는 것 같았다.

— 살비아누스, 『하느님의 다스림』 De gubernatione Dei 중에서[2]

베나티오에서는 사자 대 표범, 곰 대 황소, 황소 대 코끼리 등 동물끼리 싸움도 붙였다. 동물들은 서로 쇠사슬로 묶인 채 무대에 올려졌다. 쇠사슬이 엉킬수록 동물들은 화가 났고, 싸움은 격렬해졌으며, 관중들은 소리를 질렀다. 쇠사슬이 너무 얽혀 동물들이 싸움을 포기하면, 유죄 판결을 받은 범죄자나 노예가 다가가 긴 막대기로 갈고리를 풀었다.

두 번째 동물 공연은 죄수를 묶어 놓고 동물에게 밥으로 던지는 담나티오 아드 베스티아스damnatio ad bestias라는 처형식이었다. 오전의 베나티오가 끝나면, 관중들은 오후에 있을 하이라이트인 검투사 경기를 보기 위해 잠깐 쉬거나 점심을 먹으러 경기장을 나가곤 했다. 자리를 지키고 남은 사람들은 '동물들의 식사'를 지켜봤다. 낮 12시, 동물에게 가장 편한 시간이었다. 죄수들은 전날 밤 도착하여 어두컴컴한 지하에서 하룻밤을 보낸 뒤, 정오에 간단한 속옷만 걸친 상태에서 경기장으로 보내졌다. 손이 뒤로 묶인 채 도망가는 죄수를 굶주린 맹수가 쫓아갔다.[3]

동물은 큰 행사가 있을 때마다 대규모로 동원됐다. 참혹한 '살육 공연'이 얼마나 방대하게 이뤄졌냐 하면, 기원전 2년 아우구스투스 황제가 마르스 신전을 봉헌할 때 사자 260마리가 살육됐고, 로마에서 새 콜로세움이 개장할 때는 100일 동안 동물 9,000마리가 죽음의 쇼에 동원됐다는 기록이 있다.

로마의 황제와 귀족들은 보다 많은 수의, 더욱 희귀한 동물을 보여줌으로써 세를 과시했다. 그게 당시 대중에게 정치를 하는 방식이었다. 이국적인 동물은 식민지에 대한 자신의 영향력을 보여 주는 정치력의 지표이기도 했다. 북유럽의 스라소니, 인도의 코뿔소, 아프리카의 하마

와 악어도 있었다. 불완전한 역사 기록이지만, 북극곰도 원형경기장에 섰을 거라고 추정한다.[4]

로마제국의 잔혹한 시민들

원형경기장에는 계급이 없었다. 황제와 귀족, 평민까지 들어갈 수 있는 일종의 '평등한 공간'이었다. 그러나 그것은 반쪽짜리 평등이었을 뿐이다. 무대에서 육박전을 치르다 죽는 이는 대부분 제국에 저항하다 잡혀 온 적국의 군인들이었고, 동물 또한 로마의 식민지로 편입되기 전 야생의 땅에서 평화롭게 살다가 잡혀 온 생명이었다. 로마 시민들은 잔혹한 사냥 경기에서 공범 내지는 공조자였다.

정오에 열리는 처형식에서도 범죄를 저지른 로마 시민은 고통 없이 단칼에 처형된 반면, 로마의 비非시민은 야생동물에게 물어뜯기거나 십자가형으로 천천히 죽어 갔다. 생명의 위계에서 동물은 최하위에 있었다. 살아남은 동물은 지하 우리로 돌아갔지만 고통이 연장된 것일 뿐, 죽을 때까지 경기에 나가야 했다. 원형경기장이라는 공간에서는 사람이나 동물이나 '빨리 죽는 것'이 행복했다.

로마 시민은 왜 그렇게 잔혹했을까? 지금의 도덕 잣대로는 이해되지 않는 대목이지만, 내면의 잔혹성을 끄집어내 합리화해 줄 제도만 있다면 인간은 아무렇지도 않게 잔인해질 수 있는 모순적인 존재다. 로마 시대 동물을 연구한 조지 제니슨George Jennison은 1932년 쓴 『고대 로마의 공연·위락용 동물들』Animals for Show and Pleasure in Ancient Rome에서 베나티오와

담나티오가 제국의 정부와 부의 계급에 복속한 대가로 시민에게 주는 위락의 시간이었다고 지적한다. 귀족에서 평민까지 잔혹함을 공유함으로써 그들은 제국의 일원으로서, 그리고 인간 종의 일원으로서 같은 편임을 확인했던 것이다.[5]

수도 로마와 식민지 주요 도시에서 벌어진 동물 사냥 경기는 당대의 생태계에도 영향을 미쳤다. 로마제국은 '생태 제국주의'적인 모습도 취했다. 북아프리카 식민지에서 로마는 옥수수 등 곡물을 들여왔고, 식민지의 숲은 점차 밭으로 개간됐다. 서식지를 잃은 야생동물은 사냥꾼들에게 쫓기며 원형경기장으로 끌려가야 했다. 카르타고의 시인 룩소리우스Luxorius는 풍자시에서 이렇게 읊었다.

원형경기장의 승리에 시골이 경탄하고, 야수들이 사는 숲도 그것을 목도하네. 많은 농부들이 새로운 노역을 하고 있고, 선원들은 저 멀리 바다 너머의 공연을 보네. 기름진 땅은 잃을 게 없고 곡식은 풍성하게 자라지만, 다가올 운명을 아는 야수들은 공포에 떨고 있네.[6]

로마의 북아프리카 식민지에만 동물 사냥 경기장이 일흔 곳 있었다. 로마사가인 데이비드 봄가드너David Bomgardner는 2세기를 즈음해서 사자 등 인기 동물의 개체 수가 북아프리카에서 줄어들기 시작했을 거라고 추측한다. 그의 짐작대로 야생동물을 공수하기 힘들어졌다고 불평하는 귀족들의 기록을 어렵지 않게 찾을 수 있다. 4세기 북아프리카 한 지방의 총독이었던 심마쿠스Symmachus는 자기 아들의 정치적 입지를 다지기 위해 경기를 개최하려는데, 야생동물 공수가 쉽지 않다고 말한다. 그가 북아프리카의 총독이라는 사실을 감안하면, 야생동물이 얼마나 귀해졌는지를 알 수 있다.

로마제국의 귀족들은 야생동물을 사육하기 시작한다. 동물은 비싸서 살려 두어야 했기에 동물을 베나티오에 내보내지 않고 대신 묘기를 가르쳐 보여 주며 '재사용'하기 시작한다. 인간-동물 역사에서 최초로 '비살상적인' 동물쇼가 출현한 것도 이즈음이다. 봄가드너는 근대 유럽 동물쇼의 기원이 로마에 있다고 말한다.

우리가 기억해 둘 동물이 있다. 원형경기장의 무참한 살육전에 단골로 출연해 죽어 나간 북아프리카코끼리다. 사하라사막 이북에 살던 작은 체구의 이 코끼리는 로마 시대 때 멸종했다. 카르타고의 명장 한니발과 함께 알프스산맥을 넘은 그 코끼리다. 동물쇼와 관련해 멸종한 최초의 종이 아닐까 싶다.

고대 코끼리 산업의 탄생

"호랑이와 사자랑 싸우면 누가 이겨?"

아이들이 이런 질문을 하면 난 이렇게 대답한다.

"애초에 싸움을 할 수가 없어. 둘은 사는 곳이 다르기 때문이지."

그러면 서로 다른 두 종의 코끼리 사이에 싸움을 붙여 보면 어떨까? 코끼리는 아프리카 사하라사막 이남에 사는 아프리카코끼리, 그리고 인도와 인도차이나반도에 사는 아시아코끼리(인도코끼리)가 있다. 우리가 익히 알고 있듯 아프리카코끼리는 덩치가 크고, 아시아코끼리는 작다. 두 코끼리도 역시 서식지가 달라 현실에서 만나기 어렵다. 그런데 두 코끼리가 만나 피 튀기는 싸움을 한 적이 있다. 지금으로부터 2,200년 전, 팔레스타인 남부에서 벌어진 라피아 전투^{Battle of Raphia}에서다.

다른 대륙의 두 코끼리가 어떻게 만나게 되었는지 알려면 약간의 역사 공부가 필요하다. 코끼리가 서구 역사에 처음 등장한 것은 알렉산더대왕(알렉산드로스 3세)의 동방 원정 때다. 기원전 331년, 알렉산더대왕은 페르시아를 무너뜨리고 있었다. 마케도니아 군대를 이끌고 나간 마지막 전투에서 복병을 만났다. 다리우스 3세가 이끄는 적군에는 거대한 코끼리가 있었다. 알렉산더대왕이 코끼리를 본 게 그때가 처음이다. 다른 병사들도 놀랐다. 공포가 번지면서 전열이 흩어졌지만, 알렉산더대왕은 그럭저럭 전투를 승리로 이끌 수 있었다.

5년 뒤인 기원전 326년, 알렉산더대왕의 군대는 인도까지 가 있었다. 힌두쿠시산맥을 넘은 알렉산더대왕은 인도 북부의 편자브 지역에서 파우라바 왕국의 포루스^{Porus} 왕과 만났다. 히다스페스강^{Hydaspes River}에서 그는 범접하지 못할 거대한 괴물의 대열을 맞닥뜨려야 했다. 자그마치 코끼리 200마리가 갑옷을 입고 강 건너편에서 알렉산더대왕을 기다리고 있었다. 코끼리 등에는 망루가 있고, 망루에서는 병사가 긴 못으로 코끼리를 내리치며 조종하고 있었다. 괴수의 압도적인 크기와 비릿한 냄새는 그 자체만으로도 병사와 기마들의 전열을 흩뜨렸다. 코끼리는 긴 코로 병사를 집어다 던졌고, 상아로 무자비하게 찔렀다. 코끼리는 일종의 '전차'와 비슷했다. 적군이 보기에 육중한 몸체였으며, 위협적인 움직임으로 적군의 대열을 가를 수 있었으며, 무엇보다 심리적 위협을 가했다. 알렉산더대왕은 혼란 속에서 전투를 승리로 이끌었지만, 코끼리가 필요하다고 생각했다. 그 뒤 알렉산더대왕은 자신의 부대에도 전투 코끼리를 도입해 양성한다.

기원전 323년 알렉산더대왕이 죽는다. 제국은 프톨레마이오스 왕조(이집트 왕국)와 셀레우코스 왕조(시리아 왕국)로 갈라진다. 메소포타미아와 시리아 등 지중해 동쪽을 차지한 셀레우코스 왕조는 지리적 이점으로 비교적 쉽게 전투 코끼리를 인도에서 데려왔지만, 이집트와 팔레스타인 등 지중해 남쪽에 자리 잡은 프톨레마이오스 왕조는 그러지 못했다. 그때 프톨레마이오스 왕조는 아프리카 대륙의 코끼리로 관심을 돌린다. 아틀라스산맥 이북의 평원과 숲, 그리고 에티오피아 등에 사는 작은 야생 코끼리를 전투용으로 길들여 쓰면 됐던 것이다.[7]

코끼리 교역이 활발해지고 도시가 성장한다. 바라카강Barka River의 하구 근처라는 것 말고는 지금은 정확히 어디인지 알 수 없는 홍해의 한 항구가 코끼리 교역항으로 떠올랐다. 왕의 이름을 따서 프톨레마이스 테론Ptolemais Theron('사냥의 프톨레마이스')이라고 불렸다. 프톨레마이오스 2세 필라델포스Philadelphus(B.C. 284~B.C. 246 재위) 때였다.

코끼리는 대개 에티오피아에서 공급됐다. 원주민 사냥꾼에게 코끼리를 잡아 팔라고 했지만, 그들은 '살아 있는 코끼리'를 잡아서 바치는 것에 대해선 적극적이지 않았다. 그리스의 역사가 아가타르키데스Agath-archides는 이렇게 말했다.

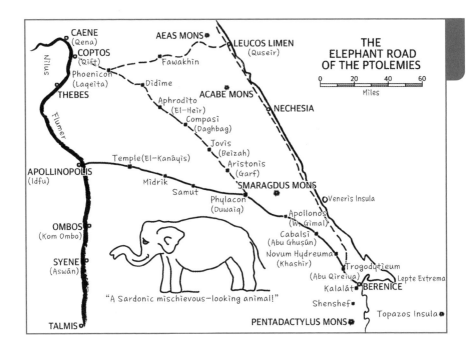

프톨레마이오스의 북아프리카코끼리 공급 지도

프톨레마이오스의 엘리펀트 로드. 에티오피아에서 잡힌 코끼리들은 홍해의 항구 베레니케에서 내린 뒤 사막을 건너 나일강에 도착했다. 그리고 다시 배를 타고 코끼리 마구간이 있는 멤피스로 갔다.

프톨레마이오스는 에티오피아의 사냥꾼들에게 코끼리를 죽이지 말라고 했지만, 그들을 설득하지도 못했다.[8]

어쨌든 도시는 번성했다. 수많은 코끼리가 프톨레마이스 테론에 도착했고, 코끼리는 거기서 다시 이집트 프톨레마이오스의 왕에게 이송되는 험난한 여행을 했다. 맨 처음 코끼리들은 배를 타고 수에즈만으로 바로 이송됐다. 그리고 거기서 멤피스까지 다시 운하를 통해 수송됐다. 처음부터 끝까지 뱃길로만 간 것이다. 코끼리들의 무게는 무거웠고, 배의 흘수는 점점 깊어지기만 했다. 너무 무거워서 강한 바람이 정방향으로 있을 때만 움직일 수 있었다. 병사들은 쓰러졌고 코끼리들이 죽어 나갔다.

나중에는 항해의 위험성을 줄이기 위해 홍해 중간쯤에 위치한 베레니케 트로글로디티카Berenice Troglodytica를 중간 항구로 이용했다. 수에즈에서 남쪽으로 825킬로미터 떨어진 곳에 위치한 이 항구에 코끼리를 내리고, 거기서 사막을 횡단하여 나일강에 도착했다. 거기서 다시 강을 따라 하구까지 가는 루트를 개척한 것이다. 이 루트도 그렇게 쉽지 않았다. 코끼리가 사막을 횡단해야 했기 때문이다. 긴 여행에서 살아남은 코끼리들은 최종 목적지인 멤피스의 '코끼리 마구간'stables of elephants에서 전투용으로 조련됐다. 일부는 알렉산드리아로 가서 동물원에 전시됐다. 프톨레마이오스 2세 때 세워진 세계 최초의 동물원이 거기 있었다.[9]

프톨레마이오스 왕조와 셀레우코스 왕조는 강력한 라이벌로 대치했다. 그 한가운데는 코끼리가 있었다. 한쪽은 아프리카에서, 한쪽은 인도에서 코끼리를 공수했다. 두 왕조는 여섯 차례 전쟁을 벌였다. 시리아 전쟁이라고도 불리는 이 전쟁은 '코끼리의 전쟁'이었다.

아프리카코끼리 대 인도코끼리

두 코끼리가 맞붙은 것은 기원전 217년 벌어진 라피아 전투에서였다. 프톨레마이오스 왕조가 직접 양성한 아프리카코끼리 부대와 셀레우코스 왕조의 인도코끼리 부대가 맞붙었다. 다른 두 종의 싸움이었다. 사자가 호랑이를 만난 것처럼 서로 다른 두 종의 코끼리가 처음 맞닥뜨린 상황이었다.

코끼리 부대는 전투에서 상대편 진용의 날개를 부러뜨리는 역할을 했다. 마치 현대전의 전차처럼 위협적으로 치고 들어가 적군 대열을 흩뜨리는 것이다. 상대의 왼쪽 날개를 치며 선공하면 적군이 이에 질세라 오른쪽 날개를 뚫고 반격하는 식으로, 코끼리 부대와 말을 탄 기병, 그리고 보병은 다양한 전술로 움직였다. 코끼리의 무기는 억센 코와 날카로운 엄니(상아)였다. 코끼리는 엄니로 상대편 코끼리의 엄니를 걸어 물고 늘어진 뒤 무너뜨렸다. 길고 억센 코로는 상대편 병사를 때리고 잡아 내동댕이쳤다. 마치 럭비 선수들이 어깨를 겯고 싸우는 것처럼 몸으로 밀고 버티었다.

사상 최대의 코끼리 전투였다. 프톨레마이오스는 북아프리카에서 잡아 훈련한 코끼리 75마리를 출정시켰고, 셀레우코스는 인도에서 가져온 전투 코끼리 201마리를 출정시켰다.

프톨레마이오스 코끼리는 셀레우코스 코끼리에게 수적으로도, 힘으로도 당해 내지 못했다. 전쟁 경험이 적은 아프리카코끼리들은 겁을 집어먹었다. 고대 그리스의 역사가 폴리비우스[Polybius]는 이렇게 전한다.

프톨레마이오스 코끼리들은 인도코끼리의 우렁찬 소리와 냄새를 견디기 힘들어했다. 내가 추정하기엔 상대편 코끼리들의 거대한

크기와 힘에 압도되어 도망쳤을 것이다.[10]

그런데 이 부분이 이상하다. 아프리카코끼리가 아시아코끼리보다 몸집이 작다고? 다른 역사가들도 프톨레마이오스 코끼리들이 몸집이 작아 전투에서 공헌하지 못했다고 전한다. 지금의 생물학적 상식과 배치된다.

프톨레마이오스 왕조가 길들인 코끼리는 지금의 '아프리카코끼리' 가 아니었을 가능성이 크다. 역사적 기록에 따르면, 그 코끼리들은 당시 북아프리카와 에티오피아 전역에 서식했다. 발바닥에서 어깨까지 키가 2.5미터도 되지 않는 소형 코끼리였다. 우리가 일반적으로 상상하는 아프리카코끼리보다 훨씬 작다. 최근 연구에서 이 코끼리는 현재 서아프리카 카메룬과 콩고분지 등에서 소수 서식하는 둥근귀코끼리의 아종쯤 되는 것으로 추정되고 있다.

프톨레마이오스 왕조는 라피아 전투를 승리로 이끌었지만, 그들이 스스로 개발한 '자체 병기'인 북아프리카코끼리의 우수성을 증명하는 데는 실패하고 말았다. 코끼리에게는 행운이었다. 그 사건으로 이 나라의 '전투 코끼리 개발'에 대한 관심이 사그라들었기 때문이다.

알프스산맥을 넘다

그렇다고 코끼리의 필요성이 완전히 사라진 것은 아니었다. 기원전 9세기부터 북아프리카 튀니스만을 중심으로 번성한 도시국가 카르타고도 프톨레마이오스 왕조와 비슷한 시기에 코끼리 부대를 운용한 바 있다. 강고한 카르타고 국가를 일군 페니키아인들에게는 코끼리가 살고 있는 넓은 땅이 남쪽으로 펼쳐져 있었다. 튀니지 평원부터 모로코와 아틀라스산맥의 숲까지 코끼리가 널려 있었다.

기원전 3세기 페니키아인들은 코끼리를 전투 코끼리로 조련하는 방법을 재빨리 배웠다. 코끼리 마구간이 건설되고, 300마리가 수용됐다는 기록이 있다. 코끼리 부대는 제1차 포에니전쟁(B.C. 264~B.C. 241)에 처음 투입되었다. 50마리의 코끼리 부대는 배를 타고 바다를 건너 시칠리아에서 싸웠다.

제1차 포에니전쟁은 로마의 승리로 돌아갔고, 카르타고의 한니발 장군은 절치부심 끝에 제2차 포에니전쟁(B.C. 218~B.C. 201)을 시작한다. 한니발은 코끼리 부대를 전면에 내세워 전쟁을 치르기로 한다. 그가 전쟁의 무대로 생각한 건 지중해가 아니었다. 히스파니아의 이베리아반도에서 출발해 육로로 이동한 뒤 로마의 등짝을 칠 계획을 꾸민다. 전술의 핵심은 코끼리. 코끼리를 데리고 2,400킬로미터를 행군한다니? 그것도 피레네산맥과 알프스산맥을 넘어서? 지금 보면 모험적 발상이라고 생각하기 쉽다. 하지만 로마인들은 코끼리 전사를 접해 본 적이 없기에 겁을 내고 도망칠 것이라고 한니발은 생각했다.

역경은 오히려 로마까지 가는 과정 그 자체에 있었다. 알프스산맥을 향해 진군하던 중 가장 큰 강인 론강Rhône River을 만났다. 강폭이 가장 좁은 구간이 300미터였다. 3만 8,000명의 보병에 8,000명의 기병, 그리고 37마리의 코끼리가 있었다. 강 건너편에서는 갈리아인 부대가 전투를

알프스를 넘는 한니발 부대
카르타고의 전설적인 명장 한니발 장군은 로마제국의 뒤를 치는
전략으로 빙 돌아 알프스산맥을 넘었다. 병력의 상당수를 잃었
지만 코끼리는 모두 생존했다.

기다리고 있었다.

강을 어떻게 건널까? 한니발은 뗏목을 만들기로 했다. 나무를 베어
다 얼기설기 엮고, 거기에 코끼리를 한 마리씩 태웠다. 공포에 질린 코
끼리가 발을 동동 구르자, 뗏목은 출렁거리고 군사들은 미끄러져 떨어
졌다. 그야말로 아수라장이었다. 시간이 흐르자 코끼리들은 평온을 찾
았고, 그럭저럭 건널 수 있었다고 폴리비우스는 전한다.

한니발의 부대는 론강의 계곡을 따라 오른 뒤, 동쪽으로 방향을 틀
어 알프스산맥에 오른다. 갈리아인의 공격은 대수롭지 않았다. 험난한
여정 자체가 코끼리에게 위협이었고, 그 코끼리가 군사들에게 위협이
었다. 3,000미터가 넘는 몬테비소산^{Monte Viso}에 올랐다. 그러나 내려가는
게 더 문제였다. 말은 미끄러지고, 병사는 추락했다. 코끼리에게는 좁은

길이 더 힘들었다. 병사들이 길을 만들고, 코끼리는 굶주리며 기다렸다. 열닷새째, 결국 내려가는 데 성공했다. 병력의 상당수가 소실됐다. 2만 명의 보병과 6,000명의 기병이 남았을 뿐. 그래도 코끼리 37마리는 모두 생존했다. 당시 카르타고가 코끼리를 얼마나 귀하게 여겼는지 알 수 있는 대목이다.

북쪽에서 나타난 한니발은 로마에 충격이었다. 곧바로 부대가 편성되어 급파됐다. 기원전 218년의 트레비아강 전투Battle of the Trebia는 눈 쌓인 전장에서 치러졌다. 한니발의 코끼리들은 로마 기병대를 혼란에 빠뜨리며 대파했다. 전투에서 패했다는 소식이 전해지자 로마는 패닉에 빠졌다.

하지만 한니발의 병사와 말, 코끼리도 지쳐 있었다. 아펜니노산맥을 넘으며 병사와 동물은 굶주렸고, 굶주려 사라졌다. 코끼리 일곱 마리가 산을 넘으며 죽고, 나머지는 아르노강 계곡 늪지대에 빠져 죽었다. 행군 도중 한니발은 눈병에 걸려 한쪽 눈을 잃었다. 한니발이 애지중지하는 '술루스'Sulus 한 마리를 제외하고, 코끼리 역시 전멸이나 다름없었다. 술루스 또한 한쪽 눈을 잃은 상태였다.

한니발의 군대는 15년 동안 이탈리아반도에서 유랑했다. 마침내 로마의 입구에 다다랐지만, 도시를 접수하는 데는 실패했다. 코끼리 부대가 중간중간 히스파니아와 카르타고에서 보충되었지만, 로마는 이미 코끼리 기병을 어떻게 다루는지 터득한 뒤였다. 로마의 보병들은 코끼리의 코를 찔러 공략하라고 군사훈련에서 교습받았다. 보병들은 뾰족한 못이 달린 갑옷을 입고 투창을 지닌 채 전투에 나섰다. 도끼로 다리를 내리쳐 코끼리를 절름발이로 만들었고, 불화살을 쏴서 코끼리를 공포에 빠뜨렸다. 통제 불능이 된 코끼리는 몸을 돌려 도망쳤고, 이것은 카르타고 대열을 흩뜨리며 자중지란을 일으켰다. 적군의 무기를 아군의 무기로 만들어 쓰는 전략이었다.

최초의 코끼리쇼가 불러온 것

코끼리 부대를 이끌고 일으킨 제2차 포에니전쟁에서 카르타고의 한니발 장군이 패배한 것을 끝으로 전투 코끼리는 점차 역사 속에서 사라졌지만, 뒤이어 번성한 로마제국에서 코끼리는 다른 용도로 쓰였다. 로마제국 도처에 있는 원형경기장이 바로 그 무대였다. 전쟁터를 벗어난 코끼리는 이 새로운 무대에 서서 또 다른 싸움을 해야만 했다. 코끼리는 관중의 열광 속에 검투사와 싸웠고, 사자와 싸웠고, 결박된 죄수를 발로 밟아 죽여야만 했다. 원형경기장에서 코끼리는 사자 다음으로 인기 많은 동물이었다.

기원전 55년, 로마 집정관 폼페이우스Pompeius가 개최한 축제는 가장 시끄럽고 비릿한 사냥터였다. 이미 사자 600마리를 해치운 뒤였다. 피 냄새가 천지를 가득 메운 살육전이었다. 다음 대상은 코끼리였다. 20여 마리가 경기장으로 불려 나왔다. 북아프리카에서 잡혀 온 코끼리들이 맞서 싸울 상대는 역시 같은 고향에서 노예가 되어 온 게툴리족Gaetuli이었다.

갑옷을 입은 전사들이 코끼리에게 창을 던졌다. 거대한 몸을 움직여 봤지만 코끼리는 쏟아지는 투창을 피하지 못했다. 그중 한 코끼리가 격렬하게 저항하며 영웅적인 싸움을 전개했다. 기진맥진해 무릎으로 땅을 기는 것 같았는데, 갑자기 긴 코로 전사의 방패를 빼앗아 공중으로 날려 버렸다. 판세가 바뀌자 경기장은 흥분의 도가니로 변했다.

코끼리들은 다시 힘을 얻은 듯했다. 그리고 어차피 죽을 노예와 싸우는 것보다 이곳을 탈출해야만 진정한 자유를 얻을 수 있다는 걸 안다는 듯, 관중석과 경기장을 막아 놓은 철제 울타리를 몸으로 쳐 댔다. 결국 불가능한 일임을 깨달은 코끼리들은 구석으로 내몰려 코를 휘두르며 고통스러운 소리를 냈다. 놀라운 광경을 목격한 원형경기장의 관객들은 어느새 코끼리 편이 되어 있었다. 하나의 외침이 끝없이 복사되어 경기장에 메아리쳤다.

"야만적인 싸움을 중단하라!"

야만을 즐기러 왔던 관중은 이 경기의 주최자인 폼페이우스를 탓하고 있었다.[11]

··········

"동물을 보면 힘이 나요."(It cheers me to look at them.)

호머의 서사시에 나오는 율리시스의 아내 페넬로페가 했다는 이 말은 동물을 처음 조직적, 집단적으로 이용한 고대 문명인들 마음의 이면을 잘 드러내 준다. 페넬로페는 거위를 보고 이 말을 했다고 한다.[12]

그리스·로마 시대의 사람들은 동물을 끔찍한 방식으로 다루고 죽였다. 동시에 동물을 수집하고 집 안에 들여 애완동물로 키웠다. 두 가지 경우 모두 동물이 우리에게 힘을 주기 때문이다. 다른 말로, 우리 안에 있는 어떤 에너지를 끄집어내기 때문이다. 동물의 몸, 감정이 주는 영향이다. 그것이 착취든 교감이든 그들은 동물을 이용했고, 동물이 주는 정신적 경험에 취해 있었다. 그리고 이렇게 인간-동물 사이에서 무형의 힘이 오가는 것은 현대에도 마찬가지다.

북아프리카코끼리는 야생에서 점점 사라졌다. 인간의 즐거움을 위한 살아 있는 제물로서 고향에서 포획돼 멸종 직전까지 다다랐다. 왕족과 귀족의 액세서리, 호화로운 사원과 궁전의 장식물로 쓰이는 상아를 공급하기 위해 남획된 것도 멸종을 부추겼다. 플리니우스는 서기 77년 이렇게 말한다.

풍족했던 상아는 이제 인도에서 온 것 말고는 보기 힘들어졌다. 북아프리카 전역에서 상아가 고갈됐다.[13]

북아프리카 야생에서 코끼리가 귀해지자, 원형경기장에서는 코끼리를 죽이는 대신 동물쇼를 시작했다. 서기 59년 네로 황제는 자신의 어머니를 위한 축제를 열었다. 코끼리가 높은 곳에서 밧줄을 타고 내려오는 묘기였다. 등에는 조련사가 타고 있었다. 코끼리는 동물쇼를 위해 조련당했고, 잘못하면 채찍을 맞았다.

역설적이지만, 북아프리카코끼리는 전투 코끼리일 때 인간으로부터 더 후한 대접을 받았다. 하나하나가 값비싼 병기였던 데다, 긴 시간의 생사고락을 함께하며 인간과 감정적 연대를 쌓았기 때문이었을 것이다. 반면 원형경기장에서 코끼리를 대하는 방식은 그보다 훨씬 더 소비적이었다. 마약처럼 한두 번 열광의 재료로 쓰고 죽이면 그만이었다. 로마의 시민이 이 축제에 참여했다.

로마제국은 5세기까지 북아프리카를 점령했다. 북아프리카코끼리는 그사이 멸종한 것으로 추정된다. 북아프리카코끼리는 동그란 귀, 고매한 품새를 지닌 신비로운 동물이다. 죽어서 잡히면 상아로 로마에 갔고, 살아서 잡히면 산몸으로 투창에 찔려 죽었다.

동물에 대한 집단적, 조직적 착취는 문명의 발전이 가속화하는 시점에 출현하였다. 우리는 쉽게 오해하지만, 인간에 의한 동물의 멸종은 근래에 시작된 사건이 아니다. 2,000년 전 로마에도 있었다. 그리고 종을 착취한 뒤 멸종시키는 문명의 추악함은 원형경기장에서 "죽여! 죽여!"를 소리치던 평범한 시민의 욕망과도 맞닿아 있었다.

4장

스스로 길들어 슬픈 동물이여

은여우, 보노보 그리고 인간

프랑스 남서부 페슈메를Pech Merle의 동굴에는 독특한 그림이 그려져 있다. 두 마리의 점박이 말이 서 있는데, 그 옆에 손 도장이 찍혀 있다. 2만 5,000년 전에 그려진 것이다.

인류가 아직 농경을 시작하지 않았을 때다. 동물을 가축으로 길들이지도 않았을 때다. 페슈메를의 동굴에는 이것 말고도 동물 그림이 많다. 다른 구석기인의 동굴벽화에도 많다. 인간이 얼마나 동물을 좋아하고 흠모했는지 잘 알 수 있다. 심지어 손 도장까지 찍을 정도니! 인간은 동물과 하나의 세계에서 살았으며, 자신을 동물과 다른 특출난 존재라고 생각지 않았다. 인류학자 브라이언 페이건Brian Fagan은 2만 5,000년 전 사람이 찍은 손 도장에 주목하면서 이렇게 말한다.

페슈메를 동굴의 말 그림
무엇이 그리 좋았던 걸까? 2만 5,000년 전 인류는 점박이 말을 그리고 손 도장을 찍어 놓았다.

그들(구석기인)은 (…) 말에 대해서도 잘 알게 되었고, 이 동물의 영적 능력에 늘 경외심을 품었다. 사냥감과 사랑에 빠진 것처럼 보일 지경이었다. 그래서 몰래 따라다니다가 그중 한 마리를 잡았을 때에는 사냥의 동반자에 예를 갖춰 대하면서 조심스럽게 해체했다.[1]

인간이 동물이었던 시절

미국 알래스카의 북극권 마을에서 머물며 이누이트의 물범 사냥을 따라간 적이 있다. 철판딱지를 얼기설기 덧댄 소형 보트에 모터만 붙인 기계로 바다 얼음을 헤치고 다녔다. 사냥꾼은 수십 번의 헛방질 끝에 총알 한 발을 겨우 물범에게 명중시켰다. 물범이 바다 위로 떠오르자, 잽싸게 작살을 던졌다. 검푸른 바다에 빨간 피가 번질 때는 북극 냉혈한의 작업에 내가 손을 보태도 되나 하는 생각이 들어 잠시 멈칫했다.

물범 사체를 집에 끌고 온 사냥꾼은 해체하기에 앞서 물범을 똑바로 눕혔다. 그리고 싱크대의 수도꼭지를 틀더니 자기 입으로 물을 받아 머금는 것이었다. 그는 다시 물범에게 다가와 입을 열고는 자신의 입에 있는 물을 쏟아 냈다.

"죽은 물범이 다시 바다로 돌아와 살라고 기원하는 겁니다."

그는 물범의 눈을 감겨 주었다.

알래스카를 여행한 사진가 호시노 미치오星野道夫는 순록의 일종인 카리부를 사냥한 부자의 얘기를 들려준다. 아버지는 어린 아들에게 칼 한 자루를 쥐어 주고 카리부를 해체하라고 한다. 도와주지 않고 물끄러미 지켜볼 뿐이다.

> 비록 어린아이들이지만 한 생명을 끝장내고 손으로 직접 살점을 만지면서 뭔가를 느꼈을 것이다. 우리를 비롯한 모든 생명이 다른 생명에 의존하고 있다는 것. 그 고기를 입안에 넣음으로써 카리부의 생명을 자기가 잇게 된다는 것.[2]

아들이 깨달은 것은 무엇이었을까? 바로 한 생명을 통해 다른 한 생명이 살아간다는 사실이었을 것이다. 사냥의 성공으로 얻은 성취감과 동시에 시뻘건 피를 보면서 드는 죄책감이 그를 사로잡았을 것이다. 이것은 과거 인류가 동물에 대해 느꼈던 감정의 핵심이다.

구석기시대 수렵채집인은 세상 모든 것에 영혼이 있다고 믿었다.

동물, 식물 심지어 천막과 출입문에도 있다고 믿었다. 자연의 이치와 삶의 방향에 대해 모르는 게 대부분이던 시절이었다. 그것들에 보이지 않는 영혼이 있어 사건을 주관한다고 믿는 게 그 시대에는 합리적이었다. 지식을 뽐내는 사람이라면 사람과 동물 사이에 무형의 파장이나 에너지 같은 게 흐른다고 말했을지도 모르겠다. 따라서 영혼을 지닌 존재인 동물은 조심스럽게 대해야 했다. 그렇지 않으면 자신에게 화가 돌아올 테니.

수렵채집인은 동물에게도 이성이 있고 감정이 있다고 생각했다. 그들을 쫓거나 그들에게 쫓길 때 두뇌 싸움을 벌여야 했으므로 그렇게 생각한 게 당연했다. 동물의 행동과 소리를 읽을 줄 모르면 사냥에 성공할 수 없었다.

동물을 죽이는 것은 각각의 개체와 맞붙어 사냥하는 것이었다. 현대의 축산 시스템처럼 도살장에서 수만 마리를 죽이는 건 상상할 수도 없었을 것이다. 동물 한 마리를 잡기 위해 수렵채집인은 길 찾기 능력, 행동의 의미를 간파하는 능력, 동물을 속이는 능력 따위를 갖춰야 했다. 동물 대 동물, 개체 대 개체, 생명 대 생명의 싸움이었다.

수렵채집 시대의 인간이 생각하는 동물은 현대의 인간이 생각하는 동물과 달랐다. 그들은 자신 역시 동물이라고 생각했으며, 다른 동물과 하나의 세계에서 산다고 여겼다. 동물은 자신과 비슷한 처지에서 살았다. 큰비와 홍수, 추위와 폭설을 두려워했으며, 생존을 위해 누군가를 잡아야 했고, 때로는 누군가로부터 도망가야 했다. 그들은 스스로를 '동물 중 하나'one of them로 여겼다. '자연 속의 나'가 인식의 토대였다. 동물은 인간과 떨어진 '타자'가 아니었다. 지금 우리가 다른 인종을 대하듯이, 동물을 조금은 다르지만 한배를 탄 동류의 개체라고 생각했을 것이다. 결국 인간이 보는 세계는 자연과 인간이 분리된 이분법적인 '두 개의 세계'가 아니라 '하나의 세계'였다.

가축의 등장과 세계관의 변화

인간이 동물을 가축으로 만든 사건은 이러한 세계관이 바뀌는 전환점이 되었다. 인간은 동물을 일정한 구역에 감금하고, 노동력으로 활용하고, 최종 부산물인 고기를 먹었다. 인간은 동물 신체의 자유를 속박했다. 동물을 사고팔았다. 3장에서 보았듯이, 문명이 발전한 제국에서는 동물을 오락용으로 키워 살육장에 내몰고 피의 향연을 즐겼다. 동물은 인간의 소유물이었다.

가축화는 동물의 역사에서 가장 중요한 사건이다. 물론 이것은 인간 중심적인 명제일 수 있다. 5만 종 이상의 척추동물 가운데 가축이 된 것은 몇십 종 안 되기 때문이다. 개, 고양이, 양, 염소 등 몇몇 종의 동물 외에 가축화는 남의 얘기라는 말이다.

3만 6,000년 전 혹은 1만 5,000년 전에 인간의 자리에 들어온 개는 최초의 가축이다. 양이 기원전 1만 1000년에서 기원전 9000년 사이에 가축이 되었고 염소가 기원전 1만 년, 소가 기원전 8000년, 돼지가 기원전 7000년, 닭이 기원전 6000년에 뒤를 이었다. 당나귀와 말이 각각 기원전 4000년과 기원전 3600년, 그리고 낙타가 기원전 3000년에 인간의 세계로 들어왔다.

가축이 되지 않은 다른 야생동물에게 가축화는 그리 큰 영향을 미치지 않았다. 하지만 인간에게 가축화 사건은 대단히 중요한 의미가 있다. 인간은 동물을 자신의 소유물로 삼음으로써 노동력을 이용할 수 있게 되었다. 작물을 재배하면서 동물의 노동력을 이용했고, 이는 신석기 혁명으로 이어졌다. 유제품과 비료, 털과 가죽, 쟁기를 끄는 힘, 육상 운송과 군대용 탈것의 동력 등을 동물에게서 취했다. 고기를 얻기 위한 단 하나의 목적으로 동물을 기르는 경우는 거의 없었다. 당시 기술 수준에서 또 하나의 동물을 만들기 위해서는 많은 노력이 들었으므로, 고기용 사육은 낭비적이었다.

인간-동물 관계는 혁명적인 변화를 맞았다. 인간이 동물을 바라보는 관점은 몇 종의 가축으로 인해 크게 변했다. 인간은 숲에서 빠져나와 강 옆에 도시를 짓고 정주함으로써 자연과 분리되었다. 인간은 더는 자신을 동물의 일원이라고 생각지 않았다. '하나의 세계'는 '두 개의 세계'로 분리됐다. 한때 동물과 섞여 살았던 인간은 이제 자연에 방벽을 치고 인간의 땅에 살았다. 자연과 동물을 경외스러운 눈으로 바라보는 전통적인 인식이 여전히 기저에서 영향을 미치고 있었지만, 동물을 지배 대상으로 여기는 새로운 인식이 점차 커졌다. 잔혹한 주인이 사는 농장, 로마의 원형경기장, 그리고 전투에 나서는 군대에서 동물은 노예가 되었다. 자연과 동물은 외부 세계에 사는 존재, 길들여 사용하고 사고파는 존재, 즉 '타자'가 되었다. 이러한 인식의 변화는 가축이 되지 않은 야생동물도 살육, 착취할 수 있다는 세계관의 토대가 되었으므로, 가축화는 야생동물에게도 중요한 사건이라 할 수 있다.

그럼에도 가축화 사건에는 풀리지 않은 수수께끼가 있다. 크게 두 가지 질문이 베일에 싸여 있다.

첫째, 왜 어떤 동물은 가축이 되었는데 어떤 동물은 야생 상태로 남아 있는가? 우리가 길들여 인간의 문화로 데려온 동물은 의외로 많지 않다. 개나 고양이 같은 반려동물, 식용 목적으로 끌어들인 소와 돼지, 그리고 꿀벌 같은 곤충을 합해도 가축이 된 종은 수백만 종 가운데 수십 종에 지나지 않는다.

이 질문에 대해 대체적인 추측이 있다. 문명사가 재러드 다이아몬드 Jared Diamond가 '안나 카레니나의 법칙'이라고 부른 것이다. 역사 속에서 수많은 가축화 시도가 있었지만 가축이 되기 위한 까다로운 다수의 조건을 통과하지 못했기 때문에 대다수가 야생동물로 남고 극소수만 가축이 되었다는 논리인데, 소설 『안나 카레니나』의 첫 문장에서 영감을 얻어 붙인 이름이다. 소설은 이렇게 시작한다.

"행복한 가정은 모두 엇비슷하고, 불행한 가정은 불행한 이유가 제각각 다르다."

결혼 생활이 행복해지려면 수많은 요소를 갖춰야 한다. 최소한의 부, 가족들의 건강, 자녀 교육, 부부 관계 등등. 행복한 가정은 평범해 보여도 이 같은 조건을 모두 충족한 이들이다. 여기에서 단 한 가지라도 충족하지 않으면, 가정은 쉽게 불행해진다.

재러드 다이아몬드는 여기에 착안하여 야생동물의 가축화를 설명한다. 그는 몸무게 34킬로그램 이상의 초식성 대형 포유류 150여 종 가운데 가축이 된 것은 단 14종뿐이라고 말한다.[3] 가축이 되려면 길들이는 과정에서 다수의 조건을 통과해야 한다. 체질량에 비해 많이 먹지 않아야 하고(인간의 음식을 축낼 수 있으므로), 성장 속도가 빨라야 하며(느리면 음식을 축낸다!), 울타리 안에 여러 마리를 가둬도 싸우지 않아야 하며(리더를 중심으로 사회적 위계가 있는 동물들은 자기들이 알아서 질서를 만든다), 감금 상태에서도 스트레스를 받지 않아 쉽게 병들지 않고 번식도 잘해야 한다. 또한 골치 아프거나 예측 불가능한 기질이 없어야 하며, 다른 존재(인간)에게 친근하게 구는 본능이 있어야 한다. 수만 년간 인류는 야생동물을 자기 옆에 두고 이용하고자 했고, 인간과 마주친 대부분의 야생동물은 한 번쯤 가축이 될 기회가 있었다. 하지만 다수는 이러한 겹겹의 조건을 통과하다가 미끄러졌고, 그중에서 극소수가 모든 조건에 맞아떨어짐으로써 가축이 되었다고 보는 게 옳다.

두 번째 수수께끼는 가축이 된 포유동물은 이상하게도 비슷한 특성을 지닌다는 점이다. 가축이 된 야생동물은 대개 귀가 늘어지고, 꼬리는 동그랗게 말리며, 얼룩무늬가 생긴다. 이른바 '유형성숙'幼形成熟, neoteny이라고 불리는, 어른 동물에게서 어린 동물의 특징이 지속되는 현상이다. 큰 눈과 짧은 주둥이, 평평한 얼굴, 그리고 장난스럽고 귀여운 행동도 나타난다. 야생의 동물이라면 나이를 먹고 사라지는 특징들이다. 이렇게 야생동물이 가축으로 길들면서 외모를 비롯해 행동이 달라지는 현상을 가축화 신드롬domestication syndrome이라고 한다. 가축화를 재연해 보는 실험에서 이 현상은 확인되었고 은여우에서 보노보, 인간에 이르기까지 풍부한 논의가 이어졌다.

최초의 여우개 '푸신카'

1950년대 구소련 시베리아의 '과학 도시' 아카뎀고로도크에서는 가축화와 관련해 흥미로운 실험이 시작됐다. '늑대는 어떻게 개가 되었을까'라는 궁금증을 갖고 있던 생물학자 드미트리 벨랴예프Dmitry Belyayev가 이곳에 세포유전학연구소를 차리고 은여우를 가축으로 만들어 보기로 한 것이다.

벨랴예프와 그의 제자 류드밀라 트루트Lyudmila Trut가 이용한 방법은 그리 특별할 것 없는 '전통적인 방법'이었다. 이들은 여우의 성격을 관찰해 오직 '순한' 개체만 선별해 그들끼리 번식시켰다. 반면 여우의 체형, 골격, 털빛 등 외양은 무시했다. 매년 초 짝짓기 기간에 가장 얌전한 여우 몇 마리를 선별했고, 선별된 여우들 사이에서 태어난 새끼들 가운데 다시 가장 얌전한 개체를 선별해 짝짓기를 시켰다. 이런 방식으로 대를 이어 나갔다.

벨랴예프가 연구를 시작한 이유는 야생동물이 가축이 되는 과정을 재연함으로써 두 번째 수수께끼에 조금이라도 가까이 가기 위해서였다. 그는 가축화된 동물에게는 일반적인 특성이 있으리라고 봤다. 그래서 여우 농장에 사는 여우 중 인간과 잘 어울리는 '엘리트'군을 선별해 개체를 늘려 나갔다. 몇 세대를 거치자 여우가 '개처럼' 행동하는 놀라운 일이 발생했다. 4세대에서 한 여우가 꼬리를 흔들었고, 8세대에서 꼬리가 뒤로 말리는 개체가 나타났다.

그의 제자 류드밀라 트루트는 '푸신카'Pushinka라는 여우를 집 안에 들여 키웠다. 집 밖에서 낯선 낌새를 눈치챘을 때, 푸신카는 개처럼 짖

사육화된 여우를 쓰다듬고 있는 드미트리 벨랴예프
1959년부터 선별해 길러 온 온순한 여우는 사람에게 친근하게
굴었다. 벨랴예프는 1985년 세상을 떠났지만, 그의 제자 류드밀
라 트루트를 비롯해 뒤를 이은 과학자들이 현재도 실험을 진행
중이다.

었다. 푸신카는 아는 사람을 보면 꼬리를 흔들었다. 이름을 부르면 다가

오기까지 했다. 쓰다듬어 달라고 위를 올려다보곤 했다. 개와 유사한 애

정 표현으로 푸신카는 여우 농장에 있는 사람들과 과학자들의 사랑을

한 몸에 받았다. 푸신카뿐만이 아니었다. 여우들은 세대를 거듭할수록

개와 비슷한 행동을 보이기 시작했다. 머리뼈(두개골)의 크기가 줄고, 주

둥이가 짧아지고, 얼룩무늬가 나타나는 등 신체적 변화도 관찰됐다. 가

축화 신드롬이 가리키는 것들이었다.

스스로 길들어 슬픈 동물이여

최근의 연구는 가축화된 '여우개'가 '야생 여우'와 유전자 수준에서 다르다는 점을 확인했다. 과학자들은 여우개에게 있는 세로토닌의 분비에 관여하는 유전자가 비교군(인위적 교배를 하지 않은 집단, 즉 사나운 은여우만 선별 교배한 집단)의 것과 주목할 만한 차이가 있음을 발견했다.[4] 세로토닌은 감정 조절과 공격성, 사회성에 관여하는 신경전달물질이다. 은여우의 신체적 변화는 온순한 사회성을 강화하는 이 유전자가 가진 부수적 효과로 보였다.

개는 가장 먼저 가축이 된 종이다. 최소 1만 5,000년 전에, 호모사피엔스가 내다 버린 음식을 먹던 늑대(와 비슷한 종)가 인간 사회에 '합류' 했거나, 그보다 더 오래됐다면 함께 사냥을 하면서 인간의 동료가 되었을 거라는 게 대체적인 추측이다. 긴 시간 동안 인류는 대체로 특정 성향을 선호했을 것이고, 개 입장에서도 인간의 요구에 부합하거나 인간과 잘 어울리는 개체, 그리고 그들의 자손이 좀 더 많이 살아남았을 것이다. 그런데 벨랴예프는 반세기도 안 되어 '여우개'를 만든 것이다. 인간이 적극적이고 주도면밀하게 개입함으로써 유전자 선택에서 나타나는 비효율을 제거했기 때문이다.

사람들 각자에게도 공격적인 성향과 온순한 성향이 공존한다. 전자의 사람은 문제를 힘으로 해결하려 하는 반면, 후자의 사람은 정치적인 해결책을 중시한다. 사람마다 두 성향의 비율이 다르고, 그것을 기질이라고 말한다. 동물도 마찬가지일 것이다. 벨랴예프와 트루트의 실험에서 가장 중요한 것은 '온순한 기질'을 가진 개체만 선택해 자손을 번성시켰다는 것이다. 이 실험실에서 대를 이어 간 여우는 다른 존재에 호기심을 표하며, 친근하게 굴고, 사랑받으려고 애쓴다.

가축이 된다는 것은 온순해진다는 것일까? 세상 모든 사람이 벨랴예프의 실험실에 들어간다면? 달리 말해 온순한 사람으로 세상이 가득 찬다면? 분란과 전쟁이 끊이지 않는 세상은 평화로워질까? 여기, 그런 세상을 만든 동물이 있다.

보노보는 전쟁 대신 섹스

침팬지와 보노보는 인간의 양면성을 보여 주는 동물이다. 인간과 침팬지는 약 550만 년 전에 갈라졌고, 다른 길을 간 침팬지는 약 200만 년 전 보노보와 갈라졌다. 인간과 가장 가까운 사촌 동물을 꼽으라면, 침팬지와 보노보다. 두 종은 인간과 유전자의 98퍼센트를 공유하는 가장 가까운 근연종이다.

50여 년 전까지만 해도 침팬지에 대한 우리의 이해는 어두운 심연에 있었다. '인간과 가장 가까운' '두 발로 걷는 정글의 동물'이라는 사실 말고는 없었다.

맨 처음 제인 구달이 침팬지 무리에 들어가 함께 살면서 우리에게 알려 준 사실은 이 동물이 놀랍도록 인간과 비슷하다는 것이었다. 인간처럼 도구를 쓰고, 죽은 가족을 애도하며, 강력한 가족애로 결합해 움직였다. 그러나 뒤이어 들려온 소식은 우리를 불편하게 했다. 침팬지는 집단 사냥으로 원숭이를 잡아먹기도 했으며, 무리 간 전쟁을 벌이고 동족을 살해하기도 했다.

심지어 2019년에는 아프리카 가봉의 로앙고국립공원에 서식하는 침팬지 무리가 인근에 사는 고릴라 무리를 습격해 새끼를 해치는 일도 보고됐다.[5] 손아귀에 든 새끼를 잡아먹는 데 큰 관심을 보이지 않은 것을 보아, 사냥 목적의 행위도 아니었다. 과거에는 한 과일나무 주변에서 두 종이 사이좋게 열매를 따 먹곤 하는 장면이 관찰될 만큼, 평소 관계가 험악한 것도 아니었다. 침팬지와 고릴라 사이의 먹이 경쟁이 치열한 상황에서, 침팬지가 힘을 과시했다는 것 말고는 다른 해석이 떠오르지 않았다.

침팬지로부터 우리는 인간의 본성을 유추한다. 인간 내에 있는 경쟁 심리, 생존 본능 그리고 폭력성을 강조하는 이들은 거울에 비치는 침팬지를 보여 주며 "이것 봐, 인간이란 원래 이런 존재라고!"라고 말한다. 이러한 입장을 '사냥꾼-유인원'killer-ape 가설이라고 한다. 사냥꾼-유인원 가설은 20세기 중반, 경제공황과 두 차례의 세계대전을 치른 뒤 약육강식의 비관주의가 짙게 밴 관념이었다. 영장류학자 프랑스 드발Frans de Waal은 스탠리 큐브릭Stanley Kubrick 감독의 〈2001 스페이스 오디세이〉 첫 장면에 이 관점의 정수가 녹아 있다고 말한다.[6] 영화 역사상 가장 강력한 오프닝이라는 찬사를 받는 이 장면에서 오스트랄로피테쿠스는 넓적다리뼈로 동족을 때려 죽인 뒤 그 뼈를 하늘로 던진다. 그다음 장면은 한 우주선이 우주를 항해하는 모습이다. 폭력과 경쟁, 그리고 발전의 인류 역사를 이 시퀀스로 요약한 것이다. 우리는 침팬지에게서 인간의 본능을 보았다. 우리 근원에 있는 폭력성은 한편으로 자본주의와 경쟁 사회를 합리화했다.

그런데 인간의 본성을 이야기하는 와중에 보노보가 혜성처럼 등장했다. 원래 보노보는 침팬지와 같은 종 내지는 피그미침팬지로 불리며 침팬지의 아종으로 분류됐었다. 얼마 뒤 보노보가 침팬지와 전혀 다른 종임이 밝혀졌고, 보노보에 대한 관찰과 보고가 잇따르면서 이 동물이 침팬지와 상당히 다른 형태의 사회를 갖고 있다는 게 밝혀졌다.

침팬지와 달리 보노보는 온순했고 관계 지향적이었으며 암컷 중심의 평등주의가 사회를 지배했다. 서로 만난 두 개체는 싸울 듯하다 섹스를 했다. 암컷과 수컷, 수컷과 수컷, 암컷과 어린 개체 등 다양한 파트너 조합으로 섹스를 했다. 서로 싸움을 하다가 섹스, 먹이를 두고 눈치를 보다가 섹스… 뭐, 그런 식이었다. 긴장을 해소하기 위한 상호작용으로 섹스는 널리 퍼져 있었다. 사회적 관계의 핵심 부분으로 자리 잡고 있었다. 보노보는 성性이란 오로지 생식만을 위한 것이라는 생각을 완전히 뒤엎었다. 그리고 생존에 항상 경쟁이 따라붙는 것만은 아니라는 걸 보여 줬다. 보노보는 침팬지처럼 참혹한 전쟁을 도발하지 않았다. 다툼은 있을지언정 곧잘 갈등을 해소했고, 너그러움과 포용이 지배하는 평화적인 사회를 이어 가고 있었다.

왜였을까? 왜 보노보는 침팬지와 다른 진화의 길을 걸었을까?

과학자들의 추측은 이렇다. 약 200만 년 전 서아프리카 콩고강의 지형이 바뀌면서, 보노보와 침팬지의 공통 조상 가운데 일부 집단이 강 남쪽에 격리됐다. 양질의 식물이 널려 있었고, 경쟁자인 고릴라도 살지 않았다. 먹이가 풍부한 '에덴동산' 같은 곳이었다. 생존을 위한 폭력과 쟁투, 종간 경쟁이 필요 없었다. 그래서 집단 내에서 긴장을 해소하고 평화를 유지하는 기술과 행동이 진화하기 시작했다. 에덴동산의 선택압력이 보노보의 행동학적 특성을 만들었다.

진화인류학자 브라이언 헤어Brian Hare와 리처드 랭엄Richard Wrangham은 이때 보노보의 '자기가축화'self-domestication가 시작됐다고 말한다.[7] 자신을 사육해 평화와 안정을 획득한 동물. 그런데 왜 가축일까? 앞서 말한 러시아의 은여우 실험을 떠올려 보자. 은여우 사육자들은 사람에게 친근하게 구는 은여우만 골라 교배했다. 그러자 세대를 거치면서 여우들의 두개골과 두뇌의 크기가 작아지고, 주둥이가 짧아지고, 얼굴이 납작해지고, 얼룩이 나타나는 등 털 색깔이 다양해졌다. 무엇보다 성격이 양순해졌고, 장난기 많은 어린 짐승처럼 행동했다. 이것은 유전자로 나타나는 가축의 공통된 특성이다. 누군가에게 삶을 지배받게 되면, 고로 길들면 이런 생물학적·행동학적 특성(가축화 신드롬)이 나타난다.

보노보도 가축의 일반적 특성을 가졌다. 보노보는 다른 가축처럼 어른이 되는 데 꽤 오랜 시간이 걸리고, 침팬지에 비해 두개골이 작고, 전체적으로 골격이 덜 성장한 것처럼 보인다. 반면 공감 능력과 관련된 두뇌 회백질의 영역은 더 크다. 어른이 된 보노보의 행동도 유아기 침팬지의 것들이 많다. 성적인 놀이와 까불기, 장난치기 같은 것들이 사회적 행동 양식을 지배했다. 두뇌의 호르몬과 혈중 화학물질이 전형적인 아동기 수준으로 유지돼, 침팬지와 비교했을 때 공격성을 억압하는 세로토닌 수치가 높은 반면 스트레스 호르몬 수치는 낮았다.

가축이라는 말이 어색하면, 스스로 길들였다고 해 두자. 그래서 '자기길들임 이론'이라고도 한다. 은여우는 인간에 의해 가축이 되었다. 반면 자기가축화는 인간이 인위적 개입을 하지 않았는데도, 가축화된 동물에게서 나타나는 행동 변화와 신체 변화가 야생동물에게서 일어나는 것이다. 먹이를 얻으려 친근하게 굴고, 인내심이 있으며, 공격성은 준다. 호르몬 변화로 인해서 두개골 크기가 작아지며, 이빨 크기도 작아지고, 외모도 암컷화된다.

불을 피운 보노보 칸지

숲에서 보노보 하나가 나뭇가지를 모아 온다. 검은 털과 평평한 이마, 구부정하지만 사람과 비슷한 체격이다. 나무를 쌓은 뒤 라이터를 들고 불을 붙인다. 불은 활활 타오르고, 열기가 전해졌는지 잠깐 몸을 비키던 동물은 마시멜로를 나뭇가지에 끼워 구워 먹는다.

서커스 묘기가 아니다. 놀라운 일을 한 건 보노보다. 그의 이름은 '칸지'Kanzi. 세상에서 가장 영리한 동물을 꼽을 때, 손 들고 나올 주인공이다. 칸지는 언어 사용, 도구 제작, 불 만들기 '3종 세트'를 완성했다. 그간 인간만이 할 수 있다고 내세웠던 것들이다.

칸지는 순수 '야생동물'이 아니다. 1980년 미국의 여키스영장류연구센터에서 태어났다. 유인원에게 수화를 가르치는 연구가 유행이던 시절, 미국 조지아주립대학 연구 팀은 미국 수화 대신 '렉시그램'이라는 그림문자를 가르치는 연구를 하고 있었다. 칸지는 '학생'이 아니었다. 원래 그의 양모인 '마타타'Matata를 가르쳤는데, 아들인 칸지가 어깨너머로 문자를 자연스레 '깨쳤다'. 연구 팀은 실험 대상을 칸지로 바꾸었다.

보노보 칸지
보노보 칸지(가운데)가 수 새비지럼보 박사(왼쪽)와 함께 렉시
그램으로 의사소통하고 있다.

칸지는 렉시그램을 사용해 3,000개의 단어를 익혔다. 연구자인 수 새비지럼보Sue Savage-Rumbaugh 박사와 소통한 칸지의 언어 능력은 결코 낮은 수준이 아니었다.

기호학자 찰스 퍼스Charles Peirce는 인간이 전달하는 '표상'을 세 가지 수준으로 분류한다. 아이콘('화장실 문의 남녀 그림'처럼 유사성으로 연결된 표상), 인덱스('온도계'처럼 상관관계로 보여 주는 표상), 상징(사물과 연관 없이 임의적 약속으로 성립되는 문자)이다. 하나의 렉시그램을 특정 의미와 연결하고 소통하는 '상징'은 가장 높은 수준의 언어다. 쉽게 말해 칸지가 렉시그램으로 언어를 구사하는 것은, 우리 인간이 어느 날 말을 잃고 한자로만 소통하는 것이나 다름없다.

칸지는 다양한 도구를 만들어 썼다. 2012년 새비지럼보 박사 등이 쓴 논문을 보면, 칸지는 큰 돌을 깨뜨려 다양한 크기의 뭉툭하고 날카로운 도구를 만들어 구멍을 뚫고 긁어냈다.[8] 이전에는 날카로운 부싯돌을 만들어 밧줄을 자르기도 했는데, 그보다 훨씬 다양한 도구를 여러 목적에 사용하는 능력이 밝혀진 것이다.

논문이 출판된 뒤, 언론은 칸지가 석기시대 인류의 도구 사용 수준을 보여 주었다고 놀라움을 표시했다. 호들갑이 아니었다. 칸지가 쓴 석기는 인류학자 루이스 리키Louis Leakey 박사가 올두바이 협곡Olduvai Gorge에서 발견한 고인류의 석제 도구를 닮아 있었다.

그렇다면 야생 어딘가에 석기를 쓰는 유인원 문명은 왜 없단 말인가? 아니, 있다. 이미 많은 영장류학자가 '석기 문명'을 발견했다. 동아프리카의 침팬지 무리는 견과류를 깨 먹기 위해 돌을 이용한다. 최적의 모룻돌을 찾아서 견과를 올려놓고 최적의 망칫돌을 찾아 깬다. 적당치 않으면 깨고 갈아서 만든다. 당신이 지금 숲에 떨어져 이것을 하라고 한다면, 적합한 돌을 찾지도 못할뿐더러 돌을 잡는 힘의 조절, 타격 지점의 선정, 정교한 망치질 등의 작업을 수행하지 못할 것이다.

그러나 아직 유인원이 인간을 따라잡지 못한 것이 있으니, 바로 '불의 사용'이다. 진화인류학자 리처드 랭엄은 불의 사용이 인류의 진화에 결정적 구실을 했다고 본다. 오스트랄로피테쿠스는 두 발로 걷고 큰 턱뼈를 가지고 있었다. 그런데 190만~180만 년 전 이들의 후손 호모에렉투스에 이르러 턱과 치아가 상당히 작아져, 지금의 인간과 비슷해졌다.

이 차이는 무엇을 의미할까? 리처드 랭엄은 사냥한 고기를 익혀 먹었기(화식火食) 때문이라고 말한다. 야생 열매를 먹으려면 큰 턱뼈와 강한 치아가 있어야 한다. 또한 채식은 공급하는 열량이 적으니, 많은 시간 줄곧 먹어야 한다. 실제로 현생 침팬지는 아주 가끔 사냥하고 대부분 식물과 열매를 먹는다. 하루에 절반 이상의 시간을 씹는 데 쓴다. 반면, 고기를 익히면 부드럽다. 변질이 잘 되지 않아 저장성이 높아진다. 먹는 데 소비하는 시간을 다른 데 쓸 수 있다. 인간 문명의 발전이 화식으로 확보한 잉여 시간에서 왔다고 조심스럽게 추측해 볼 수 있다.

그렇다면 침팬지와 오랑우탄, 고릴라 그리고 보노보는 도대체 왜 불을 쓰지 않은 걸까? 진화는 우연의 연속이기 때문에 정확한 이유는 알 수 없다. 하지만 아프리카 세네갈에서 침팬지 무리를 연구한 질 프로이츠[Jill Pruetz] 아이오와대학 교수와 니콜 헤어초크[Nicole Herzog] 유타대학 연구원은 2017년 수수께끼의 문을 빼꼼히 열었다.[9] 이들이 연구하는 세네갈 남동부의 퐁골리[Fongoli]는 해마다 건기에 산불이 나는 사바나 지역으로, 이곳에는 산불을 주기적으로 겪는 유일한 침팬지 무리가 살고 있었다. 정말 불과 초기 인류의 연관성을 연구하기 좋은 곳 아닌가? (더구나 이 침팬지들은 나무로 창을 만들어 '갈라고'라는 작은 원숭이를 사냥하는 동물로도 명성이 높다.)

두 인류학자가 보고한 결과는 의미심장했다. 이 지역을 산불이 휩쓸고 간 뒤 침팬지들은 나무 밑을 뒤져 불에 구워진 아프젤리아 나무 열매를 찾아 먹었다. 평소 생으로 먹지 않는 것들이다. 산불이 번지는 중에는 산불의 유형과 불길 방향, 속도를 예측하고 행동했다. 그들은 산불이 빈발해도 서식지를 떠나지 않았고, 불을 자연현상의 일부로 받아들이는 듯했다.

산불 난 곳을 돌아다니는 퐁골리 침팬지
퐁골리 침팬지가 산불이 휩쓸고 간 땅을 돌아다니며 익은 열매를 찾고 있다.

화식을 할 정도로 불을 자유자재로 다루려면 세 단계의 인지적 발전이 필요하다. 첫째는 불의 속성을 이해하는 개념화 단계, 둘째는 물을 뿌려 *끄*거나 반대로 불을 키우는 통제 단계, 셋째는 아무것도 없는 상태에서 불을 만드는 단계다. 두 인류학자는 퐁골리 침팬지들이 적어도 첫 번째 단계에 들어섰다고 봤다.

그렇다면 장작을 모아 (비록 라이터를 이용했지만 어쨌든) 불을 켠 우리의 칸지는 어떤 단계에 이른 것일까? 칸지는 인간 문화에서 살았다. 그가 라이터를 켜는 것도, 장작을 모으는 것도 '모방'에서 시작됐다(과거 동물원에서 담배를 피우던 원숭이처럼!). 마시멜로를 구워 먹으면서 칸지는 퐁골리 침팬지보다 불에 대한 더 깊은 수준의 이해에 다다랐을 것이다. 뜨겁군. 막 살아서 돌아다니는군. 무엇을 사라지게 만들 수 있군. 아니, 먹이가 훨씬 부드럽고 맛있어지는데?

은여우, 침팬지, 보노보, 그리고 인간은 모두 동물이다. 그러나 우리는 인간만이 문명을 일구었고, 그것이 나머지 동물과의 차이점이라고 자부했다. 자연에서 멀리 떠나온 게 잘못됐다고 말하면서도, 그것은 자신을 동물과 구별하는 자부심의 원천이기도 했다. 하지만 침팬지는 아프리카 깊은 숲속에서 석기 문명을 이루어 살고 있으며, 보노보는 빠른 속도로 인간 문명을 모방하고 있다. 진화의 길에는 각각의 경로와 속도가 있다. 진화의 시간은 단선적이지 않고, 때로는 중첩되는 복선이다.

인류는 사육당했다

보노보가 스스로를 길들였다는 가설은 거기서 끝나지 않았다. 최근 이 가설은 인간도 '자기가축화한 종'이라는 데까지 나아갔다. 우리가 사육당했다고? 진정?

수렵채집 부족이었던 인간은 농경을 시작하고 문명을 꽃피우면서 풍부한 잉여생산물을 갖게 됐다. 보노보가 에덴동산에 들어간 것과 비슷했다. 사냥꾼의 큰 덩치와 동물을 잡는 근육, 길 찾기에 대한 감각 같은 선택압력은 줄어든 대신 폭력적 충동을 억누르고 친척과 동료와 협력하고 사회적 기술을 향상시키는 선택압력이 증가했다.

권력 행사는 압제적인 방식보다 지나치게 공격적이거나 독재적인 개체를 배제하는 방식으로 나아갔다. 권력은 관용을 보여 존경받는 방식으로 작동했다. 힘이 세지만 힘을 쉬이 쓰지 않아 존경받는 사람. 이러한 권력을 중심으로 사회적 처신을 잘하는 사람이 성공하게 됐다. 이런 잣대는 배우자 선택에도 적용되어, 친화력과 사회성 높은 형질이 강화됐다. 환경 운동가 칼 사피나Carl Safina는 "자연에서 벗어나 농장에 정착하면서, 우리는 진정한 의미에서 또 하나의 농장동물이 됐다"고 썼다.[10] 문명이란 좀 더 공손해지는 과정이 된다. 그렇게 역사는 흘렀다.

인간이 가축이냐고? 그 말이 부담스럽다면, 인간이 스스로를 길들였다고 해 두자. 인간이 다른 존재를 만날 때, 공격이나 배제보다는 관용과 협력을 택했고 그러한 사회적 기술이 진화했다고 보면 될 것이다. 지금 우리의 모습도 가축화 신드롬이 가리키는 몸이 되었다. 우리는 우리의 조상보다 두개골과 골격이 작아지고 얼굴은 짧아졌다.

은여우가 인간에 의해 가축이 된 동물을 표상한다면, 보노보는 '스스로 가축이 된' 동물을 대표한다. 그리고 인간과 보노보는 '자기가축화'라는 측면에서 비슷한 진화의 길을 걷고 있다.

....

두 가지 길이 있다. 야생의 삶과 가축의 삶이다. 야생의 길은 단독자의 자유, 그 자체다. 태어나 2~3년 뒤 어미에게서 떨어져 홀로 수천 킬로미터 여행을 떠나는 북극곰을 상상해 보라.

반면, 가축의 삶은 타인에게 의존하는 삶이다. 동시에 타인을 감내

해야 한다. 자유와 자율성의 포기가 요구된다. 얻는 것 또한 있으니, 바로 사회적 기술이다. 이를테면 인간이 상자에 먹이를 넣는다고 해 보자. 늑대는 계속 과제를 풀어 보려고 한다. 결코 열 수 없다. 그렇지만 개는 씨름하다가 안 되면 인간을 쳐다본다. 좀 꺼내 주세요. 개의 얼굴이 사회적 기술이다. 단독자의 자유를 포기한 가축은 이렇게 소통과 협력의 실력이 늘어난다.

길들여진다는 것은 서로에게 좋으면서도 나쁜 것이다. 인간끼리도 마찬가지다. 마법에 홀린 것처럼 다른 사람에게 푹 빠져 완전함을 느끼다가도 출근길 지하철에서처럼 사람들에게 둘러싸여 숨 못 쉬며 버틸 때도 오는 법이다. 평안과 안락, 그리고 구속과 지루함이 동전의 양면을 이룬다. 야생의 삶을 사는 것과 가축이 되는 것은 자유를 어떻게 보느냐의 문제다.

이솝우화의 한 대목이다.

늑대가 굶주려 지쳐 쓰러져 있다. 길을 가던 개가 늑대를 보고 말한다. "집주인한테 잘 말해 줄 테니, 집에 가서 함께 살자." 늑대는 개를 따라 길을 나선다. 그러다가 우연히 개의 목에 있는 목줄 흔적을 본다. 늑대는 걸음을 멈추고 고개를 설레설레 젓는다. "굶주리고 찬 이슬을 맞더라도, 난 자유롭게 사는 게 좋아." 그리고 늑대는 떠난다.

2부

동물정치의 개막

5장

만국의 동물이여, 단결하라!

당나귀와 말

1880년 아일랜드 벨파스트 인근의 시골. 미국에서 온 윌리엄 호너데이William Hornaday는 예상치 못한 주민들의 반응에 어쩔 줄 몰랐다. 호너데이는 뉴욕 브롱크스동물원의 전신인 뉴욕동물원의 초대 원장을 지낸 저명한 동물학자였다. 그는 아일랜드에서 사는 당나귀의 골격을 만들어 본국에 가져가려고 늙은 나귀 네 마리를 사 둔 터였다. 그리고 당나귀 판매상과 함께 길가에서 당나귀를 죽이고 해체 작업을 하고 있었다. 피비린내가 농촌 마을에 퍼지자, 농민들이 하나둘 나타났다. 미국에서 건너 온 엘리트 박물학자가 깨뜨린 일상을 농민들은 마뜩잖아했다. 한 농민이 왜 당나귀를 잡아 죽이냐며 항의하며 물었다.

"예수님도 나귀를 타고 예루살렘에 입성하지 않으셨습니까?"

어느새 군중은 100명으로 불어나 있었다. 군중은 분노하고 있었다. 성난 군중은 당나귀 판매상과 호너데이 일행에게 금방이라도 달려들 듯한 기세였다. 호너데이는 나귀를 버려두고 근처의 헛간으로 피신했다. 호너데이는 7년 뒤 쓴 『정글에서의 2년』Two Years in the Jungle에서 이렇게 기록했다.

가련한 짐승이 자신들 앞에서 죽었다고 그들은 말했다. 그들의 깊은 마음이 전해져, 더 이상 작업을 진행할 수 없었다.[1]

자본주의를 굴린 바퀴

한 동물에 대한 감정적 반응은 다를 수 있다. 도시에서 온 박물학자에게 당나귀는 과학적 호기심의 대상이었지만, 소작농들에게는 그렇지 않았다. 왜 소작농들은 당나귀 도살에 분개했을까?

생태역사학자 제이슨 라이벌은 당나귀와 농민 사이에 희미한 감정 이입의 끈이 있었기 때문이라고 말한다.[2] 억압받는 생명체로서의 연대감 같은 것 말이다.

더불어 농민과 당나귀는 '노동하는 생명체'라는 공통점이 있다. 1만 년도 훨씬 전에 개가 인간 사회에 들어온 이후, 동물은 인간을 위해 일했다. 개에 이어 양과 염소, 소, 돼지, 그리고 말과 낙타가 차례로 가축이 됐다. 살아 있는 동안에는 무거운 짐을 들고 인간의 노동을 대신하다가 죽어서는 제 몸을 고기로 바치며 봉사했다. 가축의 역사는 노동하는 생명의 역사다. 북극의 썰매개는 언 바다를 허덕이며 뛰었고, 히말라야의 야크는 소금을 지고 눈 덮인 산을 넘었다.

'고용주 인간'과 '노동자 동물'의 관계에 급격한 변화가 찾아온 건 근대 자본주의가 출현하고부터다. 원래 전근대에 인간과 동물은 '개인'과 '개체'로 만났다. 인간은 동물의 이름을 지어 불렀다. 일을 시키고 따르는 관계였지만 서로 부대꼈으며, 희로애락喜怒哀樂을 나누기도 했다.

아일랜드의 소작농들이 외국에서 온 지배계급이 자기들과 함께 일한 동물을 도살할 때 느꼈을 감정도 이런 측면에서 이해할 수 있다. 농민과 당나귀는 파트너였다. 당나귀는 노동의 도구이면서 동시에 감정을 나누는 동료이자 친구였다. 농민은 때로 당나귀를 가혹하게 부리기도 했지만, 어쨌든 둘은 서로의 숨소리를 들으며 많은 시간을 나눴다. 전근대에는 인간과 동물의 일대일 관계가 중요시됐다. 어떻게 보면 상호의존적인 관계였다. 게다가 당나귀는 귀한 재산이었다. 당나귀가 아프면 농민의 생업이 지장을 받았기 때문에 당나귀는 애틋하고 소중했다. 하지만 지금 인간과 동물 사이에 일대일 관계가 통용되는 공간은 주로 개, 고양이 등 반려동물을 키우는 가정뿐이다.

근대 자본주의가 출현하면서 동물에게 일을 시키는 행위가 산업화됐다. 많은 생산물을 만들어 내고, 그 생산물을 대중에게 전달해야 했으므로 동물의 역할이 중대해졌다. 막대한 노동력을 충당하기 위해 동물을 대량 번식시켰다. 동물은 중앙 집중적으로 관리됐다. 감정이 오가는 일대일 관계는 부차적이 됐다. 동물은 자본주의의 부속품이었다. 피로에 지친 산업 역군이었다. 값으로 매겨져 사고팔리는 상품이었다.

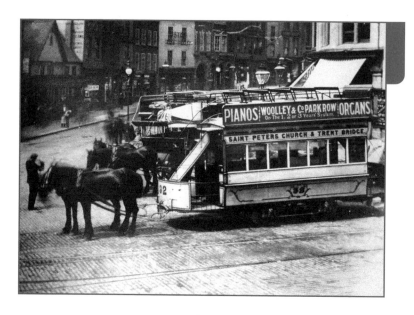

영국 노팅엄의 호스 트램
자본주의 시계가 빨라지면서 말과 마차도 전문화·다양화됐다.
말의 에너지를 덜기 위해 마차 바퀴가 철로를 따라 움직이게 하
는 호스 트램horse tram도 개발됐다. 1890년 영국 노팅엄의 호
스 트램.

근대 자본주의가 자리 잡을 때, 가장 먼저 다수의 노동자로 복무한
것은 말과 당나귀 등 운송용 동물이다. 동물이 없으면 자본은 순환하지
않았다. 자동차와 버스, 기차가 도시를 뒤덮은 것은 사실 100년도 되지
않았다. 내연기관이 대중의 일상으로 확산되기까지, 도시를 움직인 건
동물의 근육이었다.

영국에서는 수레를 끄는 역용마役用馬와 작은 암말을 교배하여 민첩
하고 지구력이 뛰어난 말을 만들었다. 마차의 속도가 빨라졌다. 동시에
마차로 도시와 도시를 연결하고, 시내와 근교를 연결하는 네트워크를

갖추기 시작했다. 빨라진 말 덕분에 1685년에 이미 런던과 주요 도시를 일주일에 세 번 오가는 급행 마차가 있었다. 어떤 말들은 급행 마차를 끌면서 하루에 80킬로미터를 달렸다.[3]

물자와 사람을 운송해 달라는 요구는 커지고 다양해졌다. 밤중에도 이동하길 원했고, 장거리를 갈 필요가 많아졌고, 빠른 속도로 목적지에 닿길 바랐다. 운송용 말과 당나귀가 기하급수적으로 늘어나고 전문화됐다. 지금 자동차가 버스와 경차, 트럭과 스포츠실용차SUV로 분화되었듯이 운송용 동물도 마찬가지였다. 직행 마차, 장거리 마차, 야간 마차가 생겼다. 짧은 거리를 반복해서 뛰어다니는 말, 지구력이 좋아 장거리를 뛰는 말 등 운송업자들은 필요에 따라 말을 골랐고 교배했고 훈련시켰다. 20세기 초 미국 도시에서 사람들을 실어 나르던 말과 당나귀는 3,500만 마리에 이르렀다. 19세기 초에 견줘 여섯 배나 늘어났다. 인구가 10만 명 이상인 도시에는 평균 15명당 말 1마리가 있었다.[4] 현재의 자동차 보유 대수와 비교해 보자. 중국에는 7명당 자동차 1대가 있고, 인도에는 29명당 자동차 1대가 있다.[5] 약 100년 전 미국에는 지금의 인도보다 (인구 대비) 더 많은 '마이카'가 있었던 셈이다.

19세기 중반까지도 전체 에너지원 중에서 동물 에너지가 차지하는 비중이 30퍼센트를 웃돌았다.[6] 산업혁명이 한참 진행되고 있음에도 석탄 에너지 사용량은 그보다 적었다. 한밤중 도시를 환하게 밝힌 고래기름, 밀물처럼 쏟아져 내려와 러시아워를 만드는 말과 마차들, 그리고 도시의 노동자들에게 에너지를 공급하느라 살찌웠던 소와 돼지들까지 산업혁명을 일으킨 원천적 에너지는 역설적으로 동물에 기반해 있었다.

거리에서 숨겨 버려진 역용마
19~20세기 자본주의 실핏줄을 연결한 것은 말이었다. 말은 고
된 노동으로 거리에서 죽어 나갔다.

동물이 없으면 자본주의는 돌아가지 않았다.

실핏줄처럼 연결된 유럽과 미국의 도시를 수많은 말들이 달렸다. 자본주의의 컨베이어 벨트는 자꾸만 빨라져 갔다. 이 속도를 맞추기 위해서 인간은 동물을 대량생산 하고 동물을 철저히 지배해야 했다.

자본의 폭정은 생산성에 좋지 않다

인간이 말을 지배하는 데 이용한 기본 수단은 폭력이다. 말은 채찍질과 발길질을 당했다. 과로와 학대로 죽어 나갔다. 19세기 말, 마차용 말의 수명은 이미 3~4년으로 줄어들었다. 말은 태어나서 죽도록 달리다 죽는 신세였다.

도시의 말들이 자본주의에 순순히 복무한 건 아니었다. 말은 두 마리에서 여섯 마리가 한 팀이 되어 마차를 끌었다. 그런데 한 마리가 지쳐 떨어져 나가면, 운송업자는 애를 먹었다. 지나친 혹사는 늘 사고를 불렀다. 신참 말은 다른 말들과 호흡을 맞추지 못해 잦은 사고를 일으켰다. 겁먹은 말은 복잡한 거리에서 엉뚱한 곳으로 전속력으로 내달려 거리를 아수라장으로 만들었다.

말이 항상 마부의 명령을 고분고분 따른 것은 아니다. 일부러 천천히 가거나 어떤 때는 안 가고 버텼다. 성난 말의 발길질에 다치는 사람도 생겨났다. 동시에 마차 전복과 부상, 사망 사고도 늘어났다. 잦은 사고는 운송업체의 평판과 이윤을 떨어뜨렸다. 1872년에는 미국 뉴욕에서 캐나다 토론토까지 가축전염병이 돌았다는 기록이 있다. 수 주일 동안 대중교통이 중단됐다. 시민들은 말을 무서워하기 시작했다.

마차와 마차 혹은 마차와 전차와의 교통사고 말고도 흥분한 말이 도심을 휘젓고 다녔다는 기록을 과거 신문에서 어렵지 않게 찾아볼 수 있다. 1923년 서울에서 벌어진 '차마車馬의 대폭행'이라는 제목의 신문 기사가 전해진다.

남미창정(현 서울 중구 남창동) 77번지 앞에서 경성부 위생계 마부 리운룡(40)이 쓰레기를 잔뜩 실은 마차를 길거리에 그냥 두고 잠깐 뒷골목으로 들어간 사이에 말은 무슨 생각을 하였던지 와락 뛰

어 짐을 실은 채 달려가기 시작하여 (…) 류정정미소의 판장과 충
돌하여 산산이 깨뜨리고 (…) 대총영(24)의 점방 앞에 놓인 자전거
두 채를 깨뜨려 15원의 손해를 내고 (…) 두 명을 박차서 경상을 당
하는 동시에 … 남대문시장 부근에 와서야 정지하였으며 (…)

—《동아일보》1923년 7월 9일 자 기사

마차 회사는 마부와 말의 유대가 중요하다는 사실을 깨달았다. 말
이 저항하면 장사를 망쳤으므로, 말을 험악하게 다루지 말 것을 마부에
요구했다. 말에게 이름을 지어 줬다. 수십 대의 마차가 오가는 시끄러운
거리에서 말은 자신과 호흡을 맞추는 마부의 목소리를 듣고 반응했다.
말의 노동시간을 하루 5시간으로 제한하는 회사도 생겼다.

이런 지배 기제는 인간 노동자를 대하는 방식과 빼닮았다. 초기 자
본주의 도시 노동자에게는 지저분한 운하와 진흙탕 길을 걸어 쓰레기
더미로 둘러싸인 골방에 돌아가 쉴 시간조차 주지 않았다. 20세기 들어
서야 8시간 노동제가 자리를 잡기 시작했다. 노동자가 태업하고 파업했
기 때문이기도 하고, 폭정이 생산성에 좋지 않다는 걸 회사가 깨달았기
때문이기도 했다.

'쇼' 빨리 끝내는 돌고래들

포스트휴머니즘 철학자 도나 해러웨이Donna Haraway는 현대사회에서
동물은 '살아 있는 자본'으로 기능하며 가치를 창출한다고 말한다.[7]

현대사회에서 동물은 첫째로 소비자다. 당신의 개는 소비자로서 고급 사료를 먹고, 동물병원에서 정기검진을 받고, 혼자 있을 때는 도그 TV 채널을 본다. 동물은 소비 행위의 간접적인 참여자이지만, 궁극적으로는 상품을 향유한다.

둘째로 동물은 상품이다. 그 개 또한 애견숍에서 상품으로 팔린다. 젖소는 자신의 부산물인 우유를 상품으로 내놓는다. 유전자가 조작된 생쥐는 대량생산 되어 생명공학 회사들 사이에서 거래된다.

셋째로 동물은 노동자다. 신석기 혁명 이후 가장 오래된 동물의 정체성이다. 농경 사회에서 동물은 농업 노동, 운송, 경비 등을 맡았고 자본주의 초기에는 말과 당나귀 등이 운송에 투입됐다.

현대사회에서 동물의 노동은 더 다양화, 전문화됐다. 동물은 교육, 서비스, 엔터테인먼트 등 크게 세 분야에서 일하는데, 그중에서도 가장 선두에 선 게 서커스, 경마, 영화 등 엔터테인먼트 산업이다.

미국 플로리다주 시월드 올랜도의 범고래쇼를 본 적이 있다. 돌고래 전시·공연 산업의 선두 주자인 시월드는 자체 제작한 영화와 음악에 동물의 안무를 더해 쇼를 대형 뮤지컬처럼 이끈다. 이 쇼의 최대 스펙터클을 펼치는 주인공은 길이 7~8미터, 무게 8~10톤에 이르는 범고래다. 박수갈채를 받으며 풀장으로 나와 꼬리로 인사하고, 관객에게 물을 튀기고, 잠영하였다가 하늘 높이 솟아오른다. 멋졌다. 5,500석 객석을 꽉 채운 관중은 흥분해 함성을 질렀다. 첨단 기술과 음악과 안무, 고도로 조직된 노동과정 속에 범고래가 있다. 쇼를 하는 범고래와 돌고래는 현대판 '노동하는 동물'의 최첨단에 서 있다.

나는 거대한 몸의 스펙터클에 감화되어 세 번을 내리 봤다. 그러다 흥미로운 점을 발견했다. 세 번째 공연이 무척 짧고 엉망이었다는 것이다. 범고래들은 점프를 하다 말았고, 물도 무성의하게 튀겼다. 쇼를 하는 둥 마는 둥 딴전을 부렸다. 쇼는 평소보다 훨씬 일찍 끝났다.

조련사라면, 이들이 일부러 그랬다는 걸 알 것이다. 세계 어느 돌고래쇼에서든 이런 장면은 흔하다. 이를테면 1번, 2번, 3번… 10번 묘기까지 순서가 예정되어 있다면, 돌고래들은 1번 묘기가 끝나자마자 2번 묘기가 시작되는 지점에 가서 기다린다. 수없이 연습하고 공연했기 때문에 그들은 다음에 무얼 할지 잘 안다.

그런데 어떤 때는 1번, 2번, 3번을 하다가 갑자기 4번, 5번, 6번을 빼먹고 7번 지점에 가서 '뻔뻔하게' 다음 지시를 기다린다. 조련사는 당황하지만, 7번 위치로 갈 수밖에 없다. 돌고래들은 이렇게 해서 '노동량'을 줄인다. 이런 행동은 보통 돌고래 집단의 리더가 주도한다.

이렇듯 돌고래들이 언제나 조련사의 지시를 철두철미하게 따르는 건 아니다. 시시때때로 반항하고 태업한다. 그렇기 때문에 돌고래 조련사는 돌고래에게 무리한 노동을 시키지 않고 돌고래를 화나게 하지 않기 위해 신경 쓴다. 돌고래가 조련사의 지시를 로봇처럼 따르는 듯하지만, 보이지 않은 곳에서 둘 사이의 긴장이 흐른다.[8] 모든 관계는 상호적이다. 말과 마부 사이의 관계에서도 마찬가지다.

'살아 있음'과 '행동 가능성'

카를 마르크스Karl Marx는 노동하는 주체를 '인간'으로만 봤다. 노동하는 주체에 동물을 포함시키지 않았다. 동물은 '밀당'(밀고 당기기)을 하는 노동자-자본가 갈등 관계 밖에 있었고, 오히려 자본가가 소유한 생산수단에 가까웠다. 동물은 의식 없는 기계처럼 취급됐다. 전원을 켜면 돌아간다고 여겨졌다. 그러나 작동 과정에서 동물에게는 기계와 비교할 수 없는 불확실성이 있다.

기계는 스스로 오작동하거나 전원을 끄지 못한다. 그러나 동물은 기계와 달리 '살아 있음'과 '행동 가능성'을 무기로 쓸 수 있다. 마치 노동자가 파업할 수 있는 '잠재력'을 가졌기에 권력을 갖듯, 노동하는 동물도 말을 듣지 않을 수 있기에 권력이 있다. 이것은 노동과정에만 적용되는 이야기가 아니다. 우리가 일상에서 동물을 만날 때, 그 동물은 우리에게 유무형의 영향력을 행사한다. 미디어나 담론 등 대중문화에서 재현된 동물도 마찬가지다.

앞서 예를 들었던 태업하는 돌고래들도 마찬가지다. 그들은 노동량을 줄이기 위해 의도적으로 돌고래쇼의 일부 코너를 생략한다. 반대로 먹이를 더 먹기 위해 일부러 같은 행동을 반복하는 식으로 돌고래쇼를 늦추기도 한다. 돌고래쇼에서는 한 동작을 완수할 때마다 보상용으로 생선을 주기 때문에 이렇게 함으로써 돌고래는 더 먹을 수 있다. 돌고래들은 자신의 임무가 무엇인지, 조련사들이 자신에게 어떤 기대를 하고 있는지 잘 안다. 그렇기 때문에 조련사들의 생각을 역으로 이용하여 이런 행동을 할 수 있는 것이다.

미국 시월드 범고래쇼의 범고래와 조련사
미국의 해양테마파크 시월드는 동물의 노동을 활용한 산업의 최
첨단에 서 있다. 인공번식 기술로 노동 동물을 생산하며, 대형
뮤지컬 이상의 돈을 쏟아부어 범고래와 돌고래 쇼를 기획한다.
사진은 2014년 미국 플로리다주 시월드 올랜도에서 범고래가
쇼를 하고 있는 모습.

    '살아 있음'과 '행동 가능성'을 무기로 삼아 동물은 인간에 맞서 '저
항'하고 있다. 어떻게 동물이 저항할 수 있냐고? 저항의 사전적 뜻은
"밖으로부터 가해지는 힘에 굴복하여 따르지 않고 거역하거나 버팀"이
다. 왜 우리는 동물이 저항한다는 말에 저항하는 것일까? 저항은 고결
하거나 순수한 행위라고 생각해서? 복잡한 사고와 의식을 지닌 인간만
이 할 수 있는 행위라고 생각해서? 저항은 신성한 단어가 아니다. 적어
도 사전적 뜻으로는 '자본가에 저항하는 노동자'의 관계를 인간과 동물
의 이항 대립 구조에 대응시키는 것은 무리가 아니다.

동물이 저항하기 때문에 인간은 동물을 전일적으로 지배하지 못한다. 21세기 미국 시월드의 조련사들이 쇼를 망칠까 봐 범고래와 돌고래들에게 쩔쩔매는 것처럼 20세기 초의 미국 뉴욕의 마부도, 19세기 초 아일랜드의 농부도 복잡한 상호작용을 겪으며 동물을 제한적으로 지배했다. 지배의 틈새로 저항이라고 해석될 수 있는, 살아 있는 동물의 행동이 비집고 나왔다.

인간이 동물의 노동을 지배하는 데는 크게 세 가지 방법이 쓰인다. 첫째는 보살핌이다. 잠잘 곳을 주고 먹이를 준다. 병에 걸리면 치료해 준다. 서로를 알아보는 지속적인 관계도 쌓아야 한다. 둘째는 압제다. 울타리를 치고 감금한다. 고삐를 죄고 말을 듣지 않으면 채찍질한다. 가둔다. 굶긴다. 죽인다. 셋째는 '밀당'이다. 인간은 으르고 달래면서 동물과 '협상'해야 한다. 친절히 대하지 않으면, 돌고래는 공연을 거부하고 말은 마차를 내팽개친다.

그러나 근대 철학의 효시라고 불리는 르네 데카르트[René Descartes] 이후 우리는 인간과 동물 사이의 미시적 정치학을 애써 무시했다. 동물을 대문자 동물로, '의식 없는 기계'로 단정해 왔다. 한동안 심리학계의 주류를 차지했던 행동주의학파● 도 동물을 보상과 처벌로 조작적 조건을 형성하면 반응하는 기계라고 가정했다. 먹이와 채찍의 자극을 주면, 복종이라는 반응이 올 것이라고 봤다.

● 동물에게서 관찰될 수 있는 것은 오직 행동이기 때문에 과학의 대상으로 삼을 수 있는 것도 행동뿐이라는 주장이다. 동물의 마음을 부정하는 경향으로 이어지기도 하며, 설사 있다고 하더라도 증명 불가능하다고 보기 때문에 중요하게 여기지 않는다.

하지만 동물은 기계가 아니었다. 동물의 파업과 태업, 부상으로 생산성이 떨어지는 걸 막기 위해, 인간은 '진짜 기계'를 만들었다. 기차와 자동차가 발명되고, 도시의 거리에는 전차가 다니기 시작했다. 하지만 여전히 마차는 대중적이었고 실핏줄처럼 모든 곳을 연결했다. 마차의 편리성과 경제성을 옹호하는 업체가 여전히 많았다.

혹사당한 말들이 죽어 나가자, 비싼 말을 들여야 하는 기업가들은 대안을 찾기 시작했다. 기술혁신이 일어났다. 거리의 노면에 레일을 깔고, 마차를 레일 위에 얹었다. 마찰계수가 상당히 줄어들면서 말은 이전보다 힘을 들이지 않고 마차를 끌 수 있었다. 그러나 그것으로서 동물의 초과 노동 문제가 해결된 것은 아니었다.

대세는 기울었다. 미국에서는 시카고노면철도Chicago Street Railway에서 내놓은 수치가 보수적인 기업가들의 마음을 결정적으로 바꾸었다. 마차가 1마일을 달릴 때 드는 비용은 0.0372달러인 데 비해 전차에 드는 비용은 0.02372달러였다. 이 연구는 도시의 거리에서 말과 마차가 사라지게 된 강력한 요인으로 작용했다.[9]

100년이 흐른 지금, 기차와 자동차 그리고 농기계는 동물을 완전히 대체했다. 그러나 여전히 우리 옆에 존재하는 노동자 동물도 있다. 18세기 막장을 기던 영국 탄광 노동자처럼, 열악한 동물원, 수족관, 야생동물 카페 등에서 일하는 동물은 지금도 막장을 긴다.

6장

기계가 지워 버린 생명의 눈망울
미국 대평원의 긴뿔소

"암탉은 달걀이 또 다른 달걀을 만드는 방편에 지나지 않는다."

의도하지 않았지만 소설가 새뮤얼 버틀러Samuel Butler가 1878년『삶과 습관』Life and Habit에 쓴 이 문장은 다가올 현대 공장식 축산을 예고했다. 같은 의미로 젖소는 우유를 짜내는 방편에 지나지 않는다. 인간이 그 거대한 덩치의 젖소를 기르고 새끼를 만들고 죽이는 이유는 그저 부산물인 우유를 얻기 위해서다.

돼지도, 거위도, 기니피그도 각각 삼겹살과 구스다운, 백신을 만드는 방편으로 전락했다. 다른 이유는 없다. 동물은 부산물을 공급하기 위해 태어나 부산물을 남기고 죽는다. 식탁에서 옷 가게에서 약국에서 우리는 이러한 진실을 깨닫지 못한다. 하지만 방편들의 고통에 공감하기 시작하면, 동물 지배 체제는 무너지기 시작한다.

공장식 축산에 관해 이야기하려면 이것과 가장 어울리지 않을 것 같은 개 이야기부터 시작하는 게 좋다. 개는 우리에게 가장 쉽게 동물도 고통과 감정, 취향이 있음을 알려 주는 존재다. 또한 개가 사육되는 개 농장은 소, 돼지, 닭이 사는 환경, 즉 공장식 축산의 초기 버전을 보여 준다. 개 농장을 이해하면 공장식 축산 농장을 이해할 수 있다.

개고기 농장의 기술혁신

경기도 남양주. 거기에 '엠마'라는 개가 살았다. 엠마가 사는 곳은 개 농장이다. 개를 방편으로 삼아 개고기를 생산하는 곳이다. 공장에서 연료를 투입해 기계를 돌리고 기술을 개발하듯이, 이곳도 마찬가지다. 개 농장은 사육 장치, 사육 기술, 그리고 사료로 구성된 집합체다. 이곳에 개가 감금되어 있고, 이를 소유하고 관리하는 인간들이 있다.

개 농장의 기본은 '뜬장'이라는 사육 장치다. 개고기를 대량생산 할 수 있는 최대의 발명품이자 혁신물이다. 뜬장은 복잡하다고 할 만한 게 없다. 그저 철제 막대로 얽어 놓은 사육 상자다. 하지만 바닥에 촘촘한 구멍을 뚫어 놓은 '혁신'이 뜬장을 최고 효율의 사육 장치로 만들었다. 개가 배설하는 똥과 오줌이 철망 사이로 빠진다. 사람이 따로 사육 장소를 청소할 필요가 없다.

인간의 편리에 반비례하는 것은 개들의 고통이다. 뜬장에서 태어나 평생을 살다 도살되는 개들은 대개 관절염을 앓는다. 얼기설기 얽어 놓

도사믹스견 '엠마'의 모습
엠마는 2017년 9월 휴메인소사이어티인터내셔널HSI이 경기도
남양주의 한 개 농장에서 새끼와 함께 구조했다.

은 바닥의 불규칙한 철망 때문에 몸의 무게가 고루 분산되지 않아서다.
손가락만 한 새끼 강아지의 발은 시시때때로 철망 사이로 빠진다.

뜬장은 비좁다. 한 마리 개가 기지개를 켜기에도, 몸을 한 바퀴 돌리
기에도 버겁다. 뜬장의 자물쇠를 풀고 열어 주어도 개들은 밖에 나가려
하지 않는다. 개 농장의 개들을 구조할 때, 동물 단체 활동가들이 가장
크게 어려움을 겪는 부분이다. 개들은 진정한 자유를 모르고 살았다. 이
곳에서 나고 자라 한 번도 밖에 나가 본 적이 없기 때문에, 개들은 뜬장
밖이 무서워 나가려 하지 않는다. 그들은 뜬장을 가장 안전한 곳으로 인
식한다. 어렵사리 개들을 밖으로 내보내 주어도, 개들은 비틀거리다 넘
어진다. 한 번도 걸어 본 적이 없기 때문이다.

뜬장 안에서 개들은 '짬밥'을 먹는다. 개가 기계라면 짬밥은 연료인 셈이다. 주변 학교나 식당에서 음식물 쓰레기(잔반)를 거저 얻어 만들기 때문에 '저렴한 연료'다. 소, 돼지 등 다른 축산 농장보다 개 농장이 투입 대비 산출이 높은 최고 가성비 사업이 된 핵심 요인이다.

공장의 기계는 끊임없는 혁신을 통해 최고 효율의 기계로 교체되어야 한다. 개 농장에서는 품종 교배가 혁신이다. 엠마도 품종 교배로 태어났다. '맛 좋은' 누렁이와 덩치 큰 일본 도사견을 교배한 '도사믹스견'의 후손이다.

도사믹스견은 1980~1990년대 개 농장의 산업화로 시작된 육종의 결과다. 개고기로 쓰였던 누렁이는 맛은 좋은데 덩치가 작아 남는 이문이 적었다. 그래서 일본 도사견을 들여와 누렁이와 교배해 고기양을 늘린 것이다. 이 작은 아이디어에서 덩치 크고 육질 좋은 품종이 탄생했다. 지금은 개 농장에 가면 발에 챌 만큼 흔한 품종이다.

뜬장과 짬밥으로 구성된 모진 사육 환경을 이겨 내야 했으므로, 착하고 온순하며 모성이 강하고 헌신적인 개가 선택됐다. 어미는 한 번에 여덟 마리에서 열두 마리 이상을 낳는다. 나중에 고기로 팔릴 새끼들은 손가락만 한 발이 뜬장 바닥 사이로 빠지기 일쑤지만, 어미는 그런 새끼를 물어다 혀로 핥고 젖을 먹여 키운다.

엠마는 웬만한 청소년 정도 되는 40~50킬로그램의 덩치로 컸다. 나이는 두 살. 개의 임신 기간은 두 달 남짓인데, 그사이 벌써 서너 번 출산했다. 도사믹스견은 번식력도 월등해 또 다른 '고기 낳는 기계'를 척척 만들어 낸다. 이런 연유로 전국 개 농장에 사는 개의 절반 이상이 도사믹스견으로 추정된다. 물론 도사믹스견이 '품종'으로 고정된 수준은 아니지만, 만약 개고기가 대중화되고 식용견 사업이 축산업으로 인정 된다면 개는 더 큰 '혁신' 압력을 받을 것이다. 최근에는 도사견보다 더 큰 품종인 그레이트데인과 세인트버나드를 도사믹스견에 섞어 골격을 더 크게 만든다. 이런 개들은 새끼를 낳다 죽기도 한다. 배 속의 새끼가 너무 커서 출산 때 어미를 위험에 빠뜨리는 것이다.

개 농장의 모습은 근대사회 이후 진화해 온 공장식 축산의 초기 버전이다. 19세기 말에서 20세기 중반에 확립된 공장식 축산은 최소의 비용과 면적으로 동물을 빠르게 성장시키면서 높은 질병 저항력과 번식률, 그리고 뛰어난 고기 맛을 만들어 내는 데 최적화된 시스템이다. 이렇게 하려면 다양한 취향과 감정, 희로애락을 가진 동물을 그저 고기나 모피를 만들기 위한 방편으로 축소해야 했다.

버펄로가 학살당한 이유

공장식 축산이 하루아침에 탄생한 것은 아니다. 공장식 축산의 기원을 이야기하자면, 15세기 말 크리스토퍼 콜럼버스가 아메리카 대륙에 데려간 긴뿔소Longhorn 이야기까지 거슬러 올라가야 한다.

1미터 80센티미터에 이르는 뿔에 커다란 덩치의 긴뿔소는 1493년 제2차 콜럼버스 원정 선단에 끼어 유럽 대륙의 소로는 맨 처음으로 아메리카 대륙을 밟았다. 에스파냐에서 육우로 사육되던 소였다. 선교사와 탐험가들은 자기네 고향에선 볼 수 없었던 드넓은 초지에 이 소를 방목했다.

이때까지만 해도 긴뿔소가 공장식 축산 시대를 여는 서막의 주인공이 되리라는 것은 아무도 몰랐다. 오히려 긴뿔소는 19세기 초중반 멕시코독립전쟁(1810~1821)과 잇따른 멕시코전쟁(멕시코-미국 전쟁, 1846~1848)의 소용돌이에서 버려져, 미국 남부(당시 텍사스공화국)의 초지에서 자유로운 삶을 살았을 뿐이었다. 긴뿔소는 텍사스의 건조한 기후와 사막에 잘 적응하며 개체 수를 불려 나갔다. 1830년대에 약 10만 마리가 떠돌아다녔는데, 30년 뒤 남북전쟁(1861~1865) 직후에는 350만 마리까지 늘었다고 한다.

긴뿔소는 서부 개척 시대의 땅에 널린 노다지였다. 카우보이는 반^半 야생으로 흩어져 살고 있는 긴뿔소를 사냥하여 돈을 벌었다. 어떤 이는 수십 마리를 잡아다 울타리를 치고 방목했다. 그러나 그것만으론 성에 차지 않았다. 돈을 더 벌기 위해 이들은 어떻게 하면 소비량이 많은 미국 동부의 대도시로 긴뿔소를 보낼 수 있을지 궁리하기 시작했다.

"기차에 소 떼를 싣자!"

이 아이디어는 미국 대륙횡단철도가 지나가는 캔자스주의 작은 마을 애빌린Abilene을 부흥시켰다. 카우보이들은 텍사스에서 애빌린까지 하루 16~19킬로미터씩 석 달 동안 소 떼를 몰고 긴 여행을 했다.[1] 이 길을 치점 트레일Chisholm Trail이라고 부른다. 고된 대장정을 마친 긴뿔소들은, 다시 동부로 가는 기차에 몸을 실었다. 카우보이 입장에서는 텍사스에서 긴뿔소를 팔면 마리당 2~3달러를 받았는데, 보스턴이나 뉴욕에 보내면 솟값이 훌쩍 뛰어 그 열 배가 넘는 돈을 벌 수 있었기 때문에 험난한 여정이라도 감내할 만했다.

원래 텍사스 땅의 주인은 아메리카들소(버펄로)였다. 초대 뉴욕 브롱크스동물원장을 지냈던 윌리엄 호너데이가 "1870년대 이전만 하더라도 버펄로의 수를 세는 것보다 숲의 나뭇잎 수를 헤아리는 것이 훨씬 쉬울 정도"라고 할 정도로 그 수가 많았다. 버펄로가 멈추면 검은 호수가 고였고, 무리 지어 이동하면 검은 강이 흘렀다.

그러나 대대적인 버펄로 사냥이 벌어졌다. 사냥꾼과 모피상이 닥치는 대로 사냥했다. 심지어 철도 회사는 움직이는 기차 위에서 총을 쏘아 버펄로를 죽이는 여행 상품을 내놓기도 했다. 정확한 통계는 없으나, 총에 맞아 죽은 버펄로만 수백만 마리에서 수천만 마리에 달했을 것이다. 야생 소는 멸종을 향해 치닫고 있었다.

백인들이 버펄로를 무지막지하게 죽인 이유가 있었다. 첫째, 버펄로를 사냥하며 사는 아메리카 원주민을 효과적으로 굴복시키기 위해서였다. 버펄로는 원주민 생계의 버팀목이나 다름없었다. 단백질의 주요 공급원이었고, 가죽과 뼈는 의복과 텐트를 만드는 데 이용됐다. 백인들은 버펄로를 잡아들이면 원주민의 삶이 말라비틀어진다는 걸 알았다. 둘째, 이 넓은 땅에 긴뿔소나 다른 육우를 풀어 울타리를 치고 사육하기 위해서였다. 1만 5,000년 동안 이어져 온 원주민의 삶과 땅은 버펄로와 함께 하루아침에 끝장났다.

얼마 안 돼 미국 대평원Great Plains은 썩은 내가 진동하는 죽음의 지대가 되어 있었다. 기차는 분주하게 버펄로 사체와 가죽과 뼈 무더기를 실어 날랐다. 기찻길을 따라 버펄로의 뼈 무덤이 쌓였다. 두개골은 기차를 타고 도시로 보내져 비료가 됐다. 빈 땅에는 축산 기업이 들어와 마음대로 울타리를 치고 긴뿔소를 풀어놓았다. 공유지를 사유화한다는 일부의 비판이 있었어도, 이 땅은 원주민과 버펄로에 속한 것이라고 말하는 이는 아무도 없었다.

19세기 미국의 진보는 버펄로가 긴뿔소로, 원주민이 카우보이로 대체되는 것과 다름없었다. 버펄로는 1870년대 들어 미국에서 전멸되다시피하며 거의 멸종 직전까지 이르렀다. 유럽에서 고기용으로 사육됐던 긴뿔소와 다른 육우 품종이 미국 대평원을 점령하고 생태계의 주류가 되었다.[2]

유니언 스톡 야드의 탄생

시카고에서는 거대한 계획이 세워지고 있었다.

19세기 중후반, 이미 소와 돼지 등 가축의 대다수는 미국 남서부에서 사육되고 있었다. 넓은 목초 지대가 펼쳐진 데다 땅값이 쌌으니, 목장주들이 계속 소를 데리고 남쪽으로 서쪽으로 나아갔던 것이다. 그러나 소비자들은 미국 동부의 도시들에 몰려 있었다.

이 지리적 간격에 주목한 것은 식품 업체가 아니라 철도 회사였다. 미국 전역의 긴뿔소와 육우를 기차에 태워 시카고로 데려와 도살한 뒤, 다시 동부의 여러 도시로 보내자는 것이었다. 과거의 시각으로 보면 막대한 이동 거리 때문에 비효율적인 생각이었다. 하지만 당시 철도는 미국 동부에서 출발해 대륙의 외진 곳으로 모세혈관처럼 뻗어 가고 있었

시카고 유니언 스톡 야드의 전경
1941년 시카고 유니언 스톡 야드의 끝없이 펼쳐진 가축우리
들. 시카고를 새로운 도축 수도로 만들었던 유니언 스톡 야드는
1970년대 정육 공장이 각지로 분산되면서 사라졌다.

다. 또한 냉장 열차가 개발되어 물류 혁신이 이뤄지는 와중이었다.

이 아이디어로 큰돈을 만질 수 있음을 직감한 미시간남부철도^{Michigan} Southern Railway 등 한 무리의 철도 회사들이 1864년 시카고 남서부 변두리 땅 1.3제곱킬로미터(약 39만 평)를 사들여 대규모 정육 단지를 만들었다. 세계에서 가장 큰 도축장이자 육류 가공 시설인 '유니언 스톡 야드'^{Union} Stock Yards가 탄생하는 순간이었다. 정육 단지는 점차 도시에 편입되어 갔고, 전성기 때는 2.6제곱킬로미터(약 78만 평)에 달할 만큼 규모를 확장했다.

유니언 스톡 야드와 철도는 떼려야 뗄 수 없었다. 1886년 당시 유니언 스톡 야드의 외곽까지 합치면 총연장 160킬로미터가 정육 단지 주변으로 부설되어 있었다. 동물들은 주로 서부의 텍사스와 캘리포니아에서 화물칸을 타고 동부의 시카고에 도착한 뒤, 실핏줄 같은 철도를 갈아타고 유니언 스톡 야드 곳곳으로 흩어졌다. 긴 여행은 가축에게 고통 그 자체였다. 숨이 막혀 죽고, 굶주려 죽었다. 스톡 야드에 도착해 가축들이 처음 가는 곳은 가축우리였다. 1.5제곱킬로미터의 땅에 엉성한 울타리로 구획한 2,300개의 축사에서 동물들은 운명의 날을 기다렸다. 가축우리는 7만 5,000마리의 돼지, 2만 1,000마리의 소, 2만 2,000마리의 양을 동시에 수용했다.

거기서 기다리던 소, 돼지, 양은 차례로 좁은 통로로 몰이를 당한 뒤 활강 장치에 끌려 올라가 운명의 문을 통과했다. 유니언 스톡 야드는 이들을 고기로 바꾸었고, 이들은 고기가 되어 다시 기차를 탔다. 고기의 부산물들은 또 다른 산업을 창출했다. 유니언 스톡 야드 주변으로 접착제, 세척제, 기름, 수지 등을 만드는 공장들이 생겨났다.

유니언 스톡 야드는 지금 보면 SF 영화에나 나올 법한 거대한 시설이었다. 아니, 도축장이라기보다는 현대의 자동차 공장, 조선소를 연상시켰다. 단순한 도살장이 아니었다. 가축을 가져와 대기시킨 뒤, 차례로 도축하여 가공해서 내보내는 대규모 정육 단지이자 '메가 빌딩'이었다. 호텔, 식당, 살롱, 사무실이 2,300개에 달하는 축사와 연결되어 있었고, 겹겹이 세워진 도축장의 굴뚝에서 흘러나온 연기는 거대한 강물을 이루었다. 수만 마리 긴뿔소와 육우가 내는 "우-우" 소리, 돼지의 "꿀꿀" 소

시카고로 가는 긴뿔소
미국의 정육 산업은 시카고 유니언 스톡 야드에서 발달한다. 사진은 시카고로 향하는 기차에 올라타는 소들.

리가 대양을 항해하는 화물선의 엔진 소리처럼 끊이지 않고 이어졌다. 거기에 끈끈하고 강력한 날것의 냄새가 더해졌다. 스위프트Swift, 모리스 Morris, 내셔널National, 아머앤드컴퍼니Armour & Company, 슈워츠차일드앤드설 즈버거Schwarzschild & Sulzberger 등 빅 파이브Big 5 육가공 업체가 도축량의 90 퍼센트를 차지했다. 여기서 도축된 가축은 1900년까지 약 4억 마리에 이르렀다.[3]

사회주의 성향의 주간지 《이성에의 호소》Appeal to Reason는 유니언 스톡 야드의 열악한 노동 현실에 주목했다. 당시 구독자 75만 명을 가졌을 정도로 영향력이 컸던 이 매체는 젊은 소설가 업턴 싱클레어Upton Sinclare의 탐사 보도를 지원했고, 싱클레어는 시카고에서 두 달 가까이 머물며 이 도축장을 잠입 취재했다. 그렇게 나온 작품이 1906년 출판된 소설 『정글』The Jungle이다.

싱클레어가 소설에 내세운 주인공은 리투아니아에서 부푼 꿈을 안고 이민 온 유르기스 루드쿠스라는 젊은 사내였다. 루드쿠스는 도살장의 광경을 한눈에 볼 수 있는 전망대에 올라간다.

> 남쪽에서 북쪽까지 소 떼들로 가득 찬 우리들이 끝없이 펼쳐져 있었다. 그들은 여태껏 그렇게 많은 소가 있을 수 있으리라곤 꿈도 꾸지 못했다. 붉은 소, 흰 소, 검은 소, 늙은 소, 젊은 소, 커다란 황소, 갓 태어난 송아지, 순하디순한 암소, 거칠고 뿔이 큰 텍사스산 황소(긴뿔소) (…) 이 모든 소들의 울음소리는 세계의 모든 외양간에서 나는 소리를 다 합쳐 놓은 것과도 같았다.[4]

안내자와 함께 루드쿠스는 유니언 스톡 야드의 동쪽 출입구 근처로 간다. 소들을 가득 실은 화물차가 줄지어 달려오고 있다. 안내자가 설명한다. 화물차들이 밤새도록 소들을 싣고 오면, 아침이면 그 많은 우리가 가득 찬다. 저녁이 되면 다시 우리가 텅텅 비는데, 이런 일이 매일같이 되풀이된다는 것이었다. 루드쿠스가 묻는다.

> "이렇게 많은 소들이 다 어디로 가기에 텅 비죠?"
> "오늘 밤 모두 저쪽에서 도살된 다음 기차에 실려 갈 겁니다."[5]

컨베이어 벨트 돌아가는 고기 공장

유니언 스톡 야드는 공장이라 불렸다. 고기 가공 공장^{meat packing factory}.

거대한 시설을 봐서도 그렇지만, 무엇보다 도축장 안에서 벌어지는 작업의 분업화나 자동화로 보면 그곳은 틀림없는 공장이었다.

이 공장은 기존의 도살 작업을 잘게 쪼개어 분업화했다. 이른바 '컨베이어시스템'이라는 생산 혁신은 아머앤드컴퍼니*가 1875년 입주하면서 처음 도입했다. 동물들은 죽어서도 기차를 탔다. 컨베이어 벨트라는 기차였다. 도살된 긴뿔소는 뒷다리가 체인에 걸린 채 여행을 시작했다. 긴뿔소는 정해진 길을 따라 움직였고, 각 작업 구역에서 한 번씩 멈췄다. 각자의 자리에서 기다리던 노동자들은 정해진 업무에 따라 맡은 부분을 해체했다.

이를테면 긴뿔소의 시체가 활강기에 거꾸로 매달려 지나가면, 두 줄로 늘어선 사람들은 각기 자기 작업만 하면 됐다. 안쪽 다리를 닦는 사람, 바깥쪽 다리를 닦는 사람, 가슴뼈를 자르는 사람, 내장을 끌어당겨 느슨하게 하는 사람, 내장을 완전히 끌어내 수집 구멍으로 집어넣는 사람…. 노동자들은 긴뿔소 한 마리를 수백 명이 손질하리라는 사실을 모르고 왔을 것이다.

조각조각 나누어진 고기는 다시 한번 기차를 탔다. 공장 앞에 대기하고 있던, 냉장실이 딸린 화물 기차였다. 기차는 고기가 된 동물을 미

● 이 기업은 이후 생활화학 분야에도 진출해 '다이얼'^{Dial} 비누를 생산했고, 육가공 분야에서는 '스미스필드푸드'^{Smithfield Foods}라는 이름으로 바뀌어 현재까지 주요 기업으로 남아 있다.

긴뿔소
공장식 축산 최초의 주인공이 되었던 긴뿔소. 소 떼들 뒤로 아머
앤드컴퍼니의 육류 가공 공장이 보인다.

국 동부의 도시로 실어 날랐다. 소설『정글』의 주인공 루드쿠스는 이 체계적이고 조직적인 광경에 압도되어 "한 편의 시와도 같다"[6] 라고 경탄했다. 소설의 저자는 일침을 날린다.

> 그는 이 모든 것의 한 부분이었다. 그는 이 거대한 장치가 자기를 보호하고 자신의 복지에 책임을 질 것이란 생각에 빠졌을 뿐, 그 사업의 본질을 알고 있지 못했다.[7]

이제 동물이나 인간 모두 공장의 지배를 받는 부속품이 되었다고 싱클레어는 통찰하고 있었다. 새로운 시대, 곧 공장식 축산 시대가 개막한 것이다.

공장식 축산으로 대표되는 현대의 축산 체제를 이뤄 낸 것은 세 가지다. 첫째는 품종개량이고, 둘째는 자동화된 도축 공정, 그리고 셋째는 밀집형 가축 사육 시설CAFO, Concentrated Animal Feeding Operation이다.

품종개량은 17세기부터 시작해서 지금까지 꾸준히 이어지고 있다. 19세기 말부터 교통수단의 발달 및 냉장 시설의 보급과 함께 유니언 스톡 야드로 대표되는 대규모 도축 공장이 출현했다. 이어서 공장 내부에서는 도축 공정의 자동화가 시작됐다. 공장식 축산 하면 떠오르는 '밀집형 가축 사육 시설'이 발명된 것은 20세기 초중반이다. 이로써 동물의 탄생과 삶, 그리고 죽음까지 인간이 지배할 수 있게 되었다. 그것도 행동 하나하나를 세밀하게 지배하게 되면서, 동물의 자율성은 눈에 띄게 축소됐다.

노동과정의 혁신으로 인해 유니언 스톡 야드는 전국에서 몰려오는 막대한 도축 물량을 과거와 비교할 수 없는 속도로 처리할 수 있었다. 20세기 초반에 이르러서는 족쇄 장치 하나가 1분에 70마리의 소를 들어 올렸다고 한다.[8] 컨베이어 벨트의 양쪽은 값싼 저임금 이주 노동자가 채웠다. 고깃값은 싸졌다. 미국인의 고기 소비량이 늘어났다. 이는 가축 사육량의 증대로 이어졌다. 기차는 각 부위로 분해된 고기를 실어 날랐다. 식문화가 고기를 중심으로 재편됐다. 육류 산업 전체의 파이가 커졌다. 그 중심에 유니언 스톡 야드가 있었다.

노동자 구성에도 변화를 불러왔다. 과거에 도축업자는 장인이었다. 소의 신체와 본능과 행동을 잘 아는 고집 센 사람이었다. 그러나 컨베이어시스템으로 돌아가는 공장에서 그런 전문 지식이나 직업 정신은 필요치 않았다. 노동자는 자기에게 주어진 부위만 떼어 내 손질하면 됐다. 숙련 노동자가 필요 없었으므로, 자본가는 최저임금으로 뜨내기 노동자를 고용했고, 귀찮은 일이 생기면 내보냈다. 자연스럽게 이제 막 신대륙에 도착한 아일랜드계·독일계·동유럽계 노동자들이 고기 공장을 채웠다. 1921년 기준으로 4만 명의 노동자가 유니언 스톡 야드에서 일했다.

시카고 유니언 스톡 야드는 지금으로부터 150년 전 자본주의의 실리콘밸리였다. 현대 자본주의의 아이디어와 혁신은 자동차 산업의 컨베이어 벨트에서 시작됐다고 생각하지만, 그 시작은 자동차 공장이 아니라 도축장이었다. 유니언 스톡 야드는 미국 최초로 일관 생산 라인 assembly line을 도입한 공장이었다. 1913년 컨베이어 벨트 시스템을 최초로 자동차 제작 공정에 도입한 헨리 포드는 시카고의 도축장에서 영감을 받았다고 말한다. 대량생산·대량소비 체제의 기원이 도축장이었던 것이다.

그러나 이것만으로 유니언 스톡 야드의 영향을 말하기에는 뭔가 부족하다. 나는 현대인이 동물을 대하는 심리적 태도를 바꾼 것이 이 도살장이 남긴 어두운 유산이라고 생각한다.

생각해 보자. 과거의 도축 방식은 도축업자와 동물이 일대일로 대면하는 방식이었다. 전문 도축업자가 소의 머리를 망치로 때리고, 소가 기절하면 몸에서 피를 뺀 뒤(방혈), 무거운 사체를 끌고 가 하나하나 해체하는 식이었다. 도축업자를 중심으로 여러 명이 달라붙어 일했다. 도살은 본질적으로 잔인했지만, 역설적으로 이것이 도축업자의 무자비함을 막았다. 가끔은 동물의 순수한 눈망울을 도축업자가 보았고, 운 좋게 도망치는 동물을 그냥 놔두기도 했다.

그러나 컨베이어시스템에서는 달랐다. 노동자는 지정된 부위만 작업했다. 하나의 생명은 표준화된 생산 단위로 해체됐고, 각 단위를 생산하는 노동자만 남게 되었다. 노동자들은 자신들이 다루는 상품이 한때 시원한 공기를 마시고 어미와 함께 즐거워하고 자유를 갈구하는 생명이었음을 상상할 수 없었다. 대량생산 된 고기는 상품으로 더욱 빨리 탈바꿈할 수 있었다. 우리가 슈퍼마켓에서 랩에 싸인 고깃덩어리를 보고 좀처럼 활기찬 생명의 몸을 연상할 수 없는 것과 같이, 사물의 본질을 은폐하는 심리적 체제가 이때부터 작동하기 시작한 것이다.

『정글』은 베스트셀러로 떠올랐다. 사람들은 정육 공장의 더럽고 잔인한 풍경에 경악했다. 그러나 사람들은 작가가 주목한 노동계급의 비참한 현실보다는 자신들이 먹는 고기가 비위생적으로 처리된다는 사실에 더 신경을 썼다.

포장 노동자들은 고기가 도저히 사용할 수 없을 정도로 부패될 때면 그것들을 캔 제품으로 만들거나 썰어서 소시지에 넣었다. (…) 그곳에선 소시지에 썰어 넣는 것이 무엇인지 아무런 관심도 기울이지 않았다. 또한 수입 불가 판정을 받은 곰팡이가 피고 희멀건 유럽산 소시지들이 들어왔는데, 그것들은 보롩스와 글리세린으로 처리된 후 가공 장치에서 재차 가정용 식품으로 제조되었다. (…) 수십억 마리의 세균들이 득실거렸다.[9]

소설이 출판된 지 6개월 만에 식품위생 규제를 강화하는 '식품 및 약품 위생법'과 '쇠고기 검역법'이 미국 연방의회에서 통과됐다. 역설적이지만, 싱클레어의 폭로는 정육 산업이 개선되는 전화위복으로 작용했다. 공장식 축산은 더 강하고 지속가능한 체제로 발전했다. 싱클레어는 나중에 이렇게 말했다.

"나는 대중의 마음을 겨냥했으나, 위장을 건드렸을 뿐이다."[10]

동물의 죽음을 대량생산의 형식으로 바꾸어 낸 공장식 축산은 동물의 모든 것을 포위했다. 동물의 죽음이 일어나는 도축장의 다음 차례는 동물의 삶이 펼쳐지는 시공간을 지배하는 것, 이어서는 동물의 탄생을 조작하는 것이었다.

무인 고기 생산 공장

"사람이 할 것은 별로 없어요. 하루에 다섯 번 사료 급여기에 사료를 채우고 폐사한 닭 서너 마리를 수거하는 게 전부죠."

문을 열자, 숨이 막히고 눈이 따가웠다. 구름처럼 떠다니는 뿌연 먼지 뒤에 거미줄로 포박된 닭들의 아파트가 있었다. 하얀 먼지가 뭉쳐 날아다녔고 어둠의 심연에 대왕 거미가 사는 것 같았다. 업턴 싱클레어가 소설을 쓰고 150년이 지난 어느 겨울날, 나는 공장식 축산의 완성품 앞에 서 있었다. 그곳은 경기도의 한 산란계 농장이었다.

닭들이 사는 곳은 '배터리 케이지'battery cage라고 불리는 아파트형 밀집 닭장이다. 3층짜리 배터리 케이지가 여덟 줄 있었고, 사람이 다니는 길목은 폭이 1미터가 채 되지 않았다.

닭 세 마리가 케이지 하나에 포개져 있었다. 날개도 펼 수 없고 발 디딜 곳도 충분치 않기 때문에 닭들은 몸을 비틀며 먼지 낀 철창에 몸을 비비고 있었다. 법적으로 정해져 있는 산란계 한 마리당 적정 사육 면적은 0.075제곱미터다. A4 용지(0.062제곱미터) 한 장 남짓한 크기다. 법이 규정한 최소 면적조차 닭들에게는 매우 좁아 보였다.

천장에는 사료 급여기가 달려 있다. 기계가 사료를 쏟아 놓으면, 닭들이 철창 사이로 고개를 비집고 내밀어 사료를 쪼아 먹었다. 그래서인지, 닭들은 대개 목 주변의 털이 빠져 분홍빛 속살을 드러내고 있었다. 다른 부위에도 듬성듬성 털이 빠진 닭들이 많았다. 좁은 공간에 모여 사는 스트레스 때문에 닭들이 서로를 무시무시하게 쪼아 대기 때문이다.

아파트 각 층 아래로는 컨베이어 벨트가 돌아가고 있었다. 벨트는

공장식 양계장
탁하고 어두운 공장식 양계장의 모습. 닭들을 A4 용지 한 장 남짓한 크기의 철장에 가두고, 달걀을 생산하는 공장처럼 운영되고 있다.

아주 천천히 움직이며, 떨어지는 달걀들을 하나둘 모았다. 이 아파트에 사는 닭은 알 낳는 닭, 산란계였다. 농장주는 캑캑거리는 나를 보고는 말했다.

"닭한테는 고통스럽죠. 방사해서 길러 보고도 싶지만, 건물을 다시 지어야 하는데 이문이 남질 않아요."

소, 닭, 돼지 중에서 공장식 축산의 가장 깊은 곳에 포섭된 동물이 닭이다. 닭고기는 20세기 전반까지만 해도 소고기보다 비싼 음식이었다. 계란도 일회용품 쓰듯 부엌에 상비된 식재료가 아니었다. 오늘날 닭고기는 가장 싼 고기고, 계란은 가장 싼 식재료다.

동물의 고기와 부산물이 값싼 상품으로 유통된 것은 생활 영역과 방식, 수명 등 동물의 삶을 인간이 완전히 통제함으로써 이룩해 낸 결과였다. 그중 핵심은 밀집형 가축 사육 시설CAFO이었다. 20세기 중반부터 서구에 들어서기 시작한 밀집형 사육 시설을 둘러싼 사육 방식은 기존과 여러 면에서 달랐다.

첫째, 작은 공간에 최대한 많은 개체 수를 넣음으로써 사육 밀도를 높였다. 동물은 콘크리트 벽과 바닥으로 된 '공장'으로 들어가 살게 되었다. 닭들은 몰래 가서 알을 낳던 자리가 사라졌고, 돼지들은 마음껏 구를 수 있는 진흙 목욕탕이 없어졌다(돼지는 원래 이렇게 체온을 식힌다). 닭이 사는 배터리 케이지는 자꾸 높아지기만 했다. 어떤 것은 6단에 이르렀다. 다닥다닥 붙어 있는 아파트의 각 케이지에서 A4 용지보다 작은 공간에 두세 마리가 들어가 평생을 살았다.

좁은 공간에 많은 개체를 넣다 보니 부작용을 줄여야 했다. 돼지의 경우, 어릴 적에 꼬리를 잘랐다. 스트레스를 받은 돼지는 다른 돼지의 꼬리를 물기 때문이다. 임신한 암돼지와 분만한 암돼지는 따로 모아 감금틀에 넣었다. 틀에 갇힌 어미 돼지는 한 바퀴 돌 수도 없고, 밖으로 나갈 수도 없다. 그저 일자로 누워 있을 만한 공간이 겨우 허용된다. 어미 돼지가 젖을 주다가 새끼를 깔아뭉갤 수 있어 만든 사육 장치지만, 공장이 아닌 넓은 곳에서 살았다면 이런 장치가 필요 없었을 것이다.

둘째, 생명공학을 이용한 기술과 사육 기법이 적용됐다. 과학자와 농장주들은 가장 적은 비용으로 가장 높은 품질을 만드는 데 주력했다. 동물들이 먹는 사료는 가장 좋은 품질의 고기와 생산물이 나올 수 있도록 원료를 배합했다. 이를테면 칼슘, 인, 비타민 등의 영양소를 사료에 어떻게 배합하느냐가 계란의 품질을 좌우하는 한 요인이었다. 비타민 D의 발견은 실내에서도 24시간 닭을 사육할 수 있도록 해 주었다. 태양빛 한번 제대로 보지 못한 실내의 닭들은 하루 종일 인공조명 아래서 생활했다. 그 덕분에 과거 일주일에 한두 개 낳던 계란을 요즘 닭은 하루에 한 알씩 낳는다. 대신 그들에게는 밤낮의 구분이 사라졌다. 산란계에게는 언제나 낮만 있다. 밤에도 빛을 쪼여야 하루에 하나꼴로 알을 낳을 수 있기 때문이다.

산란계가 알을 낳기 시작한 지 1년 정도 뒤, 털갈이할 때가 되면 알 낳는 빈도가 서서히 줄어든다. 이때 강제 환우換羽, 즉 강제 털갈이를 시킨다. 강제 환우는 닷새에서 아흐레 정도 밥을 굶기고 빛을 차단하는 사육 기법이다. 자연 상태에서 보통 서너 달 걸리는 털갈이 기간을 단축하고, 두 번째 산란기를 앞당기기 위해 동원되는 방법이다. 강제 환우가 끝나고 나면 닭의 몸무게는 25~30퍼센트 빠진다. 그러면 닭은 다시 알을 낳는다. 예전보다 못하지만, 그래도 낳는다.

셋째, 농장은 기계화와 자동화로 움직이는 첨단 공장 시설로 변모했다. 먹이를 자동으로 주는 것은 물론 온도와 습도, 광량을 자동으로 조절할 수 있어서 동물은 흡사 온실에 사는 화초와 비슷해졌다. 비용을 줄이기 위해 농장에 투입되는 노동력은 최소화됐다. '무창계사'無窓鷄舍라고 불리는 첨단 자동화 공장은 아예 사람이 들어갈 필요조차 없다. 환기구 없이 자동으로 공기를 순환시키고, 수만 마리의 닭을 단 한 명의 인부가 관리한다. 사람이 들어갈 때는 단 한 번, 계사를 비우고 고기를 만들러 가는 날이다.

이런 공장식 축산 체제에서 생산량은 혁명적인 수준으로 늘어났다. 그만큼 동물의 수명은 짧아졌다. 닭의 기대 수명은 15~20년이지만, '브로일러'broiler라고 불리는 오늘날의 육계(고기용 닭)는 빨리 살찌워 4~6주면 도계된다. 산란계는 강제 환우를 한 번 거친 뒤, 두 살 남짓 되면 도계된다. 산란계가 낳은 수평아리는 바로 도계된다. 산란계는 암컷만 될 수 있으므로. 돼지의 경우 '과학적으로' 살찌우는 데 최적화된 사료를 마구 먹인 뒤, 보통 100킬로그램이 되면 도축된다. 야생에서는 10년도 살 수 있지만, 고기를 목적으로 사육되는 농장 돼지의 평균 수명은 6개월이다.

그렇다면 현재 축산 생산물 가운데 공장식 축산 방식으로 생산된 비율은 어느 정도 될까? '공장식 축산'이라는 기준에 따라 따로 통계를 내지 않기 때문에 정확한 수치를 산출하기 어렵지만, 한국이나 미국처럼 산업화된 축산 국가에서는 육류나 축산 가공품의 거의 전부가 공장식 축산 체제에서 생산된다고 해도 크게 틀리지 않는다. 미국의 민간 동물복지 연구 기관인 센티언스연구소Sentience Institute는 미국 농무부의 농업 센서스 데이터를 분석한 결과 미국 축산 동물의 99퍼센트가 공장식 축산 방식으로 생산된다고 밝혔다.[11] 종류별로 집계한 바에 따르면 소의 70.4퍼센트, 돼지의 98.3퍼센트, 육계의 99.9퍼센트, 산란계의 98.2퍼센트가 여기에 해당한다. 소가 상대적으로 공장식 축산 비율이 낮은 이유는 목장에서 소를 방목하는 경우가 많기 때문이다. 한편, 유엔 식량농업기구FAO, Food and Agriculture Organization는 전 세계 소고기 및 송아지 고기의 7퍼센트, 양고기 및 염소 고기의 0.8퍼센트, 돼지고기의 42퍼센트, 닭고기의 67퍼센트가 공장식 축산(산업 축산) 체제에서 생산되고 있다고 추정한다. 계란의 경우 전 세계 생산량의 50퍼센트가 공장식 축산 체제의 결과물이다.[12]

인간-동물의 만남이 소거되다

인간이나 동물은 모두 정서적인 주체다. 동물은 고통을 느끼고 희로애락의 감정을 표현할 줄 안다. 정서적인 두 주체가 만나는 지점에서 영향력이 교환된다.

인간은 물론 동물에게도 '힘'이 있다. 그것은 인간에게 '정동'affect을 일으키는 힘이다. 동물의 몸과 인간의 몸의 만남은 어떤 식으로든 변화를 가져온다. 인간에게 사랑, 귀여움, 애착, 혐오 등의 감정을 일으키는 동시에 쓰다듬거나 안고 피하고 도망치는 등의 행위를 촉발한다. 그 과정에서 영향받는 것은 인간뿐만이 아니다. 인간과 동물, 두 주체의 몸을 관통하며 흐르는 감정과 행동은 서로를 공명시킨다. 이렇게 몸과 몸을 연계하는 에너지 혹은 능력을 정동이라고 한다.

공장식 축산이 형성되는 과정은 바로 인간과 동물의 만남을 소거하는 과정이었다. 불과 150년 전까지만 해도 인간은 닭과 마당에서 만났다. 닭은 집 구석구석에 알 낳는 자리를 봐 두었고, 인간은 닭에게 이름을 붙여 주었다. 집에 붙어 있는 외양간에서는 소가 살았고, 아침에는 쇠죽을 끓이는 냄새가 퍼졌다. 그러나 자본주의가 본격화되고 도시화가 진행되면서 동물은 인간의 시야에서 사라졌다. 동물은 그사이 산업에 편입되며 공장으로 입주했다.

미국의 동물 보호 운동가이자 변호사인 짐 메이슨Jim Mason은 전통적인 미국 농가에서 자랐다. 그는 12년 동안 손으로 소젖을 짰는데, 세어보니 8,700번 정도는 됐을 거라고 말했다.[13] 이것을 공장식 축산 체제의 젖소와 비교해 보자. 공장식 축산에서 소젖 짜기는 착유기가 대신한다. 사람과 동물의 만남은 사라지고 없다. 직접 동물의 소젖을 짠 짐 메이슨은 젖을 훔친다는 생각이 들어 약간의 불편함이나 미안함을 느꼈을 것이다. 그러니 젖을 짤 때 조금 더 조심스럽지 않았을까. 무차별적인 '착취'에 제동이 걸리는 셈이다. 이것이 바로 몸과 몸이 만났을 때 나오는 힘, 동물이 주는 정동의 힘이다.

그러나 공장식 축산은 정동의 힘을 소거하는 방식으로 발전했다. 비가시적인 장소로 동물을 이동시켜 착취를 은폐하고, 만남을 제한함으로써 인간의 죄의식을 지워 버렸다. 우리는 양념 치킨 한 마리가 담긴 종이 박스를 열면서, 좁은 공간에 갇혀 6주 만에 생을 마감한 어느 닭의 삶을 연상하지 못한다. 이것이야말로 공장식 축산의 가장 큰 위력이다.

7장

우리는 어디까지 공감할 수 있는가

잉글랜드의 어린양과 화천의 산천어

이 모든 것은 어린양의 얼굴 때문이었다.

1995년 1월, 영국 잉글랜드 동부 에식스주의 작은 항구도시 브라이틀링시Brightlingsea. 사람들이 울고 소리치고 바닥에 드러눕고 피켓을 흔들었다. 이들은 화물 트럭이 가는 길목을 점거하고, 운전대를 탈취한다며 바퀴를 타고 올랐다. 그해 10월까지 시시때때로 수천 명의 시위대가 도로를 점령했다. 사람이 아니라 동물을 위해서! 동물의 고통스러운 얼굴과 몸짓은 태초부터 사람의 마음을 움직였다.

시위대가 분노했던 대상은 영국 전역에서 가축을 싣고 브라이틀링시 항구로 가던 화물 트럭이었다. 트럭 짐칸에는 하얀 양들이 빼곡히 실려 있었다. 논쟁적인 동물도 실려 가고 있었다. 송아지였다.

브라이틀링시의 투쟁
시민들이 한마음으로 이렇게 동물을 위해 싸운 적이 있었던가.
한 시민이 피켓을 들고 있다. 피켓에 쓰인 말은 이렇다. "브라이
틀링시는 이 동물들의 고통을 멈춰야 한다!"

금세기 최고의 '동물을 위한 전투'

현대 동물 보호 운동의 이론적 근거가 된 『동물 해방』Animal Liberation에 서 철학자 피터 싱어Peter Singer가 금세기 가장 끔찍한 고기로 묘사한 게 바로 송아지 고기veal다.

송아지는 태어난 직후 어미 소에게서 떨어져 몸을 돌릴 수도 없고, 짚조차 깔려 있지 않은 나무 울타리 안에 갇힌다. 근육 발달을 막아 연한 육질을 만들기 위해서다. 송아지는 어미 젖도 받아먹지 못한다. 철분 공급을 제한함으로써 고기의 빨간색을 빼내기 위해서다. 송아지 고기는 빛깔이 연할수록 상품성이 높다. 좁디좁은 감금틀 안에서 웅크려 지내던 송아지는 16주 만에 도축된다.[1] 이 같은 비인도적인 사육 방식은 동물복지 선진국인 영국에서 처음 논란이 됐다. 영국은 1990년, 세계에서 처음으로 감금틀 방식의 송아지 사육을 금지했다.

그런데 엉뚱한 곳으로 불똥이 튀었다. 발단은 사람들이 흔히 마시는 우유였다. 아마 비인도적인 송아지 사육을 금지하는 데 찬성했던 사람들도 우유와 송아지가 어떻게 연결되어 있는지는 차마 몰랐을 것이다.

이상하게 들릴지 모르지만, 송아지는 '우유의 부산물'이라 할 수 있다. 찬찬히 살펴보자. 낙농업자들이 우유를 생산하려면 어떻게 해야 할까? 젖소가 송아지를 낳게 해야 한다. 임신과 출산 과정을 거쳐야 어미젖(우유)이 나온다. 따라서 낙농업자들은 '인공수정'이라는 편리한 방법으로 젖소를 임신시키고, 젖소는 사람과 비슷한 기간인 10개월 만에 송아지를 출산한다. 하지만 낙농업자에게는 송아지가 필요 없다. 더군다나 평생 우유를 생산하지 못하는 수송아지는 처치 곤란이다. 영국의 낙

사육 상자에 갇힌 송아지
태어난 직후 어미 소로부터 분리된 송아지는 오로지 '연한 육질'
을 위해 몸조차 돌릴 수 없는 공간에 갇힌다.

농업자들은 수송아지를 태어난 직후 도축해서 폐기 처분하거나 송아
지 고기 혹은 소고기를 생산하는 다른 농가에 팔아 부수입을 올렸는데,
이제 자국에서 예전과 같은 송아지 사육이 금지됐으니 새로운 판로를
찾아야 했다. 잔혹한 사육 방식이 공론화되면서 영국 내 송아지 고기
수요 자체가 줄어들기도 했다. 낙농업자들은 '살아 있는 송아지'를 그
대로 유럽 대륙으로 수출했다. 외국에서 키워 도축하면 불법이 아니었
던 것이다.

　　왕립동물학대방지협회RSPCA, Royal Society for the Prevention of Cruelty to Animals 등
영국의 동물 단체는 이러한 '윤리적 세탁'에 살아 있는 동물의 수출을
반대하는 캠페인으로 맞섰다. 송아지와 함께 양의 수출도 도마에 올랐

다. 프랑스는 양고기를 선호하는 나라다. 영국에서 기른 양을 프랑스로 수출해 도축하면 '프랑스산 양고기'가 되었다. 프랑스산 양고기는 신선도 때문에 프리미엄이 붙기 때문에 영국 축산업자 입장에선 죽은 양고기를 수출하는 것보다 살아 있는 양을 수출하는 것이 더 짭짤했다.

동물에게 운송은 크나큰 스트레스다. 물과 먹이 공급 없이 이어지는 가축 운송은 동물에게는 생명을 건 여행과도 같다. 유럽연합EU에서는 1977년 유럽공동체EC 시절부터 살아 있는 가축의 장시간 운송을 규제하고 있긴 했다. 당시 EC에서 규정한 최대 운송 시간은 24시간이었는데, 왕립동물학대방지협회 등 동물 단체는 1990년부터 영국 당국에 이를 8시간으로 줄이라고 요구했다. 먼저 영국 의회를 비롯해 농림수산식품부 장관을 설득한 뒤, EC 각료이사회에서까지 공론화할 계획이었다. 캠페인은 치밀했다. 여기에 대중이 호응하면서 사회적 압력이 거세졌다.[2] 항공사, 해운사 등 운송업체는 하나둘 가축 운송을 포기했다. 영국항공British Airways의 경우, 화물기에 양을 태워 싱가포르로 간 사실이 언론에 보도되자 세간의 시선을 의식해 하루도 안 되어 도축용 동물의 국제 운송을 중단한다고 발표할 정도였다. 이제 살아 있는 가축의 운송을 자처한 이는 수출업자 로저 밀스Roger Mills 정도밖에 없었다. 그는 뜨거운 여론을 피해 잉글랜드 동부의 작은 항구도시로 수출항을 바꿨고, 급기야 브라이틀링시에서 저항이 폭발한 것이다.

작은 도시의 시위대는 지칠 줄 몰랐다. 연초에 시작된 시위는 연말을 앞두고 있는데도 끝날 줄 몰랐다. 영국인들은 이 시위를 '브라이틀링시의 전투'Battle of Brightlingsea라고 불렀다. 영국 사회는 사람이 아닌 동물

문제가 사회 이슈가 되어 사람들이 거리로 뛰쳐나간 것에 놀랐고, 동물 단체나 환경 단체가 아닌 평범한 주민들이 시위대의 주류라는 것에 더 놀랐다. 영국 방송 BBC의 린 윌슨Lynne Wilson 기자는 '전투 15주년'을 맞아 2010년 2월에 쓴 기사에서 브라이틀링시의 전투가 일반적인 집회나 시위와는 아주 달랐다고 말했다.

> 사우스요크셔의 광부 파업 등 수많은 시위 현장을 취재했다. 하지만 이렇게 많은 여성과 어린이, 유모차를 끈 엄마, 연금을 받는 노인들이 거리로 쏟아져 나온 건 처음 봤다. 이들은 직업 활동가와 함께 전선에 서서 분노했고, 때로는 폭력을 마다하지 않았다.[3]

시위대의 주류는 비이민자 중산층 영국인이었다. 살아 있는 가축의 장시간 이동과 직접적인 이해관계가 없는 사람들이었다.

좌파 정치생태학자 테드 벤턴Ted Benton은 이듬해 《뉴 레프트 리뷰》에 이 투쟁의 한계를 지적했다. 그는 시위의 주요 참가자들을 "경찰과 싸우다가 뜨거운 베이컨 말이를 허겁지겁 삼키며 휴식을 취하는" 사람들로 묘사한 보도를 인용하며, 대중의 저항이 동물의 권리 그 자체에 이르지 못했다고 분석했다.[4]

여론조사도 시민들이 『동물 해방』을 읽고 행동한 것은 아님을 보여줬다. 당시 영국 일간지 《데일리텔레그래프》 조사에 따르면, 응답자의 68퍼센트가 살아 있는 가축의 수출에 반대했지만, 동물 도축이 옳지 않다고 답한 이는 11퍼센트에 지나지 않았다.

브라이틀링시의 전투는 시민들과 동물 단체의 승리로 막을 내렸다. 시위가 시작되고 열 달이 흐른 10월 30일, 로저 밀스는 브라이틀링시 항구를 통한 수출을 포기한다고 선언했다. 로저 밀스는 런던 남동쪽의 항구도시 도버Dover로 수출 터미널을 바꾸었고, 시민들은 거리로 뛰쳐나오지 않았다.

동물 차별 대우의 기원

사실 동물을 대하는 인간의 태도는 모순적이기 그지없다. 똑같은 생명인데 어떤 동물은 먹고, 어떤 동물은 입고, 어떤 동물은 손톱으로 눌러 죽이고, 어떤 동물은 이불 속에 데리고 함께 잔다. 생명 그 자체로서 본연의 가치를 지닌다는 '동물권' 이론이나 동물도 고통을 느끼므로 고통을 줄여 줄 윤리적 책임이 있다는 '동물복지' 이론은 이런 인간의 모순적인 태도 앞에선 공허한 철학적 구호처럼 들린다.

그렇다면 차라리 모순적인 인간 본능에 발을 딛고 질문을 이렇게 바꿔 보는 건 어떨까? 왜 유기농 간식을 쩝쩝거리는 당신의 강아지는 어미를 그리워하는 송아지보다 특별한가? 인간은 어떤 동물에게 더 잘 공감하는가?

여기에는 몇 가지 가설이 있다. 가장 일반적인 가설은 인간은 자기와 비슷하게 생긴 동물에게 더 잘 반응한다는 것이다. 이를테면 우리는 바닷가재나 갈치의 고통보다는 개나 돼지의 고통을 더 잘 상상할 수 있다. 신체 및 감각기관의 유사함 때문이다. 특히 결정적인 신체 기관은

'눈'이다. 어떤 동물의 눈은 인간을 사로잡는다. (반면 바닷가재나 갈치, 이구아나의 눈은 평면적이어서 감정적 호소력이 없다. 바닷가재의 눈을 보고 사랑에 빠진 사람이 있나?) 인간은 동물의 눈을 보고 동물도 인간의 눈을 본다. 여기서 중요한 것은 인간을 사로잡는 동물들은 모두 인간의 눈빛을 주시할 줄 안다는 점이다. 서로의 시선에 반응하면서 인간과 동물은 교감했다는 느낌을 갖는다. 물론 여기에는 흑역사도 있다. 교감의 만족도를 높이기 위해 인간은 인위적으로 다양한 품종의 개를 만들었다. 시추 같은 개는 귀여워 보이라고 눈을 크게 만들었다. 그래서 시추는 늙으면 안구 질환을 상습적으로 앓는다. 인간이 만들어 낸 유전병이다.

옥스퍼드대학의 동물지리학자 제이미 로리머Jamie Lorimer는 좀 더 체계적인 분석을 시도한다. 그는 유독 인간의 관심과 공감, 보호 본능을 일으키는 '카리스마'가 일부 동물에게 있다고 보고, 그런 카리스마를 지닌 종에게 인간이 더 잘 반응한다고 말한다. 종 보전 캠페인이나 야생 보호 정책도 주로 침팬지, 판다, 사자, 코끼리 등 '카리스마 종'을 중심으로 펼쳐진다.[5]

제이미 로리머에 따르면, 인간의 마음을 움직이는 동물의 카리스마는 세 가지다.

첫째는 생태적 카리스마다. 육상동물인 인간은 두 발로 걷고 대부분의 정보를 시각으로 받아들인다. 반면 철새처럼 지구자기장을 감지하는 능력이나, 개와 같은 뛰어난 후각·청각 능력은 없다. 아마도 인간은 자기와 비슷하게 감각기관을 진화시켜 온 종에게 더 영향을 받을 것이다. 한마디로 인간은 생태적으로 비슷한 동물에게 끌린다.

둘째는 미적 카리스마다. 인간은 귀엽고 멋있는 종을 좋아한다. 코끼리와 대왕고래는 규모로 우리를 압도하고, 공중으로 튀어 오르는 돌고래는 아름다운 유선형 몸체로 우리를 사로잡는다. 인간을 포함한 영장류는 얼굴을 통해 개체를 인식한다. 자동적으로 얼굴을 보는 본능이 있어, 매력적인 얼굴을 가진 종에게서 미적 카리스마를 느낀다. 이를테면 고양이는 인간의 희로애락 중 '희'喜와 '락'樂의 얼굴을 가졌다. 성내도 귀엽고, 슬퍼해도 앙증맞다. 이른바 '랜선 집사'라고 불리는 이들은 하루 종일 인터넷에서 고양이 얼굴을 본다. 그들은 그게 재밌다고 한다. 고양이의 카리스마에 흠뻑 빠진 것이다.

셋째는 신체적 카리스마다. 동물의 신체 자체가 가진 힘이다. 단순히 신체를 보는 데 그치지 않고, 동물과 마주치고 때론 동물을 만짐으로써 우리는 강력한 동물의 영향력을 체감한다. 강아지의 부드러운 털은 우리 마음을 끌어당긴다. 몸은 교감과 공감을 강화하는 강력한 매개체다. 동물은 '에피파니'epiphany•를 선사하기도 한다. 동물과 눈빛을 교환하다가 찾아온 교감의 순간, 직관적으로 세상의 진리를 깨친 것 같은 느낌, 혼란스러운 세상이 갑자기 조화를 이루는 듯한 찰나의 황홀함. 많은 동물 운동가나 환경 운동가는 이런 경험이 회심의 계기가 되었다고 고백한다.

다시 브라이틀링시의 항구로 가 보자. 수백 명의 시위대가 항구로 가는 도로를 점거했다. 도열한 경찰을 앞에 두고 일촉즉발의 긴장감이

● 평범한 사건이나 경험을 통해 직관적으로 진실의 전모를 파악하는 일.

트럭을 지키는 경찰
수출용 양을 싣고 있는 트럭을 경찰이 지키고 있다. 트럭 안에는
영국양수출협회장 리처드 오틀리가 타고 있다. 그는 가축 수출
업자가 공공 도로를 사용할 권리를 강하게 주장했기 때문에 특
히 시위대의 표적이 되었다.

감돈다. 번쩍이는 카메라 플래시, 저벅이는 경찰의 구두 소리, 시위대의
하얀 입김이 피어오르는 브라이틀링시의 항구. 그때 덜컹거리며 나타
난 화물 트럭의 짐칸에서 어린양의 순한 얼굴이 삐죽이 보였을 것이다.
그 얼굴은 그 어떤 논리보다 사람들에게 강력한 영향력을 행사해 거리
로 나오게 했을 것이다. 마치 1980년대 포승줄에 묶인 한 학생이 재판
정을 나오며 외친 "민주주의"와 그 비장한 얼굴이 찰나에 대중에게 각
인되어 죄책감을 일깨웠듯이, 어린양의 얼굴과 침묵도 그랬을 것이다.

가축 수송 차량에 실린 브라이틀링시의 어린양
브라이틀링시 주민들을 움직인 힘은 무엇이었을까? 그것은 어린양의 슬픈 눈빛 아니었을까.

처음 맛본 자유와 뒤따르는 죽음

우리가 인간과 전혀 다른 감각기관을 가진 동물의 정신세계를 상상하기란 쉽지 않다. 침팬지라면 얼추 그들이 무엇을 느끼고 고통스러워하고 즐거워하는지 알 수 있다. 순한 어린양의 얼굴을 보고 그 불쌍한 처지를 느낀다. 하지만 물고기의 무표정한 표정을 봐서는 감정이입이 잘 안된다.

태곳적부터 인간은 자신과 비슷한 동물에 한해서만 유대를 쌓아 왔다. 그들의 고통에 공감하며 동반자로 삼았으며, 때로는 도살장 앞 도로를 점거하고, 실험실에 쳐들어가 동물의 권리를 방어했다. 그러나 물고기를 위해서 우리가 한 것은 아무것도 없다. 낚싯줄에 걸려서 끌려 나온 물고기를 살려 준다며 기껏 다시 물에 던져 만든 파문이 전부일 뿐.

물고기에게는 인간을 움직이는 그 어떤 카리스마도 없다. 생태적으로 인간과 너무 다르다. 머리와 몸통, 손발이 달린 것도 아니고, 물에서 사는데 그렇다고 고래처럼 새끼를 낳아 젖을 먹여 기르는 것도 아니다. 물고기의 생김새는 일반적으로 아름답다고 말하기에도 어렵다. 물고기 마니아들이야 각기 다른 물고기 외양의 세밀함에 빠져들겠지만, 평범한 사람들에게는 열대어의 다양한 색깔이 물고기에게 느낄 수 있는 아름다움의 전부다. 물고기와 마주쳤을 때도 어지간한 애정이 있지 않으면 맨숭맨숭할 것 같다. 망망대해에서 향고래를 만난다거나 깊은 숲에서 시베리아호랑이를 목격하는 것 따위의 압도적인 경험을 기대할 수 없음은 말할 것도 없고, 어항을 보거나 생선구이를 앞에 둘 때 아니면 물고기를 마주칠 일조차 없다. 물고기와 교감을 나누기란 여간 힘든 일이 아니다. 그래서 인간은 물고기에게 공감하지 않았고 그들의 삶에 대해 걱정하지 않았다.

그런데 꽁꽁 언 빙판에 금이 가듯 균열이 생겼다. 그곳은 우리나라에서 가장 추운 곳 중 하나, 6·25 전쟁 때 중공군이 내려온 이후 가장 많은 인파가 모여든다는 강원도 화천이다. 매년 1월 화천읍에서는 '산천어 축제'가 열린다. 화천천 2킬로미터는 얼음 구멍에 낚싯줄을 던지는 사람들로 인산인해가 된다. 3주 동안 180만 명이 방문하고, 산천어 80만 마리가 걸려 나온다. 2003년 시작된 이 축제는 지자체 관광산업의 성공 사례이자, 명실공히 국내 최대 축제 중 하나다.

이 축제가 성장한 비결은, 사실 도심에 있는 '실내 낚시터'를 과감히

'실외 낚시터'로 이전한 발상의 전환 덕분이다. 우리가 생각하는 것과 달리 산천어는 '야생'이 아니다. 야생 산천어라면, 영동 산간에서 살다 동해로 나가 오호츠크해까지 헤엄치는 긴 여행을 떠나야 한다. 그리고 죽기 전에 고향으로 돌아오는 '거꾸로 강을 거슬러 오르는 저 힘찬 연어'들의 삶을 살아야 한다. 그러나 산천어 축제의 산천어는 전국의 양어장에서 인공수정 하여 만든 물고기다. 산천어 치어 80만 마리를 1년 남짓 키워 축제장의 얼음 밑으로 쏟아붓는다.

사람이 만들어 키우는 물고기다 보니, 양식장에서 발생하는 동물복지적 문제점이 축제 준비 과정에서 고스란히 드러난다. 화천천에 투입되기 닷새 전부터 산천어는 굶는다. 방문객이 물고기를 낚았는데, 내장에서 지저분한 게 나오면 안 되기 때문이다. 먹이를 주지 않는 이유로는 수송 과정의 폐사량을 줄이기 위한 목적도 있다. 전국 양식장에서 산천어가 화물 트럭을 타고 올라오는데, 산천어가 토사물을 내보낼 경우 운반수의 용존산소량이 낮아져 폐사율이 높아지기 때문이다.

이렇게 천신만고 끝에 살아남은 산천어들이 빙판 밑으로 들어간다. 역설적이게도, 그때가 산천어로선 가장 큰 자유의 시간이다. 양어장의 시멘트 수조에 갇혀 산 1년 남짓의 삶 끝에 처음 맛보는 자유다. 하얀 빙판 지붕 아래 잿빛이 드리운 어두운 수영장 같은 공간은 오호츠크해보다 더 넓었으리라.

내가 2015년 겨울 처음 화천에 갔을 때, 축제장은 일종의 컨베이어벨트가 깔린 공항처럼 움직였다. 방문객은 사전에 예약을 해야 한다. 입구의 심사대에서 검색을 받는다. 친환경적이지 않은 낚시 도구를 가져온 사람은 입장이 제한된다. 입장한 뒤에는 빙판으로 올라가 얼음 구멍 옆에 자리를 잡는다. 참가자는 세 마리까지 잡을 수 있다. 그리고 잡은 산천어를 현장에 있는 생선구이 가마나 회센터에 가져간다. 15분을 구우면 산천어는 생선구이가 되어 나온다.

물고기도 컨베이어 벨트에 올려진 상품처럼 차례차례 다뤄진다. 축제일이 다가오면 전국 양어장에서 키워진 산천어들은 순차적으로 축제장에서 5~6킬로미터 떨어진 중간 양육장에 도착한다. 산천어들은 이곳에서 빙판 입수를 기다린다. 축제가 시작되면, 시간대별로 수송 트럭이 들어와 산천어를 그물로 길어 축제장 빙판 밑으로 투입한다. 산천어는 처음으로 '자유의 헤엄'을 친다. 그 시간은 10분 만에 끝날 수도 있고, 축제 마지막 날까지 이어져 3주가 될 수도 있다. 미끼를 문 산천어는 생선구이가 되고, 마지막까지 잡히지 않은 산천어는 축제가 끝나고 수거돼 산천어 어묵으로 만들어진다.

산천어에게 가장 힘든 시간은 최초의 자유 뒤에 엄습한 고통이 죽음까지 이어지는 그 시간이다. 미끼를 문 뒤 생선구이 가마까지 가는 시간. 우리가 생각하는 것과 달리 물고기를 가장 잔인하게 죽이는 방법은 그냥 놔두는 것이다. 물고기가 공기 속에서 질식해 죽도록 말이다. 물고기의 아가미는 물속에서 낮은 농도의 산소를 빨아들이도록 진화되어 왔다. 하지만 물 밖으로 노출된 아가미의 새엽*은 쪼그라들고, 물속보다 훨씬 많은 공기 중의 산소를 빨아들일 수 없다. 산

● 물고기의 아가미에 있는 빗살 모양의 숨을 쉬는 기관.

빙판에서 뛰는 산천어
어쩌면 잔인한 대우를 받기로는 산천어 축제의 산천어가 공장식 축산 농장의 동물보다 더할 것이다. 그러나 우리는 곧잘 물고기의 고통에 공감하지 못한다.

천어는 표정이 없지만, 극심한 호흡곤란으로 아주 천천히 죽어 간다.

이에 관한 면밀한 조사는 없지만, 청어의 경우 내장을 제거하지 않은 채 그대로 공기 중에 놔두면 55분에서 240분 뒤에 죽는 것으로 나타났다.[6] 산천어도 크게 다르지 않을 것이다. 죽음이 늦어질수록 고통은 커진다. 이렇게 상상해 보라. 산천어가 공기 중에 55분 있는 것은, 당신이 아무런 장비 없이 물속에서 가쁜 숨을 쉬는 것과 비슷하다.

어쩌면 잔인하기로는 산천어 축제가 공장식 축산 농장보다 더할 것이다. 그럼에도 우리가 산천어에 감정이입을 못 하는 이유는 산천어가 물고기이기 때문이다. 표정도 없고 고통도 없어 보이는 물고기.

산천어에게도 필요한 인도주의

물고기는 고통을 느낄까? 표정이 없고 신음하지 않기 때문에 우리는 물고기의 고통을 직관적으로 알 수는 없다. 그래서 과학자들은 간접적인 방식으로 물고기의 고통을 연구한다. 대표적인 방법이 모르핀을 이용한 실험이다. 일반적으로 물고기의 통각수용체가 몰려 있는 곳은 미끼를 물곤 하는 안면 부위다. 영국 로즐린연구소Roslin Institute의 한 연구팀은 무지개송어의 주둥이에 벌 독과 식초를 투여했다. 이렇게 하자, 무지개송어의 아가미 개폐 횟수가 비약적으로 증가했다. 이상행동도 관찰됐다. 벌 독을 투여한 무지개송어는 몸을 마구 흔들며 수조를 왔다 갔다 했고, 식초를 투여한 무지개송어는 수조 바닥에 깔린 자갈이나 수조 벽에 입술을 갖다 대고 비볐다. 스트레스(고통)를 받는 것처럼 보였다. 그러나 이것으로 물고기의 고통이 증명되진 않는다는 반박이 나올 수 있다. 그래서 과학자들은 다시 무지개송어에게 진통제인 모르핀을 투여했다. 그러니까 무지개송어가 잠잠해졌다. 진통제가 효과를 본다는 것은 역설적으로 물고기가 고통을 느낀다는 얘기다.

또 다른 실험도 있다. 무지개송어가 헤엄치는 어항 속에 레고로 만든 탑을 하나 넣었다. 식초를 주입한 무지개송어는 낯선 물체를 회피하지 않았다. 고통스러워서 이것저것 신경 쓸 겨를이 없기 때문일 것이다. 그러나 모르핀을 투여하자 무지개송어는 안정을 되찾고 레고 탑을 경계하기 시작했다.[7]

몇 차례의 논쟁 끝에 이제 학계에서는 물고기도 고통을 느낀다는 입장이 대세가 되었다. 하지만 사회제도는 과학적 결과를 따라가지 못하고 있다. 그나마 노르웨이와 영국에서 양식장 물고기의 인도적인 도살humane slaughter이 자리를 잡아 가고 있다. 인도적인 도살이란, 확실히 기절시킨 뒤 최대한 빨리 도살하는 것이다. 노르웨이는 기절 뒤 의식 회복 가능성이 있는 이산화탄소 기절법을 금지시키고, 전기충격법과 가격법을 통해 양식장 연어를 도살하도록 한다. 영국에서는 명문화된 법령은 없지만, 왕립동물학대방지협회가 만든 물고기의 인도적 도살 지침이 현장에서 준용되고 있다.

동물·환경 단체가 모인 산천어살리기운동본부는 2003년 최초의 축제 이후 열여섯 번째로 열린 2019년 축제 때부터 반대 운동을 시작했다.[8] 당시 서울 광화문에서 기자회견을 열고 산천어 축제가 왜 문제인지를 설명한 전단을 나누어 주었다. 이들은 산천어 축제를 '재미로 하는 살상'을 테마로 내건 '가두리 학살'이자 '최악의 축제'라고 부른다.

2020년 축제 때에는 이 행사가 동물보호법상 '동물 학대' 조항에 저촉된다며 법적 대응을 개시했다. 우리나라 동물보호법은 공개된 장소에서 죽이는 행위나, 오락·유흥 등의 목적으로 상해를 가하는 행위를 동물 학대로 보고 처벌하고 있다(동물보호법 제8조). 고통을 느낄 수 있는 신경 체계가 발달한 척추동물은 원칙적으로 동물보호법의 보호 대상이다. 어류 또한 척추동물이어서 법 적용 대상이긴 하지만, 식용을 목적으로 하는 것은 제외한다는 규정이 있다. 검찰은 축제에 활용되는 산천어는 애초부터 식용을 목적으로 양식된다며 동물 학대로 보기 어렵다고 불기소처분을 내렸다.[9] 동물보호법으로 산천어 축제를 제어하려면 좀 더 많은 법리적 연구와 검토가 필요할 것이다.

산천어에게 산천어 축제는 '죽음의 과정' 그 자체라 할 수 있다. 죽음을 앞두고 대기하고(중간 양육장), 마지막 소원을 들어주며(빙판 밑 잠깐의 자유), 미끼에 걸려 육지로 나와 호흡곤란을 겪은 뒤(임종), 생선구이 가마에 들어간다(화장).

'고통 공감'의 체제

현대 동물 보호의 핵심 논리는 '고통의 경감'에 있다. 초기 공장식 축산에서 동물의 고통은 고려되지 않았지만, 지금의 공장식 축산은 고통을 경감하는 방향으로 진화했다. 하루 뒤 잡아먹을지라도 살아 있는 동안 동물이 누리는 삶의 질, 즉 '동물복지'를 고려한다. 한국을 포함해 대다수 나라에서 법과 제도로 동물복지를 규율한다. 소, 닭, 돼지 등이 사는 사육장의 마리당 면적도 법으로 정한다. 동물복지에 앞선 유럽연합은 알 낳는 닭(산란계)의 케이지 사육을 일찍이 금지했다. 물론 이러한 제도는 아직 피상적일 뿐, 공장식 축산 농장은 아우슈비츠의 수용소와 다를 바 없다.

그럼에도 나는 현대 동물 보호 체제를 '고통 공감의 체제'라고 생각한다. 동물의 고통과 부르짖음을 보고 '고통받는' 인간이 동물을 구조하면서 동물복지를 확장한 것이다. 이렇게 생각할 수 있다. 3R 원칙●은 실

● 동물실험을 할 때, 최대한 사용 동물 개체 수를 줄이고(reduction), 고통을 완화하며(refinement), 될 수 있으면 다른 실험으로 대체하라는(replacement) 연구 윤리 원칙이다. 과학 저널에 출판하기 위해는 3R 원칙에 따라 실험이 진행됐다는 증빙이 있어야 한다.

험실에서 고통받는 쥐들의 비명이 연구원들에게 불편했기 때문에 확립됐다. 현대 동물원이 자연 서식지와 비슷한 환경을 조성한 생태 동물원으로 개선된 것은 콘크리트 바닥에서 반복적으로 횡단하는 코끼리를 돌보는 사육사와 관람객이 불편해서다. 영국 브라이틀링시의 시민들이 정열적인 시위를 벌인 것도 마찬가지다. 평화와 인도주의, 동물 권리 등 고매한 이상에 감복해 동물을 구원한 것이 아니다. 그냥 우리의 마음이 불편했기 때문이다.

그것은 은폐된 동물 학대와 동전의 앞뒷면을 이룬다. 전근대사회에서 우리는 고기를 마을과 시장에서 구했다. 동물의 고통을 접할 수 있었고 평소 자주 보던 동물이 식탁에 올랐으니, 죄의식과 미안함이 있었다. 그러나 현대의 축산 시스템은 고기의 생산을 공장식 농장이라는 비가시적 영역에 묶어 두었고, 우리는 불편함에서 해방되어 인류 역사 최대의 육식 시대를 살고 있다.

이런 통찰은 인간과 동물이 서로 영향을 주고받는 존재라는 사실을 새삼 일깨워 준다. 겉으로는 인간이 동물을 전일적으로 지배하는 것처럼 보이지만, 동물의 고통은 우리 몸에 내장된 '공감 회로'를 더욱 증폭해 종국에는 사회의 변화를 일으킨다. 동물 운동가들이 공장식 축산 농장이나 동물실험실을 영상으로 찍어 폭로하는 것도, 무력하거나 분노에 찬 동물의 눈빛이 그만큼 강력하기 때문이다.

그러나 빙판 위로 나와 펄떡거리는 산천어를 보면서, 시커먼 구이가 되어 나온 한때의 생명을 보면서, 우리는 화물 트럭 짐칸에서 빼꼼히 얼굴을 내민 어린양의 얼굴을 보는 것처럼 가슴 싸한 경험을 하지 않는다.

산천어는 귀여운 동물도 아니고, 학대받는 장면이 끔찍하지도 않다. 역설적이지만 이 때문에 산천어 축제 반대 운동은 의미가 있다. '감정'이 아니라 '이성'에 의해 동물을 보호하려는 최초의 시도 중 하나이기 때문이다.

8장

그들은 진정한 동물의 대변자였을까

크라운힐 농장에서 풀려 난 밍크

크라운힐 농장은 계곡 깊숙이 자리 잡아 눈에 띄지 않았다. 1998년 8월, 영국 남부 뉴포레스트. 어둠이 깔리자 복면으로 얼굴을 가린 사람들이 행동을 개시했다. 경비견을 잡아 가두고 철조망을 끊고 농장에 침입했다. 침입자들의 긴장된 숨소리와 하얀 입김이 촉촉한 밤안개 사이로 사라졌다.

밍크를 꾀어내는 건 어렵지 않았다. 불과 2시간 만에 밍크는 밖에서 대기하던 수송 팀에 인계됐고, 뉴포레스트의 넓은 숲과 늪지로 풀려났다. 케이지에서 '해방'되어 처음 자유를 맛본 밍크는 6,000마리였다.[1] 그 일이 아니었다면, 그해 겨울 자신들의 두터운 털을 명품 매장에 헌납하고 죽음을 맞았을 것이다.

동물해방전선
급진 동물권 단체 동물해방전선의 활동가들이 구출한 비글들과
함께 있다. 비합법 조직인 이 단체는 일반에 공개된 대변인이 운
영하는 홈페이지를 열어 자신의 활동과 독립 활동가들이 보내온
비합법적인 '동물 구조' 소식을 알린다.

외면받은 구출 작전

급진주의 동물권 단체 '동물해방전선'ALF, Animal Liberation Front이 터뜨린
사건이었다. 동물해방전선은 당시 가장 '핫한' 동물 단체였다. 1976년
생긴 비교적 신생 조직이지만, 농장 습격과 사보타주, 방화 등을 마다하
지 않았기에 다른 동물 단체를 합한 것 이상의 주목을 받았다. 불법 활
동이 대다수였고, 조직과 운영은 비공개됐다.

● 동물해방전선은 봉준호 감독의 2017년 영화 〈옥자〉에서 많은 양의 고기를 얻기 위해 유
  전자조작으로 만들어 낸 거대 돼지를 구출하는 활동가들이 소속된 비밀단체로 등장한다.

동물해방전선은 동물의 목숨값과 사람의 목숨값을 동등히 여겼다. 영국과 미국 시골에 산재한 공장식 축산 농장의 닭과 돼지를 풀어 주는 직접행동을 1년에도 수십 차례 진행했고, 가끔씩 대학 실험실의 원숭이, 수족관의 돌고래도 타깃으로 하는 비밀 작전도 수행했다. 1982년에는 초콜릿 바 '마즈'Mars에 쥐약을 넣었다고 밝혀 대중을 혼란에 빠뜨렸고, 한참 뒤 그런 적이 없다고 했다. 마즈는 원숭이를 대상으로 충치 실험을 하고 있었다.

미국과 영국 정부는 동물해방전선을 테러 단체 리스트에 올렸고, 활동가들은 감옥을 드나들었다. 단체의 중심인물인 배리 혼Barry Horne은 방화 등의 혐의로 동물권 활동가로선 이례적인 18년 형을 받고, 네 번째 옥중 단식을 하던 중 숨졌다.

'뉴포레스트 밍크 해방 작전'은 너무 매끄럽게 진행돼 자신들도 놀랄 지경이었다. 하지만 예상치 않은 비난의 후폭풍이 몰아쳤다. 동물해방전선을 포함한 미국과 유럽의 급진적 동물권 단체에서 소규모나 대규모로 밍크와 닭, 돼지 등을 이런 식으로 풀어 주는 활동이 간간이 있었지만, 이렇게 나라 전체가 눈을 부라리고 달려든 적은 없었다. 비교적 동물의 처지에 동정적인 영국인데도 그랬다.

동물해방전선에 어느 정도 중립적인 입장을 취했던 언론조차 비난에 나선 데에는 밍크가 방사된 지역이 다양한 물새와 포유류가 서식하는 세계적으로 손꼽히는 숲과 습지 지역이라는 점이 컸다. 학자들은 밍크가 뉴포레스트의 포식자로 등장해 생태계를 교란할 것이라고 우려하며, 이번 캠페인에 등을 돌렸다. 스티븐 해리스Stephen Harris 브리스틀대학

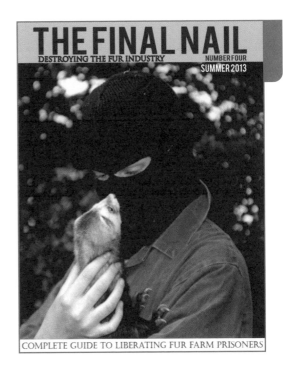

동물해방전선의 소식지《파이널 네일》4호 표지
동물해방전선은 1996년부터 모피 농장 습격 캠페인을 벌이는 시기에 맞춰 소식지를 발행하고 있다. 전 세계의 모피 산업 트렌드, 모피 농장 습격 방법 및 농장 리스트와 내부 구조 등을 상세히 소개하고 있다. 파이널 네일Final Nail은 '최후의 일격'이라는 뜻이다.

생물학과 교수는 사건 직후《인디펜던트》와의 인터뷰에서 "운 좋은 밍크는 물새와 토끼를 잡아먹고 연명하겠지만, 대부분 굶어 죽을 것"이라고 지적했다.[2]

동물 단체들도 이번 캠페인에 등을 돌렸다. 영국 왕립동물학대방지협회RSPCA는 "밍크의 운명은 물론 지역 야생 생태계에 영향을 미치는 매우 무책임한 행동"이라고 비난했다. 현재도 모피 이용 반대 분야에서

모피 농장의 밍크
1980~1990년대 동물해방전선이 모피 농장에 침입해 토끼, 여우, 밍크 등을 방사한 직접행동은 세계적인 모피 금지 여론에 군불을 땠다. 현재 영국, 오스트리아, 네덜란드, 독일 등 10여 개국이 모피의 생산을 금지하고 있으며 미국, 중국 등은 아직까지 주요 생산국이다. 핀란드 동물 단체 '동물을 위한 정의' Oikeutta Eläimille가 2010년 자국 밍크 농장 조사 뒤 공개한 사진.

왕성하게 활동 중인 '동물존중' Respect for Animals의 마크 글러버 Mark Glover는 격분한 논평을 내놓았다. "이번 캠페인은 모피 반대 운동에도 재앙, 밍크에게도 재앙이다."[3]

이 사건으로 동물 운동 진영에서 동물해방전선이 연대의 분위기를 깨는 '풋내기 활동가'나 '관심 종자'들이 모인 단체라는 시선이 강해졌다. 사실 뉴포레스트 밍크 해방 작전이 진행된 1998년 8월, 이미 영국은 모피 농장 운영 금지를 앞두고 있었다. 노동당 정부는 모피 농장에 대한 압도적인 반대 여론이 있다면서, 이미 한 달 반 전에 관련 법 제정을 공언했다. 동물 단체의 거듭된 캠페인과 여론의 변화로 모피 산업은 유럽을 중심으로 정치적 타격을 받았고, 이미 영국에는 농장 열한 곳밖에 남지 않은 상태였다(2000년 영국은 세계 최초로 모피농장금지법을 제정한다).

반면 동물해방전선은 자신들만이 진정한 동물의 편인 것처럼 이야기하는 캠페인 전략을 구사했다. 익명의 활동가들로 구성된 단체에서 유일하게 공개된 인물인 대변인 로빈 웨브Robin Webb는 사건 직후 "노동당 정부가 모피농장금지법 제정 약속을 아직 이행하지 않고 있다"는 점을 들며, 정당한 행위라고 반박했다. '밍크에 대해서도 무책임한 행동이었다는 비판'에도 다른 논리를 폈다. 그는 이렇게 말했다.

"우리도 밍크들이 죽으리라는 것을 알고 있다. 하지만 죽기 전에 조금이라도 자유를 맛볼 수 있다. 또 밍크는 영국에서 이미 외래종으로 정착했다. 다른 종을 싹쓸이하지 않는다. 일부는 살아남아서 자연적인 방식으로 살아갈 것이다."

경찰은 뉴포레스트 밍크 해방 작전에 참여한 동물해방전선 활동가들을 검거하기 위해 총력을 기울였지만 실패했고, 사건은 시간의 무게에 깔려 사라졌다.

동물 운동 전략의 문제

이 사건이 재조명된 것은 20년 가까이 지난 2018년 2월이었다. 영국 일간지 《가디언》은 영국 경찰 비밀 요원 한 명이 동물권 단체 활동가로 위장해 뉴포레스트 작전에 참여했다고 폭로했다.[4] 국가적인 난리 법석을 떨면서 경찰이 미제로 남겨 놓은 사건의 범인 중 하나가 경찰이었다니!

영국 경찰은 보도를 순순히 인정했다. '크리스틴 그린'이라는 가짜 이름으로 동물해방전선에서 활동가인 척 위장 활동을 하도록 파견했다는 것이다. 그린은 2000년 초 오스트레일리아에 있는 친구 장례식을 간다면서 활동가 네트워크에서 사라졌다. 그는 언론 인터뷰에서 위장 활동으로 심적·신체적 고통을 겪었고, 경찰을 그만둔 뒤 자신이 감시했던 동료와 커플이 되어 스코틀랜드에서 함께 살고 있다고 전했다. 혁명과 거짓말 스토리의 결말이 사랑이라니! 영화 같은 일이었다.

동물해방전선은 20세기 후반 동물권 신장에 혁혁한 공로를 세웠다. 하지만 그들은 자신들의 활동이 역사의 전부인 것처럼 말한다. 얼핏 보기엔 그렇다. 불법을 가리지 않고 이슈를 터뜨리는 방식의 캠페인은 무대 위로 올라오는 사건 중 가장 재미있는 이야기를 좇는 언론을 끌어들이기 좋았다. 동물해방전선의 급진적 활동이 풍기는 '혁명적 낭만주의'도 젊은 활동가의 지속적인 투신을 이끄는 요인이었다. 반면 대다수 동물 단체는 무대 뒤 정책과 제도의 영역에서 일했다. 지루하고 더디고 영웅이 되지 않는 방식이지만, 이런 행동이 용기가 없다고는 할 수 없다.

지금은 동물 방사로 대표되는 급진적 행동주의가 예전처럼 영향력이 없다. 다만 최근에 주목할 만한 게 있는데, '방해 시위' 등 일부 캠페인이 사회관계망서비스SNS를 중심으로 폭발적인 관심을 받고 있는 디

디엑스이의 방해 시위

급진 비거니즘 운동 단체 디엑스이가 2021년 11월 런던의 영국 암연구소Cancer Research UK 자선 숍에서 '동물실험을 중단하라'고 요구하며 방해 시위를 벌이고 있다.

엑스이DxE, Direct Action Everywhere 같은 급진적 동물권 단체다.

이들은 영업 중인 패스트푸드점이나 식당에 들어가 "고기가 아니라 생명입니다" 같은 구호를 외치며 운동의 타깃을 육식 산업은 물론 고기를 먹는 대중으로 넓힌다. 국내에도 이런 캠페인이 진행돼 유튜브에서 높은 조회 수를 올렸고, 동시에 이들을 조롱하는 소위 '안티 비건' 유튜버들도 뜨거운 관심을 받았다.[5]

오스트레일리아의 철학자 피터 싱어는 2022년 《한겨레21》과의 인터뷰에서 디엑스이 같은 급진적 비거니즘의 활동 방식에 대해 비판적 견해를 표명했다.[6] 그러면서 동물 운동 캠페인이 일반 대중의 태도와

행동에 어떤 변화를 주었는지를 분석한 연구 단체 퍼널리틱스Faunalytics
의 2022년 보고서를 소개했다.[7]

이 보고서가 발견한 논쟁적인 지점은 폭력적이거나 논란을 일으키
는 동물 운동 방식이 '고기를 먹는 사람들'과 '고기를 피하는 사람들'●
모두에게 별다른 효과가 없거나 잠재적인 거부감을 일으킨다는 것이
다. 보고서는 "폭력적인 시위를 본 뒤에, 고기를 먹는 사람들은 대조군
에 비해 일주일에 평균 0.6회 정도 고기를 더 먹었다"고 밝혔다. 또한 고
기를 피하는 사람들이 동물복지 이슈에 관해 평소 지지 의사를 밝히는
비율은 71퍼센트지만, 폭력적인 시위를 보여 준 뒤에 나타나는 행동에
서는 그 비율이 44~50퍼센트로 줄어든다는 분석도 덧붙였다.

왜 이런 결과가 나왔을까? 연구자들은 고기를 피하는 사람들조차
시위자들과 연관되는 걸 원치 않았기 때문이라고 분석했다. 그들이 일
반 대중에게 부정적으로 비친다는 것이다. 또한 느슨한 채식주의자들
이 엄격한 채식주의자인 비건과 사회적 교류를 할 때, 걱정과 조바심을
느낀다는 사실 또한 보고했다.

피터 싱어는 채식이 동물 운동의 가장 중요한 해법이라고 주장한
사람이자 40년 이상 채식을 실천한 이다. 이 보고서를 소개한 싱어는
이렇게 말했다.

● 이 보고서에서는 육류를 적게 섭취하기 위해 노력하는 리듀스테리언reducetarian, 육류는 먹
지 않지만 해산물이나 동물의 알, 유제품 등은 먹는 페스커테리언pescatarian, 채식하는 베지
테리언vegetarian을 가리킨다.

"(특정 운동 방식은) 사람들이 동물복지 개혁을 지지하는 대신에 심지어 역효과를 가져올 수 있다는 걸 보여 준다. 공장식 축산과 윤리적 삶에 대해 교육하는 것이 동물 해방을 위해 가장 바람직한 방법이라고 생각한다." [8]

동물해방론과 동물권리론

동물 운동의 역사에 맨 처음 이름을 올려야 할 사람은 영국의 철학자 제러미 벤담Jeremy Bentham(1748~1832)일 것이다. 공리주의자인 그는 '고통이 없는 상태' 자체를 선善으로 받아들였다. 200년 전의 시대에 아주 혁명적이게도 그는 인간과 동물을 구분하지 않았다. 그는 『도덕과 입법의 원리 서설』(1789)에서 지금도 곧잘 인용되는 유명한 말을 남겼다.

문제는 그들에게 사고할 능력이 있는가, 또는 말할 수 있는가가 아니라 그들이 고통을 느낄 수 있는가이다.

사람이든 동물이든 고통받는 존재를 해코지하는 것은 비도덕적이라는 얘기다. 벤담을 계승해 현대 동물 운동의 방아쇠를 당긴 이는 오스트레일리아 출신의 철학자 피터 싱어다. 1975년 1판이 나온 『동물 해방』은 현대 공장식 축산의 다양한 사례를 검토하며 공리주의 이론을 종차별주의 비판으로 발전시킨다. 그는 동물이 고통을 느낀다면, 우리는 고통을 가해선 안 된다고 주장한다. 고통을 받는 존재는 도덕적 대우를 받을 만한 가치가 있다. 고통을 느낀다면 당연히 동물도 '도덕공동체' 안에 포함해야 한다는 게 그의 주장이다. 그는 인류의 역사가 도덕공동체가 확장된 역사라는 것을 강조한다. 불과 100년 전만 해도 여성과 흑인은 도덕공동체 안에 포함되지 않았다. 흑인 노예를 회초리로 때려도 불법이 아니었다.

피터 싱어는 고통을 느끼는 능력, 즉 감응력sentience(쾌고감수능력이라고도 한다)이 있느냐 없느냐에 따라 도덕적 지위가 결정된다고 말한다. 그럼 어떤 존재가 감응력이 있을까? 시인 안도현은 "연탄재 함부로 발로 차지 마라"고 했는데, 피터 싱어라면 연탄재는 발로 차도 괜찮다. 연탄재는 고통을 느끼지 않기 때문이다. 반면 인간은 물론 영장류, 개와 고양이 등은 고통을 느끼기 때문에 발로 차면 비도덕적 행위다.

공리주의적 입장에 기반한 피터 싱어의 철학은 그동안 동정과 시혜에만 기대 있던 동물 운동 진영에 이론적 근거를 마련해 주었다. 동물 운동은 17세기부터 존재해 왔지만 이렇다 할 철학적 근거를 가지지 못한 상태였다.

한편 미국의 철학자 톰 리건Tom Regan은 『동물 해방』을 비판적으로 겨냥하여 1983년 『동물 권리의 옹호』The Case for Animal Rights라는 책을 내놓는다. '동물은 왜 배려되어야 하는가'라는 물음에 톰 리건은 동물은 '삶의 주체'subject of life로서 '본래적 가치'inherent values가 있기 때문이라고 답한다. 말하자면 인간이든 동물이든 주관적으로 삶을 경험할 수 있는 존재라면 도덕적 고려의 대상이 된다는 것이다.

보통 피터 싱어의 주장을 '동물해방론', 톰 리건의 주장을 '동물권리론'이라고 부른다. 동물해방론에선 고통을 느끼는 감응력이 도덕적 고려의 기준이기 때문에, 이를테면 고통을 느끼는 신경계가 없는 조개나 굴 같은 동물은 먹어도 된다. 실제로 피터 싱어는 이러한 동물을 가끔씩 먹는다고 한다. 반면 동물권리론자라면, 조개나 굴도 먹어서는 안 된다. 이들 또한 태어날 때부터 본래적 가치를 가진 생명이기 때문이다.

동물해방전선 같은 급진적 동물권 단체는 톰 리건의 동물권리론에 가깝다. 만약 동물해방전선이 피터 싱어의 주장에 집중하고 있었다면, 밍크를 풀어 주고 난 뒤 그들이 겪을 또 다른 고통을 계산하면서 판단을 쉽게 내리지 못했을 것이기 때문이다. 현실의 운동은 철학 이론처럼 백지에 그려진 간명한 그림이 아니다. 밀란 쿤데라^{Milan Kundera}는『참을 수 없는 존재의 가벼움』에 이런 문장을 남겼다.

> 인간의 참된 선의는 아무런 힘도 지니지 않은 사람들에 대해서만 순수하고 자유롭게 베풀어질 수 있다. 인류의 진정한 도덕적 실험, 가장 근본적인 실험, (…) 그것은 우리에게 운명을 통째로 내맡긴 대상과의 관계에 있다. 동물들이다. 바로 이 부분에서 인간의 근본적 실패가 발생하며, 이 실패는 너무도 근본적이라 다른 모든 실패도 이로부터 비롯된다.[9]

사실 완전히 순수한 동물 운동이란 불가능하다. 밀란 쿤데라가 지적한 점도 동물을 위한 운동에 '근본적 실패'가 발생할 수밖에 없음을 강조한 것이다.

동물을 위해 활동하는 자신의 순수한 의도를 강조하는 인사를 여럿 보았다. 누가 나만큼 동물을 구조했어? 나처럼 목숨 걸고 동물을 사랑할 수 있어? 동물이야말로 권력이 없으므로, 자신의 행동은 가장 순수한 선의이자 사랑에서 비롯됐다는 것이다.

과연 그럴까. 만약 그 사람과 동물만이 진공상태의 유리병에 들어 있다면 그 말이 맞을 수 있다. 그러나 복잡한 사회에서는 전혀 그렇지 않다. 동물에게 선의를 베푸는 과정에서 사람과 동물 여러 주체가 얽혀 들고 그러면서 권력이 발생하기 때문이다. 순수하게 동물을 위한 마음으로 동물을 구조했다고 주장하면서 다른 행위자를 억압할 수 있고, 선의 담지자로서 자신의 권력을 확고히 할 수 있으며, 그럼으로써 권력자가 될 수 있다. 동물은 그에게 권력을 준다.

'세상 뒤집어지는' 경험이 남긴 것

2000년대 들어 동물해방전선의 존재감은 희미해져 갔다. 급진적인 운동 방식으로 자신의 이름을 역사 속에 뚜렷이 새겼지만, 현실에서의 영향력은 급속히 쇠퇴했다.

각국 정부는 동물에게도 내재적 권리가 있어 이를 침해할 수 없다는 '동물권'의 주장을, 삶의 질을 개선해 고통의 양을 줄이자는 '동물복지'적인 방식으로 받아들였다. 이미 유럽연합은 산란계의 케이지 사육을 금지했고, 밍크 등 모피 농장은 거의 사라졌으며, 유인원 동물실험을 금지하는 나라도 늘어나고 있다.

동물해방전선은 동물의 진정한 대변자였을까? 이 질문은 6,000마리 밍크의 운명을 통해 가늠해 볼 수 있다. 풀려난 6,000마리 중 4,000마리 이상이 엽총의 표적이 되거나, 그물에 걸려 농장에 다시 갇혔다. 운 좋게 빠져나간 밍크는 처음 만난 야생의 삶터에서 당황해 굶어 죽거나, 그보다 용맹스러운 밍크는 포식자로 정착해 다른 종의 죽음을 이끌었을 것이다. 어쨌든 수많은 생명이 잠시나마 '세상 뒤집어지는 경험'을 한 것만은 확실하다. 그것이 밍크들에게 무한의 공포로 다가왔는지, 아니면 환희에 찬 도전이었는지 우리가 알 수 없지만.

어둠을 깨고 잠입한 활동가들의 폭죽 같은 행동이 세상을 바꿨다는 점도 분명하다. 그렇다면 그들은 산 동물을 역사의 제단에 바친 제사장이었을까? 유일한 진실은 우리가 동물의 마음을 전부 헤아릴 수 없다는 것이고, 그렇다고 불가지론에 빠져서도 쉽게 단정해서도 안 된다는 것이다.

9장

도그쇼라는 이름의 괴물쇼

크러프츠의 순종견

찰스 다윈Charles Darwin의 『종의 기원』On the Origin of Species이 출간된 1859년
에 또 다른 중요한 사건이 일어났다. 영국 뉴캐슬에서 세계 최초의 도그
쇼가 열린 것이다.

같은 해에 이 두 사건이 벌어진 것은 결코 우연이 아니다. 당시 영국
사회는 아름다운 개를 만드는 '품종의 생산'에 여념이 없었다. 이 장면
을 골몰히 지켜보고 있던 다윈이 여기서 진화론의 영감을 받은 것은 당
연한 일이었다. 『종의 기원』 초반부에도 개의 품종에 대한 내용이 할애
되어 있다.

우연찮게도 생명체 진화의 비밀이 밝혀진 해에, 인간은 역사상 최초
로 돈과 지식을 쏟아부으며 생명체의 진화를 지배하기 위해 열정을 다

하고 있었다. 불과 200년도 안 되었지만, 지금 인류는 유전자를 편집하는 단계에 이르렀다.

다윈에게 영감을 준 품종견들

1836년, 5년간의 비글호 항해를 마치고 돌아온 다윈이 곧바로『종의 기원』집필에 들어간 것은 아니다. 그는 그후 20년 넘게 화석과 뼈에 파묻혀 진화론의 기초를 닦는 데 몰두했다. 틈틈이 살아 있는 동물을 보러 다니는 한편, 개, 소 등 가축의 품종을 만드는 육종가들을 만나기도 했다.『종의 기원』첫 장에는 개와 비둘기 이야기가 나온다. 자연의 진화(자연선택natural selection)를 논하기 앞서 다윈은 인간이 '만든' 진화(인위선택artificial selection)를 연구했던 것이다.

그즈음 영국에서는 귀족에서 중산층으로 애견 문화가 퍼지며 열풍이 불고 있었다. 지금 대한민국에서 부는 반려견 열풍 못지않았던 것 같다. 특이할 만한 것은 당시의 애견 열풍이 새로운 품종 개발과 결부되어 있었다는 점이다. 그전까지는 사냥이나 양치기, 쥐잡기 등 목적에 맞게 개를 교배해 품종을 개량하는 정도였다. 그러나 사람들은 개의 '미적 가치'에 집중하기 시작했고, 브리더breeder(육종가)들도 전문화되기 시작했다. 덩치는 작게, 눈은 크게, 얼굴은 평평하게…. 개를 예쁘게 혹은 돋보이게 만들려는 미적 욕망은 끝이 없었다. 수많은 품종이 탄생했다. 새로 만들어진 품종에 대한 품평회가 열렸다. 그 품종이 전시되어 가장 좋은 생산품을 뽑는 자리가 도그쇼였다.

다윈은 서로 다른 개의 형태에 주목했다. 이를테면 가장 큰 품종인 그레이트데인은 웬만한 사람 어른 덩치에 육박하지만, 치와와의 어깨 높이는 15센티미터에 지나지 않는다. 너무나도 달랐다. 어떻게 두 동물이 같은 종이란 말인가? 인간은 덩치가 크고 균형 잡힌 개 가운데 사냥을 잘하는 개끼리 교배시켜 그레이트데인을 만들었다. 치와와는 아주 작은 개 중에 눈이 큰 개들만 교배시켜 만들었다. 인간이 '진화'의 주재자였다. 인위선택이었다.

다윈은 이렇게 사람이 단기간에 인위선택으로 다른 동물을 만들어 낼 수 있다면, 자연도 새로운 생물종을 만들 수 있을 거라고 생각했다. 다만 자연선택에는 인간이 지각하기 힘든 아주 긴 시간이 필요할 뿐이다. 그는 『종의 기원』에 이렇게 썼다.

인간이 체계적인 선택과 무의식적인 선택의 방법을 통해 위대한 결과를 만들어 낼 수 있고 실제로도 그랬다면, 하물며 자연이 그리하지 못할 이유가 어디 있겠는가? 인간은 눈에 보이는 외부 형질에만 영향을 줄 수 있다. 반면 자연은 외부 요소들이 그 유기체에 유용한 경우를 제외하고는 외양에 대해 신경 쓰지 않는다. 자연은 생명의 전체 조직 내의 모든 내부 기관과 모든 미묘한 체질적 차이에 작용한다.[1]

다윈은 진화론을 공격하는 이들에게 이렇게 반박할 수 있었다. 개를 보라! 그레이트데인과 치와와가 하나의 뿌리에서 나왔다면 인간과 오랑우탄, 침팬지의 조상도 하나라고 못할 게 없지 않은가?

인간이 보기에 좋았더라

『종의 기원』이 출판된 1859년 영국 뉴캐슬에서 맨 처음 도그쇼가 열린 이후, 영국 각지에서 비슷한 경연 대회가 열렸다. 애견 간식을 만들어 팔던 찰스 크러프트Charles Cruft도 수많은 도그쇼 개최자 중 한 사람이었다. 비즈니스로서 성공 가능성을 직감한 그는 1886년 600마리를 모아 '첫 번째 위대한 테리어 쇼'First Great Terrier Show를 개최한 데 이어 1891년에는 자신의 이름을 따 '크러프츠 도그쇼'Cruft's Greatest Dog Show를 런던 이즐링턴의 왕립농업홀에서 열기에 이른다. 첫해에 2,000마리가 참가한 크러프츠 도그쇼는 세계대전 기간을 빼고는 계속 열리면서 성장했고, 1991년에는 2만 2,973마리가 참가하면서 '세계 최대의 도그쇼'로 인정받기에 이른다.

2018년 3월 11일 영국 버밍엄 실내 스타디움에서 열린 행사에도 수천 명의 관중이 운집했다. 2만 1,000여 마리의 참가견 중 7개 부문에서 각각 최고견으로 선정된 개들이 쫄랑쫄랑 입장했다. 이 7마리 중 올해의 개가 선발된다.

객석에는 긴장감이 흘렀다. 수석 심판관이 하운드 부문에서 최고견으로 뽑힌 개 '칠리'에게 다가갔다. 칠리의 털을 부드럽게 쓰다듬고, 근육을 손가락으로 집어 보았다. 칠리가 몸을 가만히 대어 줄 때 진지한 정적이 흘렀다. 세계 수백만 명의 애견인들이 시청한다는 방송을 중계

크러프츠
18~19세기부터 육종에 대한 관심이 커졌다. 영국과 미국 등에서는 '도그쇼'라고 불리는 품평회가 열렸고, 인위 교배된 수많은 종이 탄생했다. 도그쇼는 순종견 품평회다. 단순히 아름다운 개를 뽑는 것이 아니라 겉모습과 체형, 털 색깔 등이 얼마나 견종 표준에 가까운지를 가리기 때문에 '형태 쇼'라고도 일컬어진다. 사진은 2022년 영국 크러프츠 경기 모습.

하는 아나운서와 해설자만 흥분해 탄성을 질렀다.

"아름다운 귀족의 머리에 살짝 오목한 주둥이를 가진 포인터입니다. 높은 두 귀, 후각 능력을 보여 주는 큰 콧구멍, 그리고 아름다운 몸의 곡선! 주도면밀한 교배로 귀족적인 개를 만들어 냈습니다."

"저 포인터는 항상 예술가 같습니다. 저 우아한 곡선을 보세요."

크러프트는 '브리더들의 경연장'이자 '신들의 경연장'이 되어 갔다. 신이 된 인간이 자신들이 창조한 생명을 내놓고 얼마나 아름답고 절도 있는지를 겨룬다. 최초의 도그쇼가 열리고 150년이 흐른 지금, 세계의 개 품종은 400종이 넘는다. 직어도 3분의 2 이상은 찰스 다윈의 시대 이후 만들어졌다. 도그쇼는 최상의 품종을 겨루는 무대였다.

개는 보통 10~20년을 산다. 한두 살부터 번식이 가능하고, 해마다 새끼를 낳는다. 세대 주기가 빠르다는 얘기다. 한 달 사는 초파리보다는 못하지만, 과학자들에게 개도 나쁘지 않은 유전학 실험실이다. 자연에 선 이렇게 빨리 결과를 볼 수 없다. 자연선택은 (초파리 같은 일부 생물종을 제외하고는) 인간이 인식할 수 없는 시간대를 거쳐 나타난다. 그래서 유전학자 스티브 존스Steve Jones는 도그쇼를 "모두가 볼 수 있도록 분필로 그려 놓은 진화"라고 말하기도 했다.[2]

하지만 단기간에 이뤄지는 '인위선택'은 심각한 부작용을 불러온다. 우연히 눈이 큰 새끼를 얻었다고 치자. 눈을 맞출 때 사랑스럽게 느껴져 사람들이 좋아한다. 이 개는 나중에 어미가 되어 눈이 큰 자식을 낳을 확률이 높다. 눈이 큰 형질을 빨리 고정하기 위해 브리더들은 이제 형제 들끼리, 심지어 부모 자식 사이의 개체들끼리 교배한다. 이렇게 하면 눈 이 큰 개의 품종이 확립되겠지만, 유전자풀을 축소시켜 결국 유전병을 부른다.

가장 개를 좋아한다는 나라 영국에서 순종견 문화에 대한 논란이 본격화된 건 2000년대 들어서다. 왜 눈이 큰 개들은 백내장에 잘 걸리 는 걸까? 왜 다리 짧은 개들은 관절염에 걸리기 쉬울까? 멋지고 성격 좋

품종견의 장애
늑대의 외양에서 멀리 떨어져 있을수록 개는 '장애견'이 된다.
불도그(왼쪽)는 제왕절개 없이 자연분만으로 새끼를 낳기 힘들
며 수면무호흡증을 앓는다. 캐벌리어킹찰스스패니얼(가운데)
개체 가운데 30~70퍼센트는 두뇌가 두개골 크기를 넘어 부풀어
올라 척수공동증이라는 신경계 질환을 앓고, 블러드하운드(오
른쪽)는 눈꺼풀이 처져 고질적인 눈병을 앓는다.

은 순종견일수록 병은 빈발했고, 늙을수록 고통은 커졌다. 영국 공영방
송 BBC는 2008년 순종견 문제를 파헤치는 다큐멘터리 〈혈통견의 진
실〉Pedigree Dogs Exposed을 제작한다.[3] 이듬해 왕립동물학대방지협회RSPCA도
'혈통견에 관한 과학 보고서'를 낸다.[4] 눈이 큰 개, 다리 짧은 개, 주름이
많은 개…. 이 모든 개들이 늑대라는 하나의 조상에서 나왔다는 사실을
믿을 수 없을 정도로 개는 다양해졌다. 하지만 비정상적인 신체 때문에
개들은 고통받고 있었다.

왕립동물학대방지협회는 보고서에서 순종견을 만드는 행위로 개의
신체 기관이 과장되게 만들어져 삶의 질이 떨어지며, 이 같은 근친교배
는 유전병을 부른다고 지적했다. 이를테면 짧은 다리는 척추 질환을 일
으킨다. 머리를 크게 만들면 새끼는 출산 때 어미에게 흉기가 된다. 털

을 없애거나 너무 길게 만들면, 온도 조절 능력이 떨어진다.

사람들은 품종견 캐벌리어킹찰스스패니얼의 둥근 두상을 평평하게 만들려고 했다. 그러다 보니 개의 뇌가 두개골 크기를 넘어 부풀어오르게 됐다. 이 품종에서는 '척수공동증'이라는 신경계 질환이 상습적으로 나타난다. 잉글리시불도그는 가장 극단적인 유전자조작의 예다. 기형적으로 커진 머리 때문에 제왕절개로만 태어날 수 있다. 안면을 평평하게 만들어 주름이 많아지다 보니, 눈꺼풀이 비정상적으로 말려 들어간다. 이 개는 나이가 들면 눈꺼풀이 눈을 덮어 앞을 보지 못한다. 이렇게 살다 6~8년이면 죽는다. 다른 개 품종의 기대 수명의 절반이다.

블러드하운드는 슬프게 보이는 얼굴이 매력적이어서 불행한 개가 됐다. 브리더들은 아래쪽 눈꺼풀이 처진 모습으로 형질을 고정했고, 이 슬픈 개의 눈은 항상 충혈되어 있다. 19세기 후반 독일에서 호신용으로 만들어진 도베르만은 기면증(졸음증)에 걸린다. 열심히 뛰어놀다가 갑자기 맥없이 쓰러진다. 개의 기면증은 부모로부터 직접 유전되는데, 집중적인 근친교배의 대가로 높은 확률로 나타나는 유전 질환이다.

유행 타는 견종

인간은 생명을 생산한다. 그러나 동물을 생산할 때는 인간 아기가 태어날 때처럼 경외를 가지고 대하지 않는다. 오히려 개에 대한 인간의 취향은 변덕스러워, 유행을 탄다. 그 결과 과거의 '인기견'들은 자취를 감추고 특정 견종이 대량생산 된다. 유전병이 빈발하는 취약한 신체 구조를 가진 품종에 대중이 빠져들면, 개는 자기 종의 역사에서 가장 고통스러운 터널을 통과해야만 한다.

제2차 세계대전 직후 미국에도 순종견 열풍이 불어닥쳤다. 1950년대 순종견 비율은 5퍼센트에서 50퍼센트로 급등했다. 제2차 세계대전을 마치고 돌아온 퇴역 군인에게 정부가 주택 구입 등 혜택을 줬고, 그에 따라 정원 딸린 교외의 주택이 늘어나면서 개가 많아졌다는 분석도 있다.

1946년에서 2003년까지 9개 품종이 유행처럼 나타났다가 사라졌다. 푸들과 래브라도리트리버처럼 꾸준히 인기를 얻은 견종도 있지만, 일부 품종은 '벼락 인기'를 끌다가 소수의 취향으로 전락했다. 아프간하운드, 차우차우, 달마티안, 도베르만, 그레이트데인, 올드잉글리시시프도그, 로트바일러, 아이리시세터, 세인트버나드 등이 유행한 9개 품종이다.[5]

올드잉글리시시프도그는 14년 만에 연간 등록 개체 수가 110배 늘기도 했다. 사육 열풍이 잦아든 뒤에는 평균 등록 개체 수의 10분의 1 수준으로 등록 개체 수가 줄었다. 로트바일러 같은 맹견은 골칫덩어리로 전락했다. 로트바일러는 제왕절개로 새끼를 낳아야 하고 당뇨, 백내장 등에 걸리기 쉽다. 게다가 사람을 공격하면 치명적인 상처를 입히기 때문에 대중적으로 길러지기엔 위험이 큰 견종이다. 결국 유행이 수그러들자 사람들은 로트바일러를 버리기 시작했다. 길거리를 돌아다니는 로트바일러는 미국 사회의 혐오 대상이 되었고, 로트바일러만 구조하는 동물 보호 단체가 생겨 뒷수습을 하고 있는 실정이다.

1980년대 이후 동물 보호 운동의 성장과 함께 서구에서 순종견에 대한 집착과 열망은 조금씩 수그러드는 추세다. 유기견 보호소에서 입양하는 문화와 잡종견이 행복하게 살아간다는 생각이 건강한 상식으로 인정받고 있다. 2008년 논란 이후 크러프츠 도그쇼를 운영하는 영국애견협회The Kennel Club는 근친교배로 낳은 개의 출전을 금지하는 규정을 신설했다. BBC는 해마다 했던 크러프츠 생중계를 2009년부터 중단했다.

개의 육종은 사실 아주 최신의 기술은 아니다. 신석기 혁명 이래로 인간은 동물의 유전자를 바꾸어 새로운 품종을 만들었다. 늑대에서 개를 만들었고, 마당을 떠나지 않는 닭을 만들었고, 밭을 가는 소를 만들었다. 그리고 근대사회 들어 가속페달을 한번 밟으며 속도가 붙는데, 인위적 교배로 다양한 품종을 만들기 시작하면서부터다. 수백 종의 순종견을 만들었고, 계란을 많이 낳는 닭과 빨리 살찌는 돼지를 만들었다. 그러나 그것은 어떻게 작동하는지 모르는 오븐에 이것저것 넣어서 요리를 만드는 것과 비슷했다. 일단 교배를 시켰고, 결과를 기다렸다. 결과를 기다리는 데는 하염없는 시간이 걸렸다. 동물이 임신해서 새끼를 낳아야 했기 때문이다. 원하는 결과가 나오지 않을 때가 훨씬 잦았다.

20세기 중반, 오븐의 설계도의 일부가 밝혀졌다. 프랜시스 크릭Francis Crick과 제임스 왓슨James Watson은 1953년 과학 전문지 《네이처》에 유전정보를 다음 세대로 전달하는 DNA의 구조가 이중나선형이라는 사실을 보고했다.[6] DNA는 단순한 구조의 집합이었다. 당과 인산이 결합한 뼈대 옆에 아데닌(A), 티민(T), 구아닌(G), 사이토신(C)이라고 불리는 염기 네 가지가 각각 매달려 복잡한 서열을 이루며 이중나선 구조를 이루고 있었다.

염기의 배열 순서는 곧 유전정보를 의미했다. '생명의 비밀을 발견했다'고 외친 두 과학자는 허세를 부린 게 아니었다. DNA는 단백질을 '어떻게' 만들라고 명령하는 것이 일이었고, 그 '어떻게'는 네 가지 염기의 결합에 달려 있었던 것이다. 쉽게 말해, 생명의 설계도가 이 작은 DNA 안에 들어 있었다. DNA의 설계도에 따라 인간이 되기도 하고, 개가 되기도 하고, 개 중에서 그레이트데인이 되기도 하고, 치와와도 되기도 하는 것이었다. 인간 중에서도 찰스 다윈을 만들고, 프랜시스 크릭을 만드는 것이었다.

동물을 만드는 일은 이제 새로운 차원에 놓이게 되었다. 눈이 커다랗다든지, 다리가 짧다든지 하는 등의 특정 형질이 강한 암컷과 수컷을 선별해 번식시키는 '재래식 방법'은 지직거리는 흑백영화가 되었다. A, T, G, C 네 개의 염기 서열을 바꾸면, 단백질을 만드는 공정을 변화시키면서 형질을 바꿀 수 있다. 이렇게 만드는 동물을 점잖게 말해 형질전환동물transgenic animal라고 한다. 유전자조작생물GMO, genetically modified organism, 유전자조작동물genetically modified animal의 다른 말이다.

온코마우스와 글로피시

19세기에 개 품종 교배 열풍이 분 것처럼, 과학계에서는 새로운 생물체를 창조하려는 붐이 일었다. 최초에는 원핵생물부터 시작했다. 한종에서 다른 종으로 유전자를 옮길 수 있을까? 포도상구균과 아프리카

발톱개구리에서 DNA를 추출해 이것을 대장균에 집어넣었다. 이 대장균은 세계 최초의 유전공학 생물로 기록된다.

최초로 유전자가 조작되어 태어난 동물은 쥐였다. 1980년대 초 바이러스와 토끼의 유전자를 지닌 쥐를 만들어 낸 과학자들은 쥐의 쓰임새를 넓혀 가기 시작했다. 쥐의 몸을 하나의 실험실로 만들어 특정 유전자의 기능이나 발현을 통제한 뒤 어떤 결과가 나타나는지를 관찰한 것이다. 정상적인 쥐의 암 발현 조절유전자를 암 유발 확률이 높은 유전자로 대체한 쥐를 1980년대 하버드대학 과학자들이 실험실에서 만들었다. 그들은 이를 '온코마우스'Oncomouse로 이름 짓고 특허를 받았다. 이 쥐는 태어나면서부터 암유전자를 지니고 태어난다. 결국 암에 걸린 이 쥐는 평생 인간에게 관찰당하다가 죽는다.

그 뒤로 많은 동물들이 실험실에서 인간에 의해 조작되어 태어났다. 유전자조작 동물을 만드는 이유는 대체로 의료적인 목적 때문이었다. 그런데 한 가지 문제가 있었다. 목표 유전자를 삽입하면 그게 잘 삽입되어 있는지 확신할 수 없었다. 그때 해파리에서 형광색을 내게 하는 '녹색 형광 단백질'GFP, Green Fluorescent Protein이 발견된다. 과학자들은 이 단백질을 생성하는 유전자를 해파리에서 분리해 복제했다. 그리고 이 유전자를 다른 동물에 넣자, 그 동물 또한 형광색을 나타내기 시작했다. 유전자는 생명의 범용 설계도인 것처럼 보였다. 놀라운 발견이었다! 과학자들은 목표 유전자를 삽입하면서 GFP 유전자도 함께 넣으면 어떨까 생각했다. 그 개체가 형광색을 띤다면, 목표 유전자가 기능한다는 것이니, 이보다 편한 식별 장치가 어디 있으랴.

1990년대 말 닷컴 버블 붕괴의 직격탄을 맞고 실의에 빠져 있던 두 청년 사업가 리처드 크로켓Richard Crockett과 앨런 블레이크Alan Blake에게 괜찮은 아이디어 하나가 떠올랐다. GFP를 넣은 형질 전환 물고기를 관상어로 팔면 어떨까? 기술은 이미 나와 있는 상태였다. 싱가포르대학 연구진은 수질이 나빠지면 '네온사인'을 켜는 수질 경보 물고기를 개발하고 있었다. 연구진은 미세주입법microinjection이라는 유전학 기법을 이용해, GFP 유전자를 제브라피시 배아에다 쏘았고, 예상대로 형광 제브라피시를 얻을 수 있었다.

두 청년은 요크타운테크놀로지스Yorktown Technologies라는 업체를 설립하고 싱가포르대학에서 이 기술을 가져온다. 그리고 '글로피시'GloFish라는 이름을 붙여 미국 시장에 내다 판다.[7] 최초의 유전자조작 애완동물이라면서 미디어가 떠들썩하게 맞았고, 시장의 거부감은 그리 크지 않았다. 아마도 물고기여서 거부감이 덜했을 것이다.

지금도 아마존 웹사이트에 가면 '글로피시 라이브 컬렉션'을 전용 물고기 밥과 함께 85달러에 판다. '일상에 컬러를!'이라는 홍보 문구와 함께 다음과 같은 말이 이어진다.

글로피시는 화려한 색깔을 가지고 태어났습니다. 색소를 주입하거나 염색한 물고기가 아닙니다. 글로피시는 죽을 때까지 가는 화려하고 건강한 비늘을 부모로부터 물려받았습니다. 가정과 사무실, 교실에서 놔두기 좋습니다!

나이키나 아디다스처럼, 글로피시는 글로피시다. 지금 바로 구글 검색창에 쳐 보면 알겠지만, 글로피시 옆에는 특허 상품임을 나타내는 ® 기호가 항상 따라다닌다. 글로피시가 번식을 해도 그것은 소유자의 것이 아니다. 글로피시를 만든 회사 것이다.

'알레르기 프리' 고양이가 나온다면?

우리가 과거에 동물의 유전자에 손을 대지 않은 것은 아니다. 다만 그것은 아주 장기적이고 우연적인 방식이었다. 알프스 목장의 양치기 개, 시베리아의 썰매개 등은 하루아침에 태어나지 않았다.

그러다가 근대사회 출현 이후 동물의 유전자 변화 속도가 빨라졌다. 이 속도는 영국 사회의 품종견 열풍과 소, 돼지, 닭 등 가축 품종의 고정으로 첫 번째 정점을 찍었고, 20세기 초반 공장식 축산의 등장과 함께 사육 환경에 가장 효율적인 품종으로 개량되면서 두 번째 정점을 찍었다. 그러나 그것은 여전히 전통적인 방식이었다. 즉 특정 형질을 지닌 정자와 난자가 만나는 방식으로 이뤄졌다. 인공수정 방식이 도입되긴 했지만, 정자와 난자가 만난다는 점에서 여전히 전통적이었다.

반면 유전자를 편집하는 것은 새로운 차원이었다. 온코마우스 같은 경우는 의학적 목적이라고 치더라도, 인간의 미적 가치를 충족하기 위해 동물의 유전자를 바꾸어도 되는 것일까? 글로피시는 가장 극단적인 예다. 아직은 기괴하게 여겨지지만, 독특한 미적 감각을 가진 사람을 위해 형광 고양이와 형광 개가 판매된다면? (이미 형광 고양이와 형광 개는 실험실에서 완성됐다. 그중 형광 개 '루피'는 이병천 서울대학 수의과대학 교수의 작품이다.) 인간에게 영향을 미치는 알레르기 유전자를 조정한 저자극성 고양이가 나온다면? 인간은 편리함에 쉽게 항복하는 습성이 있다. 형광 고양이와 형광 개는 모르겠지만, 저자극성 고양이는 인기를 끌 것이다.

이런 경우도 생각해 보자. 공장식 축산 농장에서는 돼지의 꼬리를 자른다. 돼지들이 다른 돼지들의 꼬리를 물기 때문에 이를 예방하기 위해 새끼 때 미리 꼬리를 자르는 것이다(단미^{斷尾}). 동물 보호 운동가들이 대표적인 동물복지 저해 행위로 지적하는 부분이다. 그렇다면 형질 전환을 통해 꼬리 없는 돼지가 만들어진다면? 동물 고통의 총량을 줄이는 혁신 아닌가?

....

2018년 크러프츠 시상식에 선 칠리와 티즈 앞으로 갑자기 동물 단체 소속 활동가 두 명이 난입하며 장내가 아수라장이 됐다. 그들이 미처 제대로 보여 주지 못한 손 팻말에는 이렇게 쓰여 있었다.

"크러프츠: 개의 우생학"

인간이 개를 키우는 심리의 뿌리에는 교감이나 보살핌 말고도 과시욕 같은 상충하는 욕망이 교차한다. BBC의 생방송 중계 포기 이후 상업방송 채널4가 바통을 이어받아 크러프츠 도그쇼를 중계하고 있고, 아직도 크러프츠는 영국인들에게 미국의 슈퍼볼 같은 국가적 이벤트로 남아 있다.

크러프츠에 난입한 동물 단체
2018년 영국의 크러프츠 경기에 난입한 동물 단체 활동가가
"크러프츠: 개의 우생학"이라고 쓰인 손 팻말을 들고 있다.

찰스 다윈이 『종의 기원』의 영감을 받은 17~18세기 다양한 품종을
만든 브리더들은 이 시대 생명공학 산업과 유전공학 기술자로 대체되
었다. 유전자 편집 기술은 비약적으로 발전하고 있다. 더불어 복제 기술
도 발전하고 있다. 유전자조작이 동물의 고통을 일정 부분 해소해 준다
면, 타 생명체의 고통에 공감하는 전통적인 생명윤리는 도전을 받을 것
이다. 사람들은 죄의식 없이 고기를 먹을 수 있을지 모른다.

잉글리시불도그는 행복할까? 전혀 그렇지 않다. 이 개는 세상에서
가장 불행한 개로 꼽힌다. 열 가지가 넘는 유전병을 앓는 선천적인 장애
견으로 인간이 만들었다. 글로피시는 행복할까? 현재까지 글로피시가
유전 질환을 앓는다는 보고는 없다. 하지만 신경계가 좀 더 복잡한 동물

로 갈수록 유전자 스위치를 하나 건드리는 것만으로 예상치 못한 결과가 나올 수 있다. 우리는 생명의 설계도의 일부를 엿본 것 같지만 여전히 그것이 어떻게 얽혀 있고 어떻게 작용하는지 모르는 게 많다. 프라이팬 위의 기름이 퍼지는 것처럼 불규칙하게 작용하는 것이어서 통제할 수 없는 것인지, 아니면 몇 개의 법칙으로 수렴되므로 조종할 수 있는 것인지 알지 못한다.

늑대 무리를 떠나 인간 거주지에 가까이 살면서 자연스럽게 진화해 온 개를 '자연 견종'이라고 한다. 근친교배를 감수하고 짧은 시간에 특정 형질이 고정된 '순종견'과 대비되는 개념이다. 한국 개의 역사에선 영국이나 미국 같은 강력한 품종 교배의 사건들이 없었다. 고작 긴 털을 가진 삽살개나 용맹한 성격을 지녔다는 사냥개 풍산개가 만들어진 품종견이었다. 그런 점에서 한국의 누렁이는 행복한 개다. 자연스럽게 인간과 함께 살았고, 자연의 법칙 안에서 독립적이었다. 누렁이는 자연의 시간을 살아온 개다.

인간의 욕망을 동물에게 투사하려는 움직임은 앞으로 더 거세질 것이다. 우리는 고작 글로피시를 보았을 뿐이지만, 우리의 윤리가 시험받을 때가 분명히 올 것이다.

3부

동물 영웅 잔혹사

10장

오해와 폭력의 기원, 동물원
고릴라 하람베와 빈티 주아

2016년 5월 28일, 이 사건이 벌어지기 전까지만 해도 미국 오하이오주의 신시내티동물원은 여느 동물원과 다를 바 없이 한가로운 오후를 보내고 있었다.

"여기 좀 보세요!"

"빨리 신고해, 신고!"

따스한 햇살을 가르며 갑자기 비명과 고함, 탄식이 터져 나왔다. 네 살짜리 아이가 고릴라가 우리로 떨어진 직후였다. 약 1미터 높이의 울타리에 기어오른 아이가 고릴라 사육장으로 떨어진 것이다. 4.5미터 아래의, 얕은 물이 채워진 해자에서 아이는 첨벙대고 있었다. 아이 엄마는 어쩔 줄 몰라 하며 울고만 있었다.

어린이와 하람베
2016년 5월 28일 미국 신시내티동물원. 고릴라 하람베가 사육장으로 떨어진 어린아이를 잡으려고 하는 것처럼 보인다. QR 코드를 찍으면 영상을 볼 수 있다.

인간을 구한 고릴라, 인간에게 죽은 고릴라

이때 한 수컷 고릴라가 해자 쪽으로 내려왔다. 200킬로그램은 족히 되는 거구였다. 고릴라는 아이에게 성큼 다가가 허리쯤에 아이를 들었다. 그리고 잠시 몸을 돌리는가 싶더니, 쏜살같이 물살을 헤치고 반대편의 콘크리트 방벽으로 뛰어갔다. 지켜보던 사람들이 비명을 질렀다.

경비원들은 주변 관람객들을 먼 곳으로 이동시켰다. 아이가 추락한 지 10분 뒤 "탕!" 하는 총성이 하늘을 갈랐다. 아이는 구조돼 사육장을 나왔다. 고릴라는 사살됐다. 죽은 고릴라의 이름은 '하람베'Harambe. 서부

로랜드고릴라 실버백*. 전날은 그의 열일곱 번째 생일이었다.

　신시내티동물원은 하람베를 곧장 사살해야만 했을까? 사건 직후 논쟁이 벌어졌다. 이 당시 상황을 담은 각각 다른 버전의 동영상이 사회관계망서비스SNS에 공개됐고, 그때마다 옹호론과 비판론이 번갈아 세를 얻었다. 신시내티동물원장 세인 메이너드Thane Maynard의 입장은 확고했다.

　"아이가 공격받은 건 아니지만, 심각한 사건이 발생할 수 있는 상황이었습니다."[1]

　여러 차례의 언론 인터뷰에서 그는 같은 입장을 취했다.

　"고릴라가 아이를 이리저리 끌고 다니고 있었습니다. 머리가 콘크리트 바닥에 부딪혔어요. 안심할 만한 상황이 아니었어요. 위험했습니다."[2]

　한 가족의 한가로운 오후를 뒤집어 버린 사건이자, 한 고릴라의 생명이 사라져 버린 사건. 사살되기 전 하람베는 어떤 마음을 품고 있었을까? 나는 고릴라 하람베의 마음이 궁금했다. 그래서 사건 직후 미국의 저명한 동물행동학자인 마크 베코프에게 이메일을 보냈다.

　"어린이가 나타나고 연이어 들리는 비명과 아우성… 급작스레 소란의 도가니로 변해 버린 상황을 하람베는 어떻게 받아들였을까요? 뒤이어 나타난 행동도 어떤 의미였을지 궁금합니다."

　그는 '증거가 부족하기 때문에, 하람베의 행동이 아이에게 공격적이었는지 판단하기 어렵다'면서도 다음과 같이 덧붙였다.

　"하람베는 매우 놀랐을 겁니다. 아마도 공포를 느꼈겠죠. 왜냐하면

● 무리를 이끄는 우두머리 수컷 고릴라. 성체 고릴라 등에 은백색 털이 나기 때문에 붙은 이름이다.

자신이 안전하게 여기는 삶터를 갑자기 다른 동물(인간)이 침범했으니까요."³

인간은 동물의 생각을 알지 못한다. 다만 동물의 행동을 통해 그 마음을 해석할 뿐이다. 이 사건에 대해 세계적인 영장류학자 제인 구달의 의견이 보도된 건 얼마 지나지 않아서였다. 구달은 메이너드 원장에게 다음과 같은 서한을 보냈다.

당신이 인정하지 않는 어떤 것을 내가 변호해야 한다는 사실에 대해 유감스럽게 생각합니다. 나는 정확히 무슨 일이 일어났는지 보려고 노력했습니다. 마치 고릴라가 아이를 팔로 감싸고 있는 것처럼 보였어요. 이것은 시카고의 동물원에서 한 암컷 고릴라가 아이를 구조해 돌려보냈을 때 보였던 행동과 비슷했죠.⁴

구달이 말한 '시카고의 동물원'은 미국 시카고 교외의 브룩필드동물원을 가리킨다. 1996년 8월 16일, 영장류 관람 시설에서 세 살짜리 남자아이가 약 7미터 아래 고릴라 우리로 떨어진다. 일촉즉발의 상황. 그런데, 믿기지 않은 평화가 찾아온다. 한 암컷 고릴라가 다가오더니 아이를 안전한 곳으로 옮긴 것이다. 마치 다른 고릴라에게 다가오지 말라고 하는 것처럼…. 이어 고릴라는 아이를 무릎 위에 앉혀 놓고 등을 부드럽게 다독였다. 그러고는 사람이 드나드는 출입문 앞으로 가 서 있었다. 마치 동물원 직원에게 인계라도 하려는 것처럼…. 동물원 직원은 출입문을 조심스럽게 열고 아이를 받아 갔다.

어린이와 빈티 주아
1996년 8월 16일 미국 시카고 브룩필드동물원. 고릴라 빈티 주아가 사육사로 떨어진 어린이를 들고 출입문 쪽으로 걸어가고 있다(오른쪽). 우연찮게도 20년 만에 똑같은 사건이 벌어졌다. 빈티 주아는 사람을 살린 고릴라로 추앙받았고, 하람베는 10분 만에 사살됐다. 두 사건은 의인화와 관련한 인간의 이중적인 태도를 보여 준다.

이 고릴라의 이름은 빈티 주아Binti Jua. 그 당시 여덟 살이었다.

이 사건이 뉴스로 전해지자, 사람들은 찬사를 보냈고 빈티 주아는 영웅이 됐다. 빈티 주아는 새끼 때 사람의 손에 길러졌다. 빈티 주아의 어미가 양육을 거부했기 때문인데, 이는 극한 스트레스를 받는 동물원 어미 유인원에게 흔히 있는 일이다. 그런 경험이 빈티 주아가 사람에게 친절하게 대했던 이유라고 해석한 이들도 있다. 어쨌든 빈티 주아는 '사람을 구한 고릴라'로 떠올랐고, 동물의 이타주의를 보여 주는 대표적 사례가 됐다. 그해 미국의 주간지 《피플》과 《뉴스위크》가 빈티 주아를 각각

'올해 가장 흥미로운 인물'과 '올해의 영웅'으로 선정했을 정도였다.

두 사건에 반응했던 대중의 심리를 보자. 하람베 사건과 달리 빈티 주아 사건에서 사람들은 고릴라의 마음을 의심하지 않았다. 빈티 주아 에게는 곤란에 처한 사람에 대한 동정심이 있었고, 이런 마음이 보살핌 이라는 명백한 행동으로 나타났다고 여겼다.

반면, 하람베 사건에서 사람들은 고릴라의 마음에는 관심을 기울이 지 않았다. 제인 구달의 언급이 있은 뒤, 하람베의 행동이 공격적이지 않 았다는 걸 떠올렸고(이것은 애초 동물원장도 인정한 부분이었다), 그때서야 일 부 사람들이 하람베의 진정한 뜻이 무엇이었는지 궁금해하기 시작했다.

어쨌든 빈티 주아는 친절한 마음이 증명되어 찬사를 받았고, 하람베 는 마음이 격발되기 전에 사살됐다. 하람베의 마음을 정확히 알 순 없 다. 하지만 자기 집을 침입한 낯선 존재에 대한 공포감의 뒷면엔, 높은 곳에서 떨어져 허우적대는 아이의 처지를 공감하는 마음도 있었을 것 이다. 공포가 공감을 압도했을까? 하람베의 마음속에서 공감이 공포를 잠재우는 데엔 빈티 주아보다 더 많은 시간이 필요했을지도 모른다.

동물 보기: 사물화와 의인화

우리는 동물에 대해 변덕스럽게 반응한다. 동물을 사물화하는 한편 동물을 의인화한다.

'사물화'reification는 헝가리 철학자 루카치 죄르지Lukács György가 『역사와 계급의식』Geschichte und Klassenbewusstsein(1923)에서 주요하게 다룬 개념이다.

이 책에서 루카치는 자본주의에 이르러 '인간과 인간 사이의 사회적 관계'가 '물적 존재와 물적 존재 사이의 사회적 관계'로 변했다고 본다. 자본주의경제의 속성상 인간의 노동을 비롯해 능력, 시간, 아이디어, 매력 등이 교환가치를 가진 상품이나 물건으로 환원되기 때문이다. 이에 따라 '물신주의적인 경향이 자본주의를 지배하게 됐다'고 루카치는 비판한다.

'의인화'anthropomorphism는 인간이 아닌 것을 인간처럼 여기거나 묘사하는 경향을 말한다. 그리스어 안트로포스anthropos(인간)와 모르페morphe (형태), 즉 '인간의 형태'라는 뜻의 말에서 유래했는데, 고대 그리스의 철학자이자 시인인 크세노파네스가 신을 사람처럼 묘사한 호메로스의 시를 비판하면서 꺼내 든 개념으로 유명하다. '지고한 존재인 신을 어떻게 마음대로 상상하고 사람과 비교할 수 있느냐'는 것이 비판의 핵심이었다.

우리는 동물에 대해 모순적인 태도를 보인다. 인간이 동물을 착취하면서도 동시에 사랑하는 까닭은, 동물에 대한 사물화와 의인화를 분열증 환자처럼 오가기 때문이다.

우리가 동물을 사물화할 때, 동물은 감금되고 이용되며 착취당한다. 동물은 생사여탈권이 인간에게 달린 '물건'이 된다. 농장에서 동물은 사료(비용)를 먹여 고기(생산물)를 만드는 기계로 취급된다. 동물은 상품이 된다. 수리비가 자동찻값보다 많이 나오면 폐차를 결정하듯이, 병에 걸린 가축의 치료비가 향후 내다 팔 고기의 값보다 많이 나올 것 같으면 가축을 가차 없이 도태한다. 공장식 축산 농장의 소, 돼지, 닭 그리고 실험실의 마우스와 래트는 전 생애에 걸쳐 이렇게 사물화된다. 사물화할 때, 우리는 동물과의 '다름'에 주시한다. 동물은 인간과 '다르므로' 어느 정도 고통을 받는 건 괜찮다고 넘긴다. 사물화는 인간의 동물에 대한 공감과 동정, 감정이입 같은 것들을 차단한다.

반면 우리가 동물을 의인화할 때, 동물은 인간과 비슷하게 대우받는다. 거리를 나가 보라. 옷을 입고 다니는 치와와, 차창 밖으로 고개를 빼들고 사람 구경을 하는 시베리아허스키, 자신을 반려동물의 '엄마 아빠'라고 부르는 사람들. 대개 반려동물이 이런 유사인격적 가치를 부여받는다. 동물을 의인화할 때, 우리는 동물과 우리의 '같음'에 마음을 빼앗긴다.

동물원의 전시동물은 어떨까? 동물원 홍보물이나 안내판에서 이들은 종종 '귀여운 아이', '밀림의 왕자' 등으로 의인화된다. 20세기 초중반 영국 런던동물원과 미국 뉴욕 브롱크스동물원 등에서는 '침팬지 티 파티'chimpanzee tea party가 유명했다. 침팬지들은 정장을 차려입고 차를 마시는 시늉을 했다. 찻잔에 차를 따르고 티스푼으로 차를 저었다. 동물원 의인화의 결정판이었다.

2016년 4월 영국 신문들은 한 동물의 부고 기사를 전했다. 이름은 '초퍼스'Choppers였다. 마흔여덟 살. 그의 이야기다.

불행한 침팬지들의 티 파티

침팬지 초퍼스는 영국 레스터셔의 트와이크로스동물원Twycross zoo에 사는 배우였다. 그는 텔레비전 광고에 출연해 동료들과 함께 양복을 차

광고에 출연한 침팬지들
동물쇼 '침팬지 티 파티'에서 확산된 침팬지의 인간화된 이미지
는 영국의 차 브랜드 '피지팁스' 광고로 이어졌다. 피지팁스 광
고에서 티 파티를 하는 침팬지들.

려입은 첩보 요원이 되거나, 다림질하는 부인이 되거나, 하얀 말총 가
발을 쓴 판사가 되어 일했다. 결론은 "아무리 바빠도 차를 마셔야지~".
1956년 시작된 영국 차 브랜드 피지팁스^{PG Tips}의 이 광고 시리즈는 선풍
적 인기를 끌면서 마케팅 역사에 이름을 새겼다. 세계 각지에서 유사 작
품이 만들어졌다.

　사람 흉내를 내며 우스꽝스러운 상황을 만들어 내는 게 이 광고의
포인트였다. 초퍼스는 이 포인트를 소화하는 데 능했다. 루이스, 샘, 질
등 수십 마리의 어린 동료 침팬지들도 초퍼스 같은 배우였다.

트와이크로스동물원이 이들의 보금자리였다. 몰리 배덤Molly Badham은 침팬지들의 엄마였다. 그녀는 침팬지의 '연기'를 지도하며 모은 돈으로 1963년 이 동물원을 세웠다. 동물원의 침팬지는 불어났고, 1960년대 말 은퇴한 침팬지 배우가 열여덟 마리에 이를 정도로 침팬지 천국이었다. 침팬지들의 '몰입 연기'를 위해서, 몰리는 평소에도 사람 아기를 다루듯 침팬지들을 길렀다. 옷을 입히고 젖병을 물리고 텔레비전을 보여 주고 샌드위치를 먹였다.

몰리가 대형 '동물 연예 기획사'를 운영할 수 있었던 이유는 버려진 동물이 공급됐기 때문이다. 당시에는 침팬지나 오랑우탄 등을 집에서 키우는 사람이 제법 있었다. 하지만 유인원은 새끼 때만 '애완동물'로 적당할 뿐이었다. 나이가 들면서 힘이 세졌고, 주먹 한 방에 자신이 날 아가 버릴 것을 직감한 사람들은 '괴물'이 되기 전에 동물을 버렸다. 펫 숍에서 반죽음 상태로 전시되거나 목줄을 찬 채 개와 함께 사는 동물들 을 몰리가 거둬 스타로 키웠다.

침팬지는 인간과의 유사성 때문에 사람들의 호기심을 자극했다. 영 국 런던동물원에 침팬지가 처음 들어온 건 1835년이었다. 열악한 처우 를 받던 다른 동물과 달리 침팬지는 특별 대우 대상이었다. 시인 시오도 어 훅Theodore Hook은 동물원에 전시된 침팬지를 이렇게 묘사한다.

아기(침팬지)가 다치지 않도록 모자를 씌우고 스웨터를 입혔네. 아 기에게 간호사를 붙여 주고, 아기는 간호사의 무릎 위에 앉았네. 그의 이름은 침팬지 토미.[5]

침팬지 토미
1835년 그려진 침팬지 토미의 세 가지 포즈를 담은 초상화. 마차를 타고 런던동물원에 도착한 토미는 인간과 닮은 모습으로 런던 사회에 작은 흥분을 불러일으켰다.

1837년에는 런던동물원에 오랑우탄이 들어왔다. 전담 사육사가 배치됐고, 역시 사람처럼 길러졌다. 제니Jenny라는 이름의 이 새끼 오랑우탄은 사람처럼 차를 마셨다.

> 1842년 크리스마스 때 빅토리아 여왕과 앨버트 왕자가 런던동물원에 방문했을 때 (제니는) 스푼을 들고 차를 홀짝거렸다.
> ―《데일리 메일》 1905년 12월 21일 자 기사

프랑스 파리식물원Le Jardin des Plantes에서도 마찬가지였다. 침팬지 토미

오랑우탄 자크
어린 수컷 오랑우탄 자크는 파리식물원 내 동물원에 영장류 전
시 공간 생기면서 프랑스에 입성했다. 언론들은 자크의 습관, 자
크가 좋아하는 것과 싫어하는 것 등을 여느 유명 인사 못지않게
떠들썩하게 보도했다.

가 영국 런던에 입성한 이듬해인 1836년 5월, 한 살도 되지 않은 채 프
랑스에 도착한 새끼 오랑우탄은 사육사와 함께 가족처럼 사는 대우를
받았다. 자크Jacques라는 이름의 이 오랑우탄은 식탁에서 함께 식사를 하
고 사육사의 자식들과 뛰어놀았다.

　야생에서 문명으로 입성한 유인원들은 이처럼 처음부터 '인간화'되
었다. 대중은 그들에게서 '원시적 형태의 인간'을 찾으려 했고, 모종의
두려움 속에서 그들에게 인간 문화의 세례를 입히면 우리와 똑같이 될
수 있을지 궁금해했다.

　인간의 행동 중 가장 동물 같지 않은 것을 꼽아 보면 단연 '차 마시

기'다. 한가로운 오후, 사람들이 모여 하얀 찻잔에 차를 따르고 스푼으로 저어 홀짝이며 환담한다. 당시 사람들은 자신들이 좋아하는 '티 파티'를 침팬지에게 가르쳤다. 침팬지 티 파티는 1926년 런던동물원에서 처음 시작됐다. 침팬지가 정장을 입고 식탁에 둘러앉아 차를 마셨다. 침팬지들은 주전자에 든 커피나 차를 하나도 흘리지 않고 찻잔에 따를 줄 알았다. 커피를 받아 든 침팬지는 작은 티스푼을 집어 커피를 저었다. 대개 대여섯 살 미만의 새끼들이 출연했다. 덩치 큰 성체는 위험했기 때문이다.

침팬지 티 파티는 20세기 중반에 이르러 세계 주요 동물원의 표준 행사가 됐다. 동물원에 따라 오랑우탄이 출연하기도 했다. 바다 건너 아일랜드 더블린동물원에서도, 미국 뉴욕 브롱크스동물원에서도 티 파티를 구경하는 사람들로 긴 줄이 늘어섰다.

티 파티에서 밀림의 야수 킹콩 같은 이미지는 사라졌다. 사람들은 침팬지를 장난꾸러기 소년처럼 귀여워했다. 인간화된 이미지만 보고 새끼 유인원을 애완동물로 들인 사람들이 생겨났다. 야수의 동물성을 은폐한 '우아한 연극'에 대중이 속아 넘어간 것이다. 침팬지와 오랑우탄은 인간보다 대여섯 배 힘이 세며, 야생의 숲에서 인간 문명으로 납치됐으며, 그들에게 강제되는 연극이 온몸을 비트는 노동이라는 사실을 응시하는 이는 많지 않았다.

주목할 만한 것은 티 파티가 구사한 서사였다. 침팬지가 인간과 비슷하다는 점을 보여 주는 공연이었지만, 절대 넘지 말아야 할 선을 그어 놓았다. 인간과 비슷하게 행동하되, 인간이 되어선 안 된다. 그래서 티 파티는 침팬지가 차를 마시다가 우당탕 실수하고 난장판이 되는 것으로 끝났다. 런던동물원 큐레이터였던 동물학자 데즈먼드 모리스Desmond Morris는 『인간과 유인원』Men and Apes에서 이렇게 평했다.

> 침팬지의 지능을 봤을 때, 침팬지가 차 마시는 방법을 배우는 것은 사소한 일이다. 오히려 완벽한 테이블 매너를 구사하는 침팬지가 너무 품위 있게 보일 위험이 있었다. 단조로움을 피하기 위해 동시에 버릇없는 행동을 하도록 가르쳤다.[6]

인간의 행동을 따라 하되, 인간의 자리를 넘봐서는 안 된다. 그것이 동물원의 유인원 강령 1조였다. 하람베도 이를 어겼다. '인간에게 즐거움을 주되 인간에게 피해를 줘선 안 된다.'

티 파티가 비윤리적인 '동물쇼'로 인식되면서 자취를 감춘 건 20세기 말 들어서였다. 트와이크로스동물원도 1978년 동물 보호론자들의 비판과 사회적 인식 변화에 맞춰 피지팁스와의 계약을 종결한다.* 트와이크로스의 침팬지들도 '연예 활동'을 중단하게 된다.

단짝이었던 동료 배우 루이스가 2013년 세상을 떠나자, 초퍼스 또한 '동물로 길러진' 침팬지 무리로 보내졌다. 그러나 초퍼스에게 동물의 세계는 낯설었다. 인간 손에 길러진 초퍼스는 혼란스러울 수밖에 없었다. 이를테면 침팬지는 '적의 없음'의 표시로 손이나 입술을 내민다. 인

● 피지팁스는 유럽에서 침팬지를 들여와 2002년까지 광고를 계속한다.

간에게서 자란 초퍼스는 그런 언어를 배우지 못했다. 3년간의 악전고투 끝에 무리에 적응하기 시작했는데, 찬란한 과거를 지닌 이 침팬지에게 죽음이 찾아왔다. 영국의 마지막 침팬지 배우는 그렇게 사라졌다. 이제 선진 동물원에서는 동물에게 티 파티를 시킬 만큼 극단적인 의인화를 하지 않는다. 영세한 동물원에서나 침팬지가 옷을 입고 나올 뿐이다.

동물원은 의인화의 감옥

사실 동물을 사물화하는 것이나 의인화하는 것은 인간의 방식을 통해서 동물을 바라보는 것이다. 하지만 동물은 종마다 특징적인 감각기관을 지니고 있으며 이를 바탕으로 인지구조나 사고방식, 행동 양식이 진화했다. 또한 동물은 즐거움과 고통, 기쁨과 슬픔을 느끼는 '감응력 있는 존재'sentient beings로서 함부로 물건 취급을 받아서도 안 된다. 사물화나 의인화는 동물 그 자체를 보는 데 방해가 될 뿐이다.

동물은 동물의 방식대로 행동한다는 점을 알 필요가 있다. 침팬지는 진화적으로 숲의 사물에 익숙하다. 기다란 팔은 나무를 오르내리는 데 적합하지만, 찻잔을 들기에는 불편하다. 강제된 연습을 통해서 티 파티 임무를 완수할 수 있겠지만, 그것은 즐거운 유희가 아니라 고된 노동이다. 동물의 방식이 아니다.

고릴라는 포유동물이다. 포유동물은 새끼를 젖으로 키우는 특성상 공감하려는 본능이 있다. 이 점에서는 인간과 비슷하다. 하지만 공감의 유전자가 표현하는 행동은 다를 수 있다. 하람베가 어린아이를 들고 다

닌 것 등은 그가 고릴라 새끼를 데리고 다니는 행동과 비슷했다. 하람베
는 어린이가 사람이라는 것을 알았을 것이다. 그렇다고 해서 그가 사람
의 방식대로 두 팔로 안거나 곤지곤지하기를 기대할 수는 없지 않은가
(이것이야말로 과도한 의인화다).

같은 상황에서 개라면 그들의 습성대로 아이를 입에 물고 다녔을
것이다. 우리 아이가 그런 일을 당한다면 졸도할 일이지만, 개들에겐 그
것이 자연스러운 행동이자 친밀감의 표현이다. 하람베의 행동도 이런
맥락에서 해석할 수 있다. 인간에게는 충분히 위협적으로 느껴지지만,
고릴라에게는 공격적인 행동이 아닐 수 있다.

그럼 빈티 주아의 행동은 무엇일까? 빈티 주아는 고매한 형제애로
아이를 살린 게 아니다. 그는 너무 흔한 일을 했다. 다친 개체를 돌보는
것은 고릴라 무리에서 매우 자연스러운 행동이다. 자연에서 흔히 관찰
되는 이타적 행동은 보통 종 안에서도 이뤄지지만 종과 종 사이에서도
나타난다. 뼈쩍 말라 사경을 헤매는 새끼 길고양이에게 우리가 밥을 주
는 것처럼.

인간과 동물의 행동은 종종 서로에게 오해를 사곤 한다. 종마다 행
동 양식이 다르기 때문에, 인간을 무서워하는 동물의 행동을 우리가 도
리어 위협적으로 느낄 때가 있다. 따라서 하람베를 사살한 조처가 정당
했는지, 잘못됐는지 따지는 일은 생산적이지 않다. 오해를 빚어내고 위
험한 상황을 발생시킨 '동물원'이라는 공간에 대해서 우리는 성찰해야
한다.

하람베가 위험했던 이유는 그가 동물원에 있었기 때문이다. 동물원

에서 동물은 좁은 우리에 갇혀 평생을 산다. 북극곰과 펭귄은 따가운 땡볕에 노출되고, 야행성동물은 낮에도 밖으로 나가서 몸을 보여 줘야 하며, 사회성동물은 가족과 친척, 동료 없이 외로이 지낸다. 이들의 삶과 행동은 대개 의인화를 거쳐 즐거운 모습으로 포장되지만, 결정적 순간에는 우리가 이들을 물건으로 대하고 있음이 드러난다. 동물원은 신체의 감옥이자, 의인화의 감옥이다. 인간에게 즐거움과 행복을 주기 위해 동물은 인간처럼 꾸며지지만(의인화), 인간에게 위협적인 순간이 발생하면 즉각 사살되어도 되는 물건으로 전락한다(사물화). 마크 베코프는 나에게 보낸 이메일에서 다음과 같은 말을 했다.

하람베가 무슨 생각을 했고 어떤 느낌을 가졌는지 알 수는 없지만, 이번 사건을 통해 동물원이 무엇을 했어야 했는지 깨닫는 건 어려운 일이 아닙니다. '애초에 하람베가 왜 동물원에 있어야 했는지' 그리고 '동물원은 평생 우리 안에 갇혀 사는 동물을 왜 계속 만들어 내는지'를 우리는 질문해야 합니다.

11장

군인 194명을 구한 통신병은 행복했을까

비둘기 세르 아미

도시에서 가장 사소한 동물이 비둘기다. 내가 비둘기를 처음 진지하게 생각한 것은 어느 공원에서 다리를 저는 비둘기를 보았을 때다. 그 뒤로 비둘기를 유심히 쳐다보는 버릇이 생겼는데, 열 마리 중 한 마리꼴로 발가락이 잘리거나 뭉개져 있었다. 그 이유에 대해선 과학자 사이에서도 의견이 분분하다.

비둘기나 우리나 모두 복잡한 도시에 산다. 우리는 성냥갑처럼 똑같이 생긴 아파트를 찾아 삶의 처소에 도착한다. 낮의 일이 끝나면 비둘기도 도시 곳곳에 숨겨진 제 둥지로 돌아간다. 그런데 비둘기는 우리보다 길 찾기 능력이 뛰어나다. 아니, 천부적이다. 바로 그 능력 때문에 불과 100년 전까지만 해도 영웅 대접을 받았다.

노아의 방주에서 보낸 전령

비둘기의 조상은 절벽에 살았다. 영어 이름이 '바위비둘기'Rock Dove 다. 바닷가 절벽에 수많은 바닷새가 아파트처럼 둥지를 짓고 사는 모습을 상상하면 될 것이다. 아이슬란드 바닷가 절벽의 퍼핀 둥지를 가 본 적이 있는데, 하늘에서 날아다니던 퍼핀이 어떻게 수백 수천 개의 둥지 가운데 자기 둥지를 찾아 정확히 착륙할 수 있는지 궁금했다. 비둘기도 마찬가지다. 야생 시절부터 비둘기는 멀리 사냥을 나가서 집을 찾아 돌아오는 데 귀재였다. 사실 많은 새가 그렇다.

비둘기의 귀소본능을 인간이 안 지는 꽤 오래된 듯하다. 성경 '노아의 방주' 사건에서 비중 있는 조연이지 않은가. 노아는 대홍수가 잠잠해지길 기다리며 방주에서 비둘기를 날린다. 첫 번째 날린 비둘기는 얼마 되지 않아 돌아왔고(아직 물이 안 빠졌군!), 두 번째 날린 비둘기는 저지대에서 자라는 올리브나무의 잎사귀를 물고 돌아왔다(육지가 좀 드러났겠어!). 세 번째 날린 비둘기는 돌아오지 않아(우리도 이제 배에서 나가자!) 세상이 살 만한 곳이 됐음을 알렸다. 습성대로라면 세 번째도 노아의 방주에 돌아와야 했겠지만, 어쨌든 이 이야기는 비둘기의 귀소본능을 과거부터 이용하고 있었음을 보여 준다.

비둘기는 어느 곳에 풀어놓든 신속하고 정확하게 제집으로 돌아갔다. 이 광경을 지켜본 누군가가 골똘히 생각했다. 그렇다면 인간이 정보를 받아야 할 곳에 비둘기 둥지를 지어 주고, 비둘기를 다른 곳에 가서 풀어 준다면?

옛날 사람들은 이 귀소본능을 이용해 비둘기를 통신에 활용했다. 기

비둘기를 날리는 비둘기 통신병
20세기 중반까지만 해도 비둘기는 통신수단으로 쓰였다. 통신병들이 비둘기를 날리고 있다.

원전 2900년 이집트에서 비둘기를 길들여 메시지를 양방향으로 전달하게 한 것이 시초로 여겨진다. 시간이 지나면서 다양한 방법과 장치가 사용됐다. 이를테면 누군가 멀리 여행을 떠났다고 하자. 이때 비둘기 몇 마리를 가져가서 하나씩 편지를 묶어 보내면, 비둘기는 차례로 출발지로 돌아가 내 소식을 전해 줬다. 먼 거리를 항해하는 배도 비둘기를 데리고 다녔다. 항구로 입항하기 전, 먼저 비둘기를 날려 입항 소식을 알렸다.

좀 더 복잡한 방식의 비둘기 통신소도 운영됐다. A, B, C 도시에 각각 비둘기 통신소가 있다고 치자. A 도시의 사람이 C 도시에 사는 친구에게 편지를 보내려고 한다. B 도시 통신소에 둥지를 가진 비둘기 몇 마리를 미리 A 도시 통신소에 갖다 놓는다. 이 비둘기 중 하나에 편지를 묶어 B로 보낸다. 편지가 B 통신소에 도착한다. 마찬가지로 B 통신소에는 C 통신소에 둥지를 가진 비둘기들이 미리 와서 출정을 기다린다. 이 비둘기 중 하나에 편지를 묶어 C 통신소로 보낸다. 편지는 C 도시의 친구에게 도착한다. 이런 방식을 응용하면 장거리 통신체계를 구축할 수 있었다. 높은 산 정상에서 연기와 불을 밝힌 봉수대보다 비둘기는 좀 더 길고 복잡한 메시지를 전할 수 있었다. 고대 이후 서아시아에서는 각 지역에 비둘기 통신소를 세워 이어달리기 경주처럼 메시지를 멀리 보냈다. 비둘기 통신은 전국적인 네트워크로 연결됐다.

총알을 맞고도 40킬로미터를 날다

서구 사회가 비둘기 통신을 체계화한 것은 근대에 이르러서다. 로이터통신을 만든 파울 로이터Paul Reuter가 처음 이용한 게 비둘기다. 1860년 마흔다섯 마리가량 되는 비둘기가 벨기에 브뤼셀과 독일 아헨을 오가며 뉴스와 주식시세를 알렸다. 150년 전만 해도 '통신' 하면 사람들은 비둘기를 떠올렸다. 우리나라 우체국의 아이콘도 비둘기 아닌가? 근대 통신체계의 기원은 비둘기 통신이다.

비둘기는 시속 90킬로미터 이상으로 최대 1,800킬로미터 이상 날 수 있다. 비둘기의 몸은 최초의 통신용 생체 기계였다. 전쟁 같은 험악한 상황일수록 동물의 몸은 기계처럼 다뤄진다. 두 차례 세계대전을 치른 20세기 중반까지 각국은 '비둘기 부대'를 운영했고, 통신병은 배낭에 비둘기를 달고 다녔다.

1918년 10월, 제1차 세계대전이 종언을 고하고 있을 때였다. 프랑스 서부의 아르곤 숲에서 미군 제77보병사단과 독일군이 대치하고 있었다. 두 나라의 병사들은 땅속에 참호를 파고 들어가 총탄과 폭탄을 주고받았다. 찰스 휘틀시 Charles Whittlesey 중령에게 명령이 떨어졌다. 아르곤 숲에 진을 친 독일군을 공격하라. 한 발짝도 나아가기 힘든 참호전이었다. 참호 안의 병사들은 날아드는 총알과 수류탄을 피하며 '진격 앞으로' 명령을 기다리는 것처럼 보였지만, 사실 장교나 병사나 그냥 그 자리에 머물러 있기를 원했다. 그래서 참호전은 지루하게 전개되는 일이 비일비재했다.

그래도 휘틀시 중령의 부대는 한 발 한 발 전진했다. 그런데 아뿔싸! 너무 나가 버리고 말았다. 휘틀시 중령은 자신의 부대가 독일군 참호방어선을 넘어 깊숙이 들어온 것을 깨달았다. 이미 적진 한가운데로 들어온 병사는 500여 명. 미군의 실수를 알아차린 독일군은 앞뒤에서 포탄 세례를 퍼부었다. 휘틀시 중령의 부대는 앞으로 나아갈 수도, 뒤로 돌아갈 수도 없었다. 중과부적이었다. 구조 요청을 해야 했다. 통신병에게는 비둘기가 여덟 마리 남아 있었다. 비둘기를 케이지에서 하나씩 꺼내 날렸다.

100년 전에는 비둘기를 정확히 쏘아 떨어뜨릴 줄 아는 게 명사수였다. 독일군에는 명사수가 널려 있었던 게 분명했다. 휘틀시 중령의 부대가 날리는 비둘기마다 '피익' '피익' 쓰러졌다.

이튿날에는 더 아찔한 상황이 펼쳐졌다. 미군 공군기가 하늘 위로 날았다. 구조하러 왔구나! 그러나 위에서 떨어진 것은 식량도 보급품도 아니었다. 꽝! 꽝! 꽝! 폭탄이었다. 아군이 적군 진영에 끼어서 고립된 걸 모르는 것처럼 보였다. 어제 날린 비둘기 한 마리도 본부에 돌아가지 못한 게 분명했다. 미 공군은 여전히 그곳에 독일군이 있는 줄 알고 폭탄을 투하했다.

이제 남은 비둘기는 두 마리였다. 휘틀시 중령은 짧은 편지를 써 내려갔다.

> 우리는 276.4에 평행한 도로상에 있다. 아군의 포대가 우리를 직접 포격하고 있다. 제발, 공격을 멈춰 달라.

먼저 비둘기 한 마리를 케이지에서 꺼냈다. 하지만 비둘기가 너무 긴장했는지, 편지를 매달기도 전에 날아가 버렸다.

이제 남은 것은 단 한 마리. 프랑스어로 '친애하는 친구에게'라는 뜻의 '셰르 아미'Cher Ami라는 이름을 가진 비둘기였다. 휘틀시 중령은 셰르 아미의 다리에 편지를 묶었다. 셰르 아미는 팔랑거리며 날아 나뭇가지에 사뿐히 앉았다. 한동안 꿈쩍도 하지 않다가, 갑자기 용기를 낸 듯 먼 하늘을 향해 날아올랐다.

독일군은 셰르 아미를 포착하고 총격을 가했다. 총탄 하나가 비둘기의 눈자위를 스쳤다. 셰르 아미는 땅바닥에 떨어졌다. 하지만 다시 날아올랐다. 다음 총탄은 비둘기의 가슴팍을 스치고 지나갔다. 그다음에는 오른쪽 다리를 스쳤다. 하지만 셰르 아미는 날갯짓을 멈추지 않았다. 미국의 시인 해리 패링턴^{Harry Farrington}은 이 상황을 시로 표현했다.

> 쪽지를 다리에 단단히 묶고
>
> 온 힘을 다해 날아오르네
>
> 총알이 여기저기 비처럼 내려도
>
> 더 높이 날갯짓하네
>
> 그 총알이 나를 향해 돌진할지라도
>
> 힘껏 날아오르네
>
> 바람조차 나를 따라오지 못하게,
>
> 벌처럼 빠르게[1]

셰르 아미는 25분 만에 40킬로미터를 날아 (그가 집으로 생각하는) 비둘기 통신 초소에 도착했다. 이윽고 미군의 포격이 중단되고 구조대가 파견됐다. 휘틀시 중령을 포함해 194명이 구조될 수 있었다. 부상당한 셰르 아미는 다리를 절뚝거렸다. 군은 새끼손가락보다도 얇은 다리를 일부 절단하고, 목발을 달아 주었다. 한 달 뒤 세계대전은 끝났다.

셰르 아미는 미국으로 건너가 영웅이 되었다. 셰르 아미의 무용담과 근황이 신문과 잡지에 보도됐고, 이 비둘기의 이름을 모르는 미국인은 없었다. 셰르 아미는 1919년 6월 13일 세상을 떠났다. 그가 미 육군 통신병에서 퇴역한 지 1년도 안 되어서였다. 그의 몸은 조심스럽게 박제로 만들어져, 워싱턴 D.C.의 국립미국사박물관에 전시되어 있다.

'동물 전사'의 역사

전쟁에 참가한 동물들의 역사는 깊다. 카르타고 한니발 장군의 코끼리 부대부터, 20세기 초반의 셰르 아미까지 인간은 자기 몸의 한계를 동물의 신체를 통해 보완하려고 했다.

가장 널리 이용된 동물은 말이다.[2] 불과 100여 년 전까지 말은 전장의 주역이었다. 알렉산더대왕의 동방 원정, 몽골 칭기즈칸의 서방 정벌 등 고대와 중세에 이뤄진 대

워싱턴 D.C.의 국립미국사박물관에 전시된 셰르 아미
비둘기 전사 셰르 아미와 고립된 군인들의 이야기는 나중에 휘틀시 중령의 대대인 '로스트 바탈리언'Lost Battalion 이야기로 유명해졌다. 전쟁에서 다리를 잃은 비둘기 셰르 아미는 박제로 만들어져 박물관에서 전시되고 있다.

규모 전쟁에서 말과 기병은 군대의 핵심 자원이었다. 이족 보행을 하는 인간이 자신의 느린 발과 기동성의 한계를 말의 우람하고 빠른 다리로 대체한 것이다.

말을 소유한 인간은 전쟁에 나가 높이와 속도에서 우위를 점하고 공포감을 불러일으킬 수 있었다. 말에 올라탄 기병은 적의 보병보다 우월한 높이에서 창과 칼을 쓸 수 있었으며, 기병대는 빠른 속도로 적진을 뚫는 것은 물론 후퇴하는 패잔병을 쫓아가 잡을 수도 있었다. 무엇보다 기병대가 우렁찬 소리와 함께 흙먼지를 일으키며 달려가면 적의 보병

은 공포와 충격에 휩싸일 수밖에 없었다. 중무장한 기병이 말을 타고 적군이 정렬한 방어선을 기습하여 무너뜨리면, 뒤따라온 보병은 그 자리를 채워 새로운 전선을 쌓아 전진하는 방식으로 아군의 영토를 넓혔다.

군대에서 말은 아무나 타는 게 아니었다. 기병은 군사 편제에서 특권적 지위를 누렸다. 말을 먹이고 관리하는 데 비용이 많이 들었고, 훌륭한 군마로 키우는 데도 시간과 노력이 필요했기 때문이다. 이해가 잘 안 된다면 현대전의 비싼 전투기를 상상하면 된다. 전투기에 탑승하는 파일럿처럼 기병은 자부심을 가득 품고서 말에 올랐다. 기병은 대개 귀족계급 출신이었다. 반면 보병은 평민 출신이었다. 지배 계층은 '보병은 얼마든지 징발하면 된다'고 생각했기에, 보병을 기병에 비해 쉽게 대체되는 자원으로 여겼다.

그렇다고 해서 '말의 삶이 귀족 같았다'는 얘기는 아니다. 전쟁이 계속될수록 셀 수 없이 많은 말이 징집됐고, 훈련되지 않은 말은 일회용처럼 사용되고 버려졌다. 영국의 국립육군박물관이 낸 통계를 보면, 제1차 세계대전이 시작된 1914년 영국군의 군마는 2만 5,000마리뿐이었다. 전쟁이 끝날 즈음까지 영국군은 영국 국내외에서 말 46만 마리를 도입했다.[3] 하지만 이들 대다수는 극심한 피로와 굶주림 때문에 죽거나 포탄에 맞아 세상을 떠났다. 대포와 포탄을 나르는 당나귀와 노새도 마찬가지였다. 정확한 통계는 없지만 제1차 세계대전 때 말과 당나귀, 노새 등 운송용 동물이 800만 마리 정도 숨진 것으로 추정된다.[4] 남북전쟁 때 미국에서 100만 마리가 죽었을 거라는 추정이 있는 걸 보면, 동물들이 갈수록 얼마나 많이 동원되고 희생됐는지를 알 수 있다.

폴란드 기병대
제1차 세계대전 이후 말과 노새, 당나귀 등 운송용 동물은 기계화된 탈것으로 대체되기 시작했지만, 완전히 사라진 것은 아니었다. 제2차 세계대전과 6·25 전쟁 때도 여전히 임무를 맡았다. 1930년대 말 폴란드 기병대의 모습이다.

코끼리는 전쟁터에서 '거대한 말'이었다. 육중한 덩치로 탱크처럼 전장을 휘저으면서 육탄전과 심리전을 수행할 수 있었다. 코끼리는 페르시아와 이집트, 고대 인도와 스리랑카, 버마(미얀마), 캄보디아, 타이에서 전쟁에 징집됐다. 영화 〈아라비아의 로렌스〉Lawrence of Arabia에 잘 그려졌듯, 건조하고 척박한 북아프리카와 서아시아에서 운송 수단으로 이용되어 왔던 낙타가 전쟁에 징집되지 않았을 리 없다. 제1차 세계대전 때 연합군은 낙타 부대를 운영했고, 이탈리아는 에티오피아를 침공하며 정예 낙타 부대를 이용했다. 낙타가 사는 지역에선 아군이건 적이건 낙타는 전쟁에 나가야 했다.

개도 마찬가지였다. 개는 전장에서 작은 군수품을 운반하거나, 수색하는 임무를 띠고 활동했다. 제2차 세계대전 중에는 소련이 개에게 '자살 특공대'라는 새로운 임무를 맡겼다. 폭발물을 장착한 채 적군의 탱크 밑으로 뛰어가도록 훈련한 것이다. 이러한 '탱크견'들은 탱크를 폭발시키면서 제 목숨을 바쳤다. 옛 소련군 자료에 따르면, 300여 대의 독일군 전차를 이렇게 파괴했다고 하는데, 전문가들은 수치가 일부 과장됐다고 본다. 정지 상태의 탱크에 뛰어드는 훈련을 받았던 탱크견들은 정작 거대한 굉음을 내며 다가오는 탱크에는 쉽게 다가가지 않았고, 오히려 패닉 상태로 아군 진영에 되돌아와 피해를 입혔기 때문이다.[5]

비둘기는 두 차례의 세계대전에서 거의 모든 참전국이 활발하게 이용했다. 미 육군은 비둘기 산란 및 훈련 센터를 뉴저지주의 포트몬머스Fort Monmouth에서 운영했다. 제1차 세계대전 때 미군 통신 부대는 프랑스에서만 600마리의 비둘기를 투입했다. 셰르 아미도 그중 하나다. 미국의 비둘기 통신 부대는 1957년이 되어서야 해산한다. 영국군 또한 두 차례의 세계대전에서 각각 10만 마리와 20만 마리 이상의 비둘기를 통신용으로 썼다.[6] 적국에서 활동하는 스파이도 비둘기 다리에 메시지를 달아 본국으로 보냈다. 독일 점령하에 있던 벨기에 군대에서 독일군에 관한 긴밀한 정보를 비둘기를 통해 영국으로 보낸 요제프 라스킨Jozef Raskin의 사례는 유명하다.

다른 동물 전사와 달리 비둘기는 유전자에 새겨진 본능 때문에, 인간의 교활한 방법에 이용당했다. 언제나 집으로 돌아가려는 본능 말이다. 포탄이 오가는 전투의 와중에서 '비둘기 전사'는 목숨을 걸고 전령의 역할을 수행했다. 사실 이러한 본능은 정도의 차이가 있을 뿐, 인간 또한 공유한다. 모든 인간 문명이 제거된 상황에서 외계인이 우리를 지배한다고 상상해 보자. 아이를 엄마에게 떼어 내 다른 장소에 두면, 아이는 엄마를 찾아가려고 할 것이다. 이를 이용해 외계인이 통신수단을 구축한다면?

21세기를 살아가는 우리는 '참전하는 동물이 더는 없을 것'이라고 생각할지도 모른다. 동물 전사들은 두 차례의 세계대전을 끝으로 사라진 것으로 여겨졌다. 20세기 중반을 기점으로 기계화된 탈것과 통신수단이 동물 전사를 대체했기 때문이다.

하지만 9·11 테러(2001) 이후 벌어진 아프가니스탄전쟁과 이라크전쟁 등을 보면, 동물 전사들은 주력부대에서 멀어졌는데도 전쟁에서 없어서는 안 될 특수 임무를 수행한다. 하루가 멀다 하고 폭발물이 터지고 자살 폭탄 테러가 벌어지는 비정규전에선 폭발물을 사전에 제거하는 작업이 싸움의 핵심이다. 미군과 영국군을 주축으로 한 연합군이 폭발물을 제거하려면 '훈련된 개가 얼마나 빨리 질산염 냄새를 탐지하느냐'가 관건이었다. 그런가 하면 탈레반과 이라크군은 개를 이용한 자살 폭탄 테러를 시도했다.

2011년 3월 1일, 아프가니스탄 남부 나흐리 사라즈Nahri Saraj 지역의 한 마을을 영국군 리엄 태스커Liam Tasker 일등병과 폭발물 탐지견 시오Theo가 순찰 중이었다. 태스커-시오 콤비는 폭발물 열네 개를 발견해서 처리하는 등 아프가니스탄에 파병된 영국군의 에이스로 꼽혔다. 그런데 태스커와 시오가 순찰하던 그때, 갑자기 '탕!' 하는 총성이 울렸다. 태스커가 쓰러졌다. 숨어 있던 탈레반 저격수의 총알에 맞아 숨진 것이다. 폭발물 탐지견 시오는 동료가 본부로 수송했지만, 몇 시간 뒤 심장 마비로 숨졌다. 리엄 태스커는 스물여섯 살이었고, 시오는 22개월 된 잉글리시스프링어스패니얼종이었다. 태스커의 아버지와 어머니는 언론 인터뷰에서 말했다.

> "시오가 자신의 케이지로 들어갔을 때, 크나큰 충격을 받았습니다. 리엄이 시오를 안정시켜 줄 수 없었으니까요."
> "리엄의 죽음에 시오가 가슴이 아플 정도로 충격을 받아 죽었을 거라고 믿습니다."[7]

당시 언론 보도는 '시오가 아무런 외상 없이 숨졌다'는 사실에 주목했다. 태스커의 죽음에 충격을 받은 시오가 외상 후 스트레스 장애로 사망에 이르렀다고 본 것이다. 충성과 헌신의 귀감이 된 시오는 전쟁 영웅으로 떠올랐다.

지난 수천 년 동안 전쟁은 동물이 없으면 수행되지 않을 정도였다. 사회학자 찰스 밀스Charles Mills가 『파워 엘리트』The Power Elite에서 '군산복합체'를 이야기했다면, 오스트레일리아 울런공대학 교수 콜린 설터Colin Salter는 「군-동물 산업 복합체를 소개하며」라는 글에서 이 개념을 동물에까지 확장했다.[8] 군산복합체가 전쟁이 끊이지 않도록 하는 보이지 않는 엔진이라는 사실을 인정한다면, 동물이 전쟁 산업의 한가운데를 차지하고 있음을 볼 때 이를 '군-동물 산업 복합체'로 새로이 정의해야 한다는 주장이다. 예로 들 것이 수없이 많다. 독가스를 개발하기 위해 셀 수 없는 동물들이 실험 과정에서 희생됐다. 군마와 군견이 수없이 죽었다. 신무기 개발을 위해 동물들이 죽고, 이를 산업화한 실험동물 산업이 있다. 또한 전쟁에 나가는 동물을 공급하는 축산업과 이와 관련된 연구·사육 인력 시장 등 동물은 전쟁 산업의 핵심적인 톱니바퀴로 움직인다. 군-동물 산업 복합체 개념이 명료한 체계를 갖춰 제시되지는 않았지만, 전쟁이 동물의 노동과 사체를 딛고 선 것임은 분명하다는 점에서 이 개념은 앞으로 발전되리라 본다.

인간을 위한 영웅

2019년 11월, 워싱턴 D.C.의 국회의사당에서 '용감한 동물에게 주는 전쟁과 평화 메달' 시상식이 열렸다. 제1차 세계대전부터 가장 최근의 아프가니스탄전쟁까지 활약한 동물 여덟 마리에게 사후 훈장을 줬다. 셰르 아미는 제2차 세계대전 때 활약한 비둘기 '지아이 조'^{GI Joe}와 함께 통신병으로서 공로를 인정받았다. 그에 앞서 2012년 10월 폭발물 탐지견 시오는 '디킨 메달'을 받았다. "아프가니스탄전쟁에서 뛰어난 용맹성과 충성심으로 복무한 공로"를 인정받았다.[9] 디킨 메달은 영국의 동물 구호 단체인 '아픈 동물들을 위하는 사람들의 진료소'^{PDSA, People's Dispensary for Sick Animals}가 전쟁에서 활약한 동물에게 주는 훈장이다.

인간은 전쟁의 공을 일부나마 동물에게 돌려 왔다. 비둘기 통신병

셰르 아미 말고도 유명한 '동물 영웅'이 각 나라마다 몇씩 있다. 6·25 전쟁 때 험준한 산지로 포탄을 날라 전공을 세운 군마 '레클리스 하사'Sergeant Reckless, 제1차 세계대전 때 겔리볼루반도에서 군인 존 커크패트릭John Kirkpatrick과 부상병을 운반해 오스트레일리아의 영웅으로 떠오른 당나귀 '더피'Duffy, 역시 같은 전쟁에서 미군들과 함께 다니며 폭탄 소리와 머스터드가스 살포를 경고하여 병장 계급장을 단 개 '스터비'Stubby 등 전쟁 영웅으로 동물 인명사전을 만들 수 있을 정도다.

하지만 정작 이 동물들은 영웅이 되고 싶어 했을까? 인간은 자기 주변에서 일어나는 일을 완벽히 이해할 수 있다. 화약 냄새가 나는 포화 속에서 열정적인 애국심은 잔혹 무도한 현장과 공포를 이겨 낼 수 있는 힘이 되기도 한다. 그러나 전장에 끌려온 동물은 그 자체로 이해 불가한 낯선 세계에 갑자기 떨어진 것이나 다름없다. 군인과 동물의 훈훈한 우정, 동물의 희생과 헌신은 언뜻 보면 아름다운 이야기지만, 결과적으로는 전쟁을 미화하고 애국주의를 고취하는 데 동물을 이용했다는 점은 부인할 수 없다. 동물 영웅은 '인간을 위한 영웅'이었다.

영국 런던 하이드파크의 외곽에는 〈전쟁 중인 동물〉Animals in War이라는 기념비가 있다. 사람들의 후원을 받아 조각가 데이비드 백하우스David Backhouse가 2004년 설치한 이 작품에서는 청동 노새 두 마리가 무거운 보급품을 진 채 힘겹게 걸어가고 있다. 전쟁에 동원된 낙타, 개, 말 등의 부조가 배경을 이루고, 그 반대편으로는 아무것도 지지 않은 말과 개가 보인다. 다음과 같은 비문은 보는 이의 가슴을 먹먹하게 한다.

〈전쟁 중인 동물〉 조각상
영국 런던 하이드파크에 있는 〈전쟁 중인 동물〉 조각상이다. 우리는 그들을 영웅으로 추앙하지만, 그들에겐 선택권이 없었다.

오랜 세월 동안 전쟁과 군사작전에서

영국군, 동맹군과 함께 복무하고 전사한

모든 동물에게 이 기념비를 바친다

이들에게는 아무런 선택권이 없었다

그렇다. 동물들에겐 아무런 선택권이 없었다.

12장

비좁은 수족관이 싫어서, 엄마가 보고 싶어서

'살인고래' 틸리쿰

베뤼피외르뒤르^{Berufjörður}는 아이슬란드에서 가장 외진 지역 중 하나다. 검푸른 바다가 초록 이끼가 낀 바위를 쓸고 지나가면, 그 뒤로 검붉은 화산암과 하얀 빙하가 누런 태양빛을 튕겨 내는 곳. 대서양청어 떼가 검은 그림자처럼 겨울을 나러 이곳에 모여들 때, 비로소 북대서양 차가운 바다의 적막이 깨진다. 청어를 따라온 범고래도 사냥을 하면서 이곳에 머물기 때문이다.

그런데 1983년 11월 5일, 범고래 세 마리가 인간에게 잡혔다. 그리고 거대한 나비효과가 시작됐다.

세 마리 중 한 마리는 두 살 남짓한 수컷이었다. 어린 범고래는 한창 엄마를 따라 먹이 사냥을 배우고 있었다. 그런데 두 척의 배가 끄는 건

착망이 새끼 범고래의 몸을 휘감기 시작했다. 꼼짝 못 하는 신세가 된 어린 범고래가 깨어난 곳은 수도 레이캬비크 근처의 하프나르피외르뒤르해양동물원Hafnarfjörður Marine Zoo의 작은 물탱크 안이었다.

해변에 자리 잡은 열악한 시설의 이 동물원은 입장료로 수입을 얻기보다는 범고래를 잡아 전 세계 수족관에 팔아 돈을 버는 동물상動物商에 가까웠다. 나중에 온 두 마리는 얼마 안 돼 이탈리아와 브라질에 팔렸다. 새끼 범고래는 1년을 더 살다가 이듬해 캐나다행 비행기에 올랐다. 그가 도착한 곳은 태평양 밴쿠버섬 빅토리아의 부두에 세워진 수상 수족관 '시랜드'Sealand of the Pacific였다. 새로운 집에선 대서양과 다른 질감의 파도가 느껴졌다. 시랜드는 항구에 그물을 얼기설기 쳐 만든 열악한 야외 수족관이었고, 선박 폐수와 오물이 군데군데 떠 있었다.[1]

독방 같은 물탱크, 날 괴롭히지 마

범고래는 여기서 '틸리쿰'Tilikum이라는 이름을 얻는다. 치누크 원주민 말로 '친구'라는 뜻이다. 이미 그곳에는 '누트카'Nootka와 '하이다'Haida라는 나이 든 암컷 터줏대감 둘이 있었다. 둘의 고향도 아이슬란드였지만, 서로 대화가 되지는 않았다. 셋 다 어릴 때 잡혀 온 탓에 소리, 몸짓, 의사소통 등 함께 지낼 때 알아야 할 사회적 기술을 어미와 무리에게서 배우지 못했기 때문이다.

셋은 하루 여덟 번씩 365일 동안 쉬지 않고 쇼를 했다. 점프를 하고 물을 튀기면 죽은 생선이 보상으로 주어졌다. 그러나 항상 부족할 만큼 주었다. 다른 범고래보다 서열에서 아래였던 틸리쿰에게 돌아가는 몫은 적었다.

가장 큰 문제는 매일 밤 주 공연장 옆의 비좁은 물탱크에 들어가야 하는 것이었다. 길이 9미터밖에 되지 않는 '철제 깡통'은 몸길이 2~3미터는 족히 되는 범고래 세 마리가 밤을 보내기에 지나치게 좁았다. 게다가 범고래는 음파를 쏜 뒤 물체에 부딪혀 되돌아오는 반사파를 감지해 사물의 위치를 파악하고 주변 상황을 읽는다. 이를 반향정위echolocation라고 하는데, 범고래가 비좁은 공간에 갇혀 있는 것은 사람으로 치자면 사방이 거울로 도배된 엘리베이터에서 하룻밤을 지내는 것과 비슷했다. 범고래의 감각기관이 고장 날 수밖에 없다.

누트카와 하이다는 스트레스를 신참에게 풀었다. 얼마 안 되어 틸리쿰의 몸은 이빨로 긁히고 물어뜯긴 자국으로 만신창이가 됐다. 한번은 누트카의 숨구멍에 피가 솟기도 했다. 좁은 공간에서 머리를 흔들고 부리를 박다가 일어난 일이었다. 틸리쿰은 낮에는 점프를 해서 공에 입을 맞추고, 밤에는 철제 깡통에 알아서 들어가야 밥을 얻어먹을 수 있었다. 항상 배고팠다. 누트카와 하이다를 모셨다. 그렇게 7년을 살았다.

고향 아이슬란드에서 틸리쿰 곁에는 항상 엄마가 있었고, 매일같이 드넓은 바다를 가르며 숨이 차게 청어를 쫓아다녔다. 여기는 달랐다. 죽은 생선을 주는 인간들은 '나이스'했지만, 좁은 풀장은 지루하고 신경질이 났다. 틸리쿰은 자신이 왜 여기에 있어야 하는지 몰랐을 것이다. 1991년 2월 20일 오후, 한 여성 조련사가 공연장으로 미끄러져 떨어졌다. 틸리쿰은 이런 형체를 물속에서 본 적이 없었다. 발을 확 물었다. 세 마리는 흥분했다. 조련사는 던져진 구명 튜브를 잡으려고 가까이 갔지만 틸리쿰, 누트카, 하이다는 조련사를 수중에서 몰고 다니며 주고받았다. 10분 뒤, 조련사는 죽은 채 떠올랐다.

"풀장에서 이렇게 상호작용이 되는 장난 거리를 가지고 논 적이 없었기 때문에, 범고래들이 아주 들뜨고 흥분했을 겁니다."

시랜드에서 일했던 전직 조련사 스티브 헉스터Steve Huxter의 해석이다.[2] 수족관 고래가 사람을 죽인 첫 사례이자, 틸리쿰이 연루된 첫 번째 사고였다. 비난 여론이 빗발쳤고, 시랜드는 이듬해 문을 닫았다.

범고래는 돌고래와 다르다. 주둥이에 이빨이 있는 것이나 재빨리 움직이는 것은 닮았지만, 범고래의 몸집은 돌고래와 비교할 수 없을 정도로 크다. 5~8미터에 이르는 덩치들이 협동하여, 날쌘 물범은 물론 지구에서 가장 큰 생명체 대왕고래도 사냥한다. 그래서 범고래Orca를 '살인고래'Killer Whale라고도 부른다. 이런 범고래를 쇼에 맞게 길들이겠다는 대담한 상상력이 시도된 것은 돌고래쇼가 시작되고 반세기가 지나서였다.

맨 처음 범고래 전시는 우연에 가까웠다.[3] 1964년 캐나다 밴쿠버아쿠아리움이 범고래 골격을 만들기 위해 사냥대를 파견했는데, 범고래 한 마리가 작살을 맞고도 죽지 않은 채 돌아다녔다. 이 고래는 수족관에 전시돼 '모비 돌'Moby Doll °이라는 이름으로 세 달 가까이 살았고, 사람들

● '모비 돌'이라는 이름은 허먼 멜빌의 소설 『모비 딕』의 광포한 고래 모비 딕Moby Dick을 패러디한 것이다. 모비 딕의 거칠고 사나운 이미지 대신 '인형'doll이라는 말을 붙임으로써 귀엽고 친근한 이미지를 주기 위해서였다.

신문에 실린 범고래 '나무'의 도착
1965년 7월 27일 지역신문 《시애틀 포스트인텔리젠서》에 실린
범고래 나무의 도착 소식. 부둣가의 새로운 거처에 도착한 것이
기쁜 듯 가두리 안에서 빙글빙글 돌고 있다고 쓰여 있다.

은 살인고래의 귀엽고 총명한 면모를 발견하고 열광하기 시작했다.

이때 미국 시애틀의 20대 수족관 업자 테드 그리핀Ted Griffin에게 사업

적인 육감이 스쳤다. 그는 1965년 캐나다의 어촌 마을 나무Namu에서 범

고래가 우연히 그물에 잡혔다는 소식을 듣고, 곧장 8,000달러를 들고 가 사 왔다. 그는 범고래와 함께 수영을 하며 수중 쇼를 펼쳐 보였다. 수중 쇼는 곧장 선풍을 일으켰고, 이듬해 영화 〈범고래 나무〉Namu, the Killer Whale로도 제작됐다.

'돈이 된다'는 걸 직감한 그리핀은 동료 돈 골즈베리Don Goldsberry와 함께 폭탄과 건착망을 가져가 대대적인 범고래 사냥을 시작한다.[4] 미국 시애틀에서 캐나다 밴쿠버 앞바다 일대의 세일리시해Salish Sea가 사냥터였다. 두 어선이 건착망을 끌고 서서히 그물을 좁히면 범고래는 속수무책이었다. 어미는 폭약으로 죽이고 새끼만 가져왔다.

1965년 10월 31일 암컷 한 마리가 잡혔으니, 그의 이름이 '샤무' Shamu다. 그리핀은 생긴 지 1년 된 캘리포니아의 신생 테마파크 '시월드' SeaWorld에 샤무를 팔았고, 시월드는 샤무를 캐릭터화하면서 세계 최대의 해양 테마파크로 성장한다. 시월드의 범고래에게는 공식적으로 개개의 이름이 없다. 그들은 모두 '샤무'다. 범고래쇼는 '샤무 쇼'다. 얼룩무늬의 이 점박이 범고래는 디즈니 캐릭터에 버금갈 정도로 인기를 누렸다. 인형 가게에서 흔히 볼 수 있는 얼룩 고래 인형이 바로 그 샤무다.

'살인고래'를 가져온 시월드

물론 논란이 없었던 건 아니다. 환경 단체의 감시와 비판적인 여론으로 1972년 미국 정부는 자국 영해에서 고래 포획을 금지하는 해양포유류보호법MMPA, Marine Mammal Protection Act을 제정한다. 하지만 교육용 포획은 예외로 하는 규정을 두어, 포경업자들은 폭약으로 범고래 사냥을 지속한다. 그러다가 1976년 폭약에 죽은 범고래들이 해안가에 밀려오면서 여론은 들끓는다. 사냥 장면을 목격한 한 인사는 2010년 월간지 《아웃사이드》에 보도된 팀 짐머만의 탐사 보도 기사 「풀장의 살인자」에서 이렇게 회상한다. "그물을 좁히자 고래들의 비명이 울렸습니다. 돈 골즈베리는 폭약을 계속 터뜨리며 고래들을 그물로 몰았지요."[5]

워싱턴 주 정부가 소송을 걸었고 시월드는 대중적 비난에 직면한다. 그러자 시월드와 포경업자들은 아이슬란드를 개척한다. 이미 아이슬란드의 마을은 범고래를 수출할 수 있을 거라는 기대로 들썩였다. 틸리쿰이 잡히던 날 지역신문 《모르건블라디드》에 다음과 같은 제목의 기사가 실렸다. "첫 범고래, 풀장에 도착하다".[6] 1976~1989년 아이슬란드에서 최소 쉰네 마리의 범고래가 포획됐다는 기록이 있다.[7] 우리에게 영화 〈프리 윌리〉로 알려진 '케이코'Keiko도 1979년 아이슬란드에서 잡힌 범고래다.

하지만 그 방법도 오래가지 못했다. 야생 보전에 대한 인식이 커지면서, 아이슬란드에서의 야생 포획을 곱지 않게 보는 눈이 많아진 것이다. 그러자 시월드는 인공증식 기술 개발에 뛰어든다. '야생 보호를 위해 인공수정을 한다'고 홍보했지만, 사실 이 기술이란 게 라텍스 장갑과 관장용 젤을 이용해 수컷의 성기를 발기시켜 정자를 받아 내는 단순한 방법이었다. 그리고 정자를 냉동시켰다가 필요한 때에 암컷의 자궁에 넣고 수정과 착상을 기다렸다. 틸리쿰은 첫 번째 인명 사고가 일어난 이듬해인 1992년, 캐나다 시랜드에서 미국 플로리다주의 시월드 지점인

'시월드 올랜도'로 넘겨진다. 시랜드는 틸리쿰과 함께 누트카와 하이다를 서둘러 시월드에 넘기고 폐업해 버린다.

시월드의 무대에서 틸리쿰의 역할은 제한적이었다. 틸리쿰은 간단한 쇼에만 출연했다. 쇼가 시작되기 직전, 틸리쿰은 풀장에 나타나 삽으로 흙을 퍼내듯이 꼬리를 쳐 관람석 쪽으로 물을 끼얹었다. 사람들의 즐거운 비명 속에서 틸리쿰이 퇴장하면, 조련사와 범고래들이 연출하는 본격적인 '샤무 쇼'가 시작됐다.

시월드가 '문제아'를 받아들인 이유는 따로 있었다. 누트카와 하이다를 임신시킨 틸리쿰의 번식력을 본 것이다. 시월드에서 틸리쿰은 간단한 공연에만 출연하고, 대부분의 시간을 무대 뒤에서 일했다. 관객으로부터 환호를 받는 화려한 '샤무 스타'보다는 번식 프로그램에 기여하는 '정자은행'이 그의 용도였다. 틸리쿰은 시월드 가계에서 스물한 마리 범고래의 아버지가 됐다. 동시에 시월드는 이런 식으로 반세기 만에 미국 샌디에이고, 올랜도, 샌안토니오와 아랍에미리트연합의 수도 아부다비(2023년 개장 예정)에 공원을 가진 세계 최대의 해양 테마파크로 커 갔다.

그러다 두 번째 사건이 터졌다. 1999년 7월 아침, 개장 전이었다. 틸리쿰이 한 나체 남성을 등에 지고 수영하는 게 발견된다. 남성은 이미 죽어 있었다. 지난밤 수족관에 몰래 들어와 어떤 이유에서인지 풀장에 빠진 것 같았다. 물린 자국과 찰과상이 온몸을 뒤덮고 있었다.

세 번째 살인

2010년 2월 24일, 세 번째 사건이 터졌다. 사건은 본공연인 '샤무-믿으라'가 끝나고 '샤무와 함께 저녁을'이라는 부대 행사가 벌어질 때 일어났다. 관객들이 공연장 주변에서 식사를 하면서 범고래와 조련사가 벌이는 간단한 쇼를 가까이서 보는 프로그램이었다. 이때 선임 조련사인 돈 브랜쇼^{Dawn Brancheau}가 풀장에 빠졌고, 틸리쿰은 브랜쇼를 물고 휘저으며 풀장 안을 돌아다녔다.

브랜쇼는 이내 숨졌다. 부검 기록은 잔인했다. 머리 가죽이 벗겨지고, 갈비뼈가 부러졌다. 왼쪽 팔은 골절됐고, 팔꿈치는 탈구됐다. 브랜쇼는 시월드에서 16년 동안 일한 마흔 살의 베테랑 조련사였다. 틸리쿰과는 14년을 함께 일했을 정도로 친했다. 그런데 틸리쿰이 브랜쇼를 공격했다니?

틸리쿰의 공격 때문인가, 아니면 브랜쇼의 실수 때문인가. 사고 책임을 두고 논란이 거셌다. 주의 깊게 본 사람은 없었고 목격자의 증언은 엇갈렸다. 경비원 프레디 허레라는 틸리쿰이 돈 브랜쇼의 팔을 낚아채 몰고 갔다고 증언했다. 당시 쇼를 녹화하던 관광객 수잰 코널의 동영상은 사고 2초 전에 녹화가 중지됐다.

나는 전직 시월드 조련사인 서맨사 버그^{Samantha Berg}와 대화를 나눌 기회가 있었다.[8]

"맨 처음 시월드는 브랜쇼가 서 있다가 풀장 안으로 미끄러져 사고가 발생했다고 주장했지요. 나중에는 틸리쿰이 브랜쇼의 말총머리를 낚아채 물에 빠뜨렸다고 말을 바꿨습니다. 말총머리는 조련사 복장 위

시월드 올랜도의 틸리쿰
틸리쿰은 시월드 올랜도에서 조련사와 함께 물속에서 헤엄치는 '워터 워크'에는 참여하지 않고, 본격적인 쇼 시작 전에 관람객들에게 물을 튀기고 거대한 몸을 보여 주는 역할을 주로 소화했다. 사진에서 보는 것처럼 수족관의 범고래는 등지느러미가 함몰되는 장애를 앓는다.

반이라며 책임을 브랜쇼 개인에게로 몰아갔죠."

미국 직업안전보건청OSHA과의 재판에서 시월드 쪽 증인으로 나온 제프 앤드루Jeff Andrew는 "틸리쿰은 공격적인 범고래가 아니다. (…) 이 사건을 일으킨 유일한 원인은 조련사의 실수다."라고 주장했다. 브랜쇼의 말총머리가 틸리쿰의 이빨에 걸려 끌려간 사고라는 얘기다.

시월드 올랜도는 '워터 워크'water work를 할 수 있는 고래와 그렇지 않은 고래로 범고래들을 분류했다. 워터 워크는 '범고래와 함께 헤엄치기', '조련사를 대포처럼 공중에 쏴 주기' 등 조련사와 범고래의 대면 접촉을 필요로 한다. 조련사는 풀장 안으로 들어가 범고래와 함께 헤엄치며 쇼를 이끌어 간다. 반면, 틸리쿰은 워터 워크를 하지 않는 범고래로 분류되어 있었다. 전직 조련사 버그는 틸리쿰의 위험성을 이미 시월드가 알고 있었다고 주장했다.

"틸리쿰은 벌써 두 번의 사고사와 관련이 있었습니다. 1991년에는 캐나다 밴쿠버섬에서 시랜드의 조련사가 풀장에 떨어졌다가 숨겼고, 1999년 시월드에서도 폐장 뒤 남아 있던 관객 한 명이 죽은 채로 떠올랐죠. 이 때문에 시월드는 틸리쿰을 애초 워터 워크에 포함시키지 않은 겁니다."

버그는 틸리쿰이 시랜드에서 시월드로 팔려 온 1992년을 기억한다고 말했다.

"폐사한 번식용 범고래 수컷을 대신해 틸리쿰이 들어왔습니다. 호기심이 많고 이것저것 잘 배웠지만, 다른 범고래들한테 괴롭힘을 당했어요. 틸리쿰을 들여온 단 하나의 목적은 번식이었습니다. 그는 번식 기계였습니다."

범고래 틸리쿰 살인 사건의 진실은 무엇일까? 버그는 그날 범고래 쇼가 엉망진창이었다고 말했다. 본공연에서 범고래들은 서로 뒤쫓는 등 불안한 모습을 보였고 조련사들은 쇼를 중단하기에 이른다. 공연장 뒤에서 다음 쇼('샤무와 함께 저녁을')를 기다리던 틸리쿰도 안절부절못하기는 마찬가지였다. 범고래들은 어떤 이유에서인지 흥분해 있었다. 브랜쇼의 죽음 직전의 장면이 다큐멘터리 〈블랙피쉬〉Blackfish에 나온다.

브랜쇼는 정해진 시나리오에 따라 틸리쿰에게 장난을 쳤다. 몸을 흔드니 틸리쿰도 거대한 몸집을 흔들었다. 브랜쇼가 오르골의 요정처럼 몸을 돌리자, 틸리쿰도 거대한 몸집을 움직여 뱅그르르 돌았다. 브랜쇼는 중간중간 생선을 던져 주었다. 이번에는 브랜쇼의 지시에 따라 틸리쿰이 가슴지느러미를 수면 위로 올리고 풀장을 한 바퀴 돌았다. 브랜쇼가 휘슬을 불었다. '잘했어. 이제 그만 돌아와.'라는 뜻이었다. 하지만 틸리쿰은 휘슬 소리를 듣지 못한 듯했다. 계속 풀장을 돌았다. 틸리쿰은 다시 브랜쇼가 있는 자리로 돌아와 생선을 받아먹으려 했지만, 생선이 든 양동이는 바닥을 드러낸 상태였다. 열심히 했는데도 보상받지 못한 틸리쿰은 화가 났을까? 브랜쇼는 물이 얕게 찬 무대로 틸리쿰을 만나러 갔다. 그리고 끔찍한 사건이 벌어진 것이다.

영화는 브랜쇼의 생전 마지막 모습을 보여 준다. 브랜쇼의 왼팔은 물에 잠겨 있다. 반면 그의 말총머리는 물 위에 드러나 있다. 브랜쇼 앞에 틸리쿰이 나타난다. 무슨 이유에서인지 브랜쇼는 천천히 끌려간다. 그의 얼굴은 약간 웃는 듯하지만 어색하다. 서맨사 버그가 말했다.

"틸리쿰이 브랜쇼의 팔을 문 채 데려간 것 같습니다. 원래 무대 물의 깊이는 10센티미터 정도여야 하는데, 마침 그날은 30센티미터 정도로 높이 차 있었지요."

그간 있었던 두 차례의 사건에 무관심했던 사람들은 그제서야 틸리쿰을 바라보기 시작했다. 이 '살인고래'는 무엇인가? 왜 그랬는가? 우리는 고래를 가두어도 되는가?

세 번째 살인은 일련의 사건을 촉발했다. 2013년 1월 틸리쿰 사고를 다룬 다큐멘터리 영화 〈블랙피쉬〉가 선댄스영화제에서 처음 상영됐다. 제작진과 배급사는 전략적으로 텔레비전 개봉을 택했고, 〈블랙피쉬〉는 전 세계 공급망을 갖고 있는 BBC와 CNN의 전파를 탔다. 시월드의 입장객이 급감하고 주가는 폭락했다. 범고래를 포함한 돌고래의 수족관 전시·공연을 반대하는 운동이 전 세계적으로 거세졌다.

결국 시월드는 항복했다. 조엘 맨비 Joel Manby 시월드 최고경영자CEO 는 2016년 3월 《로스앤젤레스 타임스》 기고를 통해 "우리 테마파크에서 범고래를 본 사람들이 점점 더 범고래가 사람 손에 길러져서는 안 된다고 생각하게 됐다"면서, 범고래 번식을 중단하겠다고 선언하기에 이른다.[9] 시월드 샌디에이고는 2017년 마지막 샤무 쇼를 진행했다. 올랜도와 샌안토니오의 쇼도 2019년 폐지됐다. 일련의 사건은 돌고래 전시·공연 금지로 이어졌다. 2013년에는 인도, 2015년 캐나다, 2017년 프랑스와 멕시코시티가 고래류의 전시·공연을 법적으로 금지시키거나 비슷한 조처를 취했다.

돌고래 전시·공연은 1990년대 영국에서 정부 규제로 자취를 감추는 등 유럽에서는 이미 사양산업이 되어 있었다. 그러나 범고래의 거대한 스펙터클을 내세워 엔터테인먼트 산업으로 '혁신'한 미국에서는 그 위세가 이어졌고, 한국과 중국으로 바람이 확산하는 형국이었다. 틸리쿰은 이런 흐름에 직격탄을 날렸다. 2013~2015년 한국에서 이뤄진 제돌이 등 돌고래 야생 방사에는 시월드 반대 운동을 펼친 미국의 동물 단체들이 연대했다. 한국 정부는 2021년 '제1차 수족관 관리 종합계획'에서 신규 수족관의 고래 사육 및 전시를 전면 금지한다고 밝혔다.

2017년 1월 6일, 틸리쿰은 숨을 거두었다. 두세 살 적 아이슬란드 앞바다에서 잡혀 수족관에서 서른세 해를 보내던 어느 날이었다. 시월드는 자사 홈페이지에 "최종 사인은 부검을 통해 확인해야 하지만, 틸리쿰은 박테리아성 폐렴 증세로 고통을 겪고 있었다. 이날 조련사와 수의사들이 지켜보는 가운데 저세상으로 떠났다"고 밝혔다.[10] 전년도 3월부터 틸리쿰은 무기력증에 빠지는 등 건강에 문제를 보이면서 곧 숨질 것이라는 예상이 나온 터였다.

틸리쿰의 죽음은 헛되지 않았다. 거대한 변화를 불러왔기 때문이다. 범고래쇼의 비윤리성이 수면 위로 떠오르며 시월드의 범고래쇼는 역사 속으로 사라질 운명에 처했고, 세계는 동물을 대하는 인간의 태도에 대해서 다시 생각하게 됐다. 바로 '틸리쿰 효과'다.

인간과 싸우다, 인간을 바꾸다

범고래 한 마리가 세상을 바꾸었다고 하면 허황된 이야기일까. 우리는 여기서 동물에 대한 선입견을 의심해 볼 필요가 있다.

첫째, 동물을 수동적 개체들의 집합체로 생각하는 경향이다. 우리는 흔히 성격을 가진 개개의 동물은 없고, 종의 일반적인 특성이 전부라고 생각한다. 누군가 당신을 '두 발로 걷는 이 동물은 보통 가족이나 친구와 어울리는데, 가끔 혼자 있는 시간도 즐긴다'고 표현하면 그것으로 충분할까? 인간은 그것보다 더 구체적인 성격, 행동 패턴, 감정의 성향 등이 있다. 범고래도 마찬가지다. 틸리쿰이 일으킨 세 번의 '사고'는 틸리쿰의 유전자와 환경이 맞물려 만들어 낸 틸리쿰 성향의 결과물이다.

둘째, 인간과 동물의 관계를 일방적인 관계로 바라보는 경향이다.

인간이 동물을 지배한다고 생각하지만, 면밀히 들여다보면 둘의 관계는 상호적이다. 인간은 자신의 욕망을 충족하기 위해 동물을 동물원에 가두었다. 하지만 동물의 몸짓과 눈빛은 관람객의 죄책감을 불러일으킨다. 틸리쿰의 일탈 혹은 저항은 사람들에게 거울을 들여다보게 했고 일련의 나비효과를 일으켰다.

나는 시월드 올랜도에 가서 범고래쇼를 내리 세 번 봤다. 처음에는 물에서 솟구치는 범고래가 하늘을 우아하게 날아가는 보잉 747기처럼 보였다. 그저 압도됐다고 말할 수밖에 없었다. 그러나 두 번, 세 번 관람을 거듭할수록 경이로움은 반감됐고 보이지 않던 것들이 보였다. 고래들은 종종 딴청을 피웠다. 다섯 마리가 출연한 첫 번째 쇼는 '잘된' 공연이었다. 그러나 두 번째 쇼에 출연한 세 마리는 비협조적이었다. 조련사가 시키면 하는 둥 마는 둥 했다. 이를테면 관람석 앞에 가 물을 튀기고 오라는 지시가 떨어졌을 때, 어떤 고래는 귀찮은 듯 한 번만 튀기고 돌아와 입을 벌렸다. 범고래들은 자신들의 행동이 먹이를 담보로 한 대가임을 잘 알고 있었다.

돌고래쇼(범고래쇼) 공연장에서 먹이를 제공하는 권한은 조련사에게 있으므로, 얼핏 보면 인간의 지배가 완전하게 이뤄지는 것처럼 보인다. 그러나 돌고래쇼 공연장을 이루는 행위자들의 관계망을 살펴보면, 행위자들이 만들어 내는 정치는 생각보다 복잡하다.[11] 보통 사육사와 돌고래(범고래)는 일대일 파트너 관계를 이룬다. 훈련과 공연을 함께하는 사육사-돌고래 사이에는 지속적인 양자 관계가 형성되는 것이다. 둘은 서로 감정을 주고받는다(to affect or to be affected). 사육사는 돌고래가 고난도의 묘기를 배워 훌륭하게 퍼포먼스를 펼쳐 주기를 원한다. 그런데 돌고래의 먹이를 조절하는 것만으로는 목표를 달성할 수 없다. 둘 사이의 감정적 연대와 척척 맞는 호흡이 더 멋진 쇼를 만들며, 돌고래도 그 사실을 알고 있다. 이 지점에서 돌고래는 때로 '토라지기도 한다'. 서울대공원의 한 사육사는 보상으로 줘야 할 냉동 생선을 깜박하거나, 훈련을 과도하게 시키는 등 인간-돌고래 사이의 관계가 틀어졌을 때, 돌고래가 때로는 공연을 거부하기도 한다고 말한다.

> "일을 하다 보면 단순히 지시, 행동, 보상하는 게 아니라 돌고래도 나와 똑같이 감정을 가지고 있는 존재라는 걸 알게 돼요. 조심히 행동해야 할 때도 있고, 대부분은 선을 정해서 기복 없이 가야 해요. 너무 가까워도, 너무 멀어도 바람직하지 않아요."[12]

즉 돌고래쇼 공연장이라는 공간 안에서, 돌고래는 적어도 '파업'할 잠재력을 갖추고 있는 셈이다. 인간은 돌고래를 한정된 공간에 가두고 먹이를 준다는 점에서 지배의 결정적인 키를 쥐고 있지만, 개별 행위의 장에서 보면 팽팽한 줄다리기가 벌어지기도 한다. 인간은 돌고래를 잔혹하게 대할 수 없다. 돌고래가 인간에게 협력해 주어야 돌고래쇼가 성공적으로 운영되기 때문이다. 집에서 반려견이나 반려묘를 키워 본 사람은 이러한 동물의 능력을 경험적으로 이해할 수 있을 것이다. 과학은 동물의 다채로운 감정과 인지능력, 행동을 증명하는 데 한계가 있다. 그러나 우리들은 동물과 교감하는 일상의 경험 속에서 동물의 능력을 느낀다.

나는 틸리쿰의 저항이 세상을 바꾸었다고 생각한다. 물론 이쯤에서 이렇게 걸고넘어지는 사람이 있을 것 같다. 틸리쿰에게 저항할 의도가 있었는가? 그렇다면, 고려 시대 반란을 일으킨 노비 만적은 모든 사람이 평등한 권리를 갖는 '근대 민주주의'를 알아서 봉기한 것인가? 아니다. 그는 계급이 폐지된 세상을 상상하지 못했을 것이다. 그저 허기와 굴욕에서 벗어나기 위해, 이렇게라도 하지 않으면 삶의 밑바닥에서 벗어날 수 없을 것 같아서 창을 들었을 것이다. 미래에 대한 전망을 갖고 있든 아니든 그것은 중요하지 않다. 마찬가지다. 틸리쿰은 그저 비좁은 수족관이 참을 수 없어서 반란했다. 갑갑한 일상이 죽을 만큼 싫어서 반란했다. 기억도 가물가물한 엄마가 생각나서 반란했다. 그리고 의도했든 의도하지 않았든, 그것이 사람의 마음을 바꾸었고 세상의 변화로 이어진 것이다.

13장

영웅 혹은 반영웅의 초상
커스터울프와 늑대 오식스의 최후

늑대는 우리가 지닌 원초적인 '공포의 감정'에 방아쇠를 당긴다. '빨간 모자'나 '아기 돼지 삼 형제' 같은 동화에서 늑대는 주로 나쁜 역할을 맡는다. 곰은 '곰돌이 푸' 같은 따뜻한 캐릭터가 있는데도 말이다.

이는 인간과 늑대의 생태적 지위와 관련이 있다. 농경 사회가 시작되면서 인간과 늑대는 경쟁 관계에 놓인다. 인간의 주거지가 늑대 서식지 쪽으로 확장했고, 일부 늑대는 가축을 먹이로 삼게 된다. 늑대의 가축 습격이 다반사가 되면서, 인간들 사이에서 늑대를 악마화하는 담론이 만들어졌을 것이다. 특히 유럽인들은 늑대를 해로운 짐승이라 여겨서 적극적으로 퇴치했고, 17세기 들어 늑대는 유럽에서 보기 힘들어진다. 반면 광활한 야생이 펼쳐져 있던 북아메리카에서는 늑대가 아메리카 원주민과 함께 생태계의 최상위 포식자 노릇을 하고 있었다.

무법자 늑대의 최후

이 모든 것의 시작은 '늑대 전쟁'에서 비롯됐다.[*]

19세기 말부터 20세기 중반까지 북아메리카 대륙에서는 대대적인 늑대 박멸 프로그램이 가동됐다. 늑대는 악의 화신이자, 경제의 해충, 잔혹한 마법사였다. 목장주들은 엽총을 들고 늑대를 겨눴다. 소와 양을 살육하고 훔쳐 가는 강도를 징벌하는 일은 당연히 옳다고 생각했다. 농부를 위한 정의의 실현. 그리고 약한 동물을 위한 정의의 실현. 농부는 가축을 돌보는 선한 청지기였고, 늑대는 외부 세계에서 온 침입자였다.

정말로 늑대가 침입자였을까? 아니다. 아메리카 원주민에게, 프레리 초원 지대에 사는 들소와 비버와 늑대에게는 유럽에서 온 백인 정착민이야말로 외부 세계에서 온 침입자였다. 그들은 원주민의 사냥감을 미리 없애 원주민을 항복시키기 위해, 모피를 벗겨 내 돈을 벌기 위해, 자신들의 가축을 보호하기 위해 동물을 살육했다.

그전까지만 해도 인간과 늑대의 관계는 평화로웠다. 원주민들은 늑대를 전설과 의식에 투사하면서 강인한 전사로 묘사했다. 이들은 늑대를 존경하는 문화를 가졌지만, 실제로 늑대와 접촉하지는 않았다. 늑대를 잡아 고기로 쓰지도 않았고, 그들의 모피를 선호하지도 않았다. 역

● 미국 늑대의 역사를 다룬 이 장에서 늑대는 회색늑대[Gray Wolf, Canis lupus]를 가리킨다.

사를 봐도 호모사피엔스와 늑대는 같은 포유류를 사냥하는 경쟁자였지만, 둘이 서로를 향해 창을 겨누거나 공격한 적은 없었다. 둘은 아메리카 대륙에서 최상위 포식자였고, 그저 자신의 일에만 충실했다.

유럽에서 온 초기 정착민들은 가축을 데려왔다. 먹을거리를 제공하는 소와 닭, 운송용 말이 없으면 이주민들은 불모지와 같은 대륙에서 살아남을 수 없었다. 그들의 정착지는 보잘것없고 남루한 마을이었다. 마을 주변에서 소와 양을 방목하는 초지는 야생에 노출되어 있었다. 아니, 정착민의 마을은 야생에 둘러싸여 있었다고 하는 게 옳을 것이다. 야생은 정착민들에게 두려움 그 자체였다. 한 번도 탐사해 보지 못한 들과 강, 산이 방대하게 펼쳐져 있었다. 다른 야생동물과 달리 늑대는 식민지의 풍경에서 유령 같은 존재였다. 정착민은 늑대의 울음소리를 들었지만, 그들과 마주치지 않았기 때문에 공포감은 배가됐다. 호모사피엔스 등장 이래 농경이 시작되기 전까지 초기 인류 역사에서처럼, 그리고 아메리카 원주민의 역사에서처럼 늑대와 인간은 서로 마주치기를 꺼리는 관계였다.

그러다가 늑대는 정착민이 키우는 '다루기 쉬운' 가축들을 발견하게 된다. 야생동물은 자신의 몸을 보호할 줄 안다. 반면, 가축은 인간이 보호해 주길 기대한다. 하지만 야생 속에 자리 잡은 마을에서 보호막은 보잘것없었다. 가축은 이내 배고픈 늑대의 손쉬운 습격 대상이 되었다.

식민지 정착민들은 갑자기 그들이 위험에 처한 것을 깨닫는다. 자신의 식량을 늑대가 강탈하고 있었기 때문이다. 이들은 엽총을 들고 경계를 섰고 늑대를 발본색원하려 했다. 늑대를 혐오하는 각종 민담과 이야기가 만들어져 전승됐다.

정부는 지주, 농민과 함께 대대적인 늑대 사냥에 나섰다.[1] 1885년 미국 연방 정부에 생물조사국Bureau of Biological Survey이 생긴다. 이 기관은 원래 새와 곤충 등을 연구하는 곳이었으나, 이익 단체의 압력으로 늑대 박멸 프로그램을 떠맡는다. 늑대에게 현상금도 걸린다. 마리당 대략 20~50달러를 걸고 진행된 현상금 사냥을 19세기 중반까지 정부와 목축업자가 주도한다. 늑대는 덫에 걸리거나, 총탄에 맞거나, 늑대 굴에서 잡혀 최후를 맞는다. 사람들은 독이 묻은 동물 사체를 늑대가 다니는 길에 놓아 독살하기도 했다. 그로 인해 배고픈 독수리, 까마귀, 여우, 곰도 죽어 나갔다.

이렇게 늑대 사냥이 벌어지던 와중에 전설적인 늑대 한 마리가 등장했다. 사우스다코타주의 '커스터울프'Custer Wolf는 목축업자와 현상금 사냥꾼들이 9년 동안 쫓아다녔지만 잡히지 않았다. 이 전설적인 무법자에게 붙은 현상금은 100달러에서 500달러까지 치솟았다. 마침내 1920년 커스터울프가 사살되자, 미국 농무부는 보도 자료까지 냈다.

남북전쟁이 끝난 이래로, 사우스다코타의 커스터 인근에서 이렇게 전화통에 불이 난 적이 없었다. 늑대는 9년 동안 무법자로 살았다. 지금까지 이 지역에서 가장 잔인하고 교활하면서 성공을 거둔 동물 무법자였다. (…) 농무부가 파견한 사냥꾼이 범죄자 늑대를 사살했다는 소식이 전해지자마자 전화통이 불난 것은 놀랄 일이 아니었다. 이 지역 목축업자들로부터 2만 5,000달러에 상당하는

커스터울프
커스터울프의 소문이 전국적으로 퍼지자, 미국 농무부는 사냥꾼
H. P. 윌리엄스(왼쪽)를 파견한다. 그는 총과 덫으로 수천 마리
늑대를 잡은 것으로 유명한 늑대 사냥꾼이었다. 수개월의 도주
끝에 커스터울프는 1920년 10월 사살된다.

가축을 앗아 간 커스터울프의 군림 기간은 이로써 끝났다. 손실액
만으로 피해를 다 말할 수 없다. 커스터울프는 최상 등급의 가축
만 가져갔으며, 때로는 잔인무도한 방식으로 가축을 죽였다. 소의
다리를 부러뜨리고, 꼬리를 자르고, 형언할 수 없는 정도의 잔혹
한 방식으로 몸을 훼손하는 등 소 떼에 부상을 입혔다.[2]

미국 정부의 지원 아래 20세기 중반까지 이어진 늑대 박멸 캠페인

은 북아메리카 늑대 집단을 싹쓸이했다. 유럽인이 오기 전 알래스카와 하와이를 제외한 미국 본토에는 늑대 100만 마리가 살았던 것으로 추정된다. 1930년 무렵엔 그 가운데 95퍼센트가 사라졌다. 중서부의 미네소타주와 미시건주에서 소규모 집단만이 살아남아 생존했을 뿐이다.

늑대 사라진 옐로스톤의 변화

1872년 세계 최초로 국립공원으로 지정된 옐로스톤의 늑대도 죽음의 격랑을 피하지 못했다. 옐로스톤의 마지막 늑대는 1926년 사살됐다. 늑대를 살육한 이들은 밀렵꾼이 아니라 국립공원 관리 요원park ranger이었다. 왜 늑대를 죽였냐고? 지금 시점에서는 이해하기 힘들지만, 당시 옐로스톤국립공원을 찾은 관광객들이 가장 보고 싶어 하는 동물은 늑대가 아니라 사슴이나 영양 같은 초식동물이었다. 늑대는 위험한 동물로 여겨졌던 반면, 사슴은 평화로운 자연의 상징물로 받아들여졌기 때문이다. 국립공원 당국은 평화로운 이미지를 전시하기 위해 사슴의 포식자인 늑대를 정기적으로 솎아 냈다. 늑대 굴을 찾아 허물고, 새끼들을 도살했다. 덫에 걸린 늑대들도 죽어 나갔다.

1915~1916년에는 국립공원 내 늑대 완전 박멸을 목표로, 생물조사국의 권고에 따라 전문적인 늑대 사냥꾼 두 명을 고용해 사냥을 진행했다. 늑대 12마리와 퓨마 4마리, 코요테 83마리가 총에 맞아 죽거나 덫에 걸려 죽었다.[3] 옐로스톤을 마지막으로 늑대는 미국 땅에서 거의 볼 수 없게 됐다.

오늘날엔 늑대를 사살하면 비난받겠지만, 100여 년 전의 환경윤리는 달랐다. 자연을 바라보는 사람들의 관점이 달랐기 때문이다. 동물을 바라보는 미적·경제적 가치가 달랐다. 옳고 그름의 잣대가 달랐다. 하지만 지옥으로 가는 길은 곧잘 선의로 포장되는지라, 옐로스톤에서 늑대를 제거한 사람들은 의외의 결과를 맞게 된다.

예상치 못한 사태는 눈에 띄지 않게 천천히 일어났고, 이를 눈치챘을 즈음엔 옐로스톤의 변화는 돌이킬 수 없는 지경이었다. 옐로스톤국립공원의 땅과 나무, 그리고 강이 피폐해지기 시작한 것이다. 옐로스톤을 뒤덮고 있는 복잡한 생태계 그물에 거대한 변화를 일으킨 것은 '와피티사슴'이라고도 불리는 대형 사슴 '엘크'Elk, *Ervus canadensis* 였다.

나는 오래전 캐나다 매니토바주州의 라이딩마운틴국립공원에서 이 사슴을 본 적이 있다. 우리 일행이 적막으로 가득 찬 숲의 한가운데로 들어갔을 때, 어둠 속에서 소 한 마리가 뒤척이는 소리가 들렸다. 야생의 숲에 소가 살 리가! 놀랍게도, 그것은 사슴이었다. 양쪽 머리 위에 거대한 나무 같은 뿔을 이고, 황소처럼 퉁퉁한 덩치를 움직여 우리 쪽을 잠깐 바라보더니 자취를 감추었다.

옐로스톤의 늑대들은 원래 황소만 한 덩치의 이 사슴을 사냥해 먹고 살았다. 늑대는 엘크보다 체구가 작으므로, 각자 역할을 나눈 다음 무리가 함께 공격하는 식으로 사냥했다. 그런데 촘촘한 생명의 그물망

● 어깨 높이 1.5미터, 몸무게 500킬로그램 정도로, 현존하는 사슴 중에서 두 번째로 큰 종이다. 가늘고 뾰족한 가지 모양 뿔이 거대한 군집을 이룬다. 가장 큰 사슴은 말코손바닥사슴*Alces alces*으로, 거인의 손바닥 같은 뿔이 특징이다. 북아메리카에서는 무스Moose라고 부르는데, 유럽에서는 이 사슴을 엘크Elk라고 불러 혼동의 여지가 있다.

엘크를 사냥하는 늑대
늑대는 소형 포유류도 사냥하지만, 제 덩치보다 훨씬 큰 엘크와
아메리카들소도 사냥한다. 이때는 집단 사냥이 펼쳐지며, 고도
의 협력과 전략이 동원된다.

에서 작은 연결선 하나가 끊어지자, 이내 전체 그물망이 헝크러지고 말
았다. 처음엔 박멸 작전으로 늑대가 없어지자, 엘크의 개체 수가 고삐
풀린 것처럼 늘어났다. 황소만 한 사슴은 언덕과 초지의 풀과 나무를 마
구 먹어 치웠다. 어린 사시나무와 버드나무가 자랄 수 없게 됐다. 식생
이 황폐해졌다. 연쇄 효과가 이어졌다. 풀숲이 없어진 강둑은 무너지기
일쑤였고, 물고기가 사는 강의 생태계도 영향을 받았다. 큰 나무가 줄어
들자, 비버는 댐을 만들 재료를 구하지 못했다. 옐로스톤은 '엘크의 천
국'이 되었다. 아니, 정확히는 천국과 지옥을 오갔다. 한정된 공간에 과
밀해진 엘크는 다른 개체와 필사적으로 경쟁해야 했고, 생존경쟁에서
패하면 굶주리며 도태됐다. 개체 수가 폭증하다가 생태적 한계선에 이
르면 추락했고, 그러다 다시 폭증하며 술 취한 자동차처럼 움직였다.

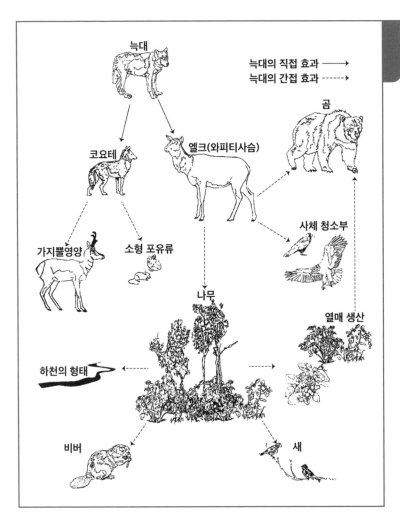

　사람들은 알아차렸다. 사슴의 개체 수를 적정하게 유지시키는 포식자 동물이 필요하구나! 늑대는 사슴을 잡아먹는 잔혹한 야수이기도 했지만, 생태계에 균형을 잡아 주는 관리자이기도 했던 것이다. 물론 인간이 늑대를 대신하기도 했다. 엽총을 들고 엘크를 쏘아 냈다. 캐나다 등으로 '이민'을 보내기도 했다. 그러나 지속가능한 방식이 아니었다. 결국 목축업자와 사냥 협회 등의 반대 속에서 늑대를 다시 들여오는 작업이 추진됐다. 그리고 1995년 맨 처음 캐나다에서 데려온 늑대 열네 마리가 옐로스톤 라마 계곡Lamar Valley에 도착했다.

왕국을 재건한 21번 늑대

인간이 새 땅에 뿌려 놓은 늑대는 생육하고 번성했다. 늑대들은 골짜기와 산등성이로 들어가 각각의 무리를 이루며 적응했다. 복원 초기, 가장 유명한 늑대는 '옐로스톤 이민자 늑대'의 2세였던 21번이었다. 한 번도 싸움에 진 적이 없고, 한 번도 패배자를 죽인 적이 없었던 그는 '완벽한 늑대'였다. 늑대 연구자 릭 매킨타이어Rick McIntyre의 묘사에 따르면, "무하마드 알리나 마이클 조던 같은 최고의 천재가 자신의 전성기에 극한의 기량을 발휘한"[4] 모습이었는데, 그는 다른 무리의 늑대와 혈투를 벌이더라도 자신이 이겼다는 것을 확인할 뿐, 항복한 적을 절대 죽이지 않고 풀어 주는 엄청난 절제력을 지녔다. 21번 늑대는 자신의 무리를 서른일곱 마리까지 불렸다. 지금까지 관찰된 것 중 지구에서 가장 규모가 큰 늑대 무리였다. 아마도 새로 도입된 이들 늑대 무리가 옐로스톤국립공원의 환경에서 풍부한 먹이 자원을 향유했기 때문일 것이다.

21번 늑대는 죽을 때가 되자 홀연히 사라져, 어릴 적 가족과 함께 어울렸던 산등성이로 올라가 최후를 맞았다. 누군가와 다툼 없이 야생화가 만발한 속에서 조용히 자연의 부름을 받았다.[5] 그는 물러날 때를 알고 있었던 것일까? 사람들의 예상을 뛰어넘어 훨씬 빨리 늑대 왕국을 재건한 21번 늑대는 옐로스톤 생태계의 복원을 상징하는 늑대 영웅으로 받아들여졌다.

과거와 달리 늑대를 밤낮으로 쫓아다닌 이들은 사냥꾼이 아니라 과학자였다. 이들은 행동 일지를 적고 가계도를 그리면서 늑대의 생태를 관찰하기 시작했다. 아프리카 곰베 강가에는 침팬지와 함께 살며 동물에 대한 편견을 벗겨 준 제인 구달이 있었다면, 옐로스톤에는 늑대들을 따라다니며 늑대 생태를 기록한 수많은 중견 학자들이 있었다.

과학자들은 우리가 가진 늑대의 신화가 잘못된 것임을 알려 주었다. 늑대는 피도 눈물도 없는 냉혈한도, 무자비한 가축의 살육자도 아니었다. 알파 수컷과 알파 암컷을 중심으로 '팩'pack이라는 대가족 무리를 이루고, 새끼가 성장할 때까지 암수가 함께 돌보는 등(인간을 제외한 동물에서 이런 경우가 흔치 않다) 인간과 비슷한 면이 많았다. 어린 늑대는 보통 한 살에서 네 살 때 가족을 떠나서 자신의 삶을 개척한다. 짝을 만나거나 동료들을 만나 팩을 창설할 수도, 다른 팩에 들어갈 수도, 한평생 홀로 방랑할 수도 있다. 무리 내 사냥과 돌봄의 분업이 존재하고, 엘크나 아메리카들소(버펄로) 등 대형 동물을 상대로 고도의 협력과 전략을 바탕으로 집단 사냥을 펼친다. 팩을 중심으로 사자처럼 치열한 영역 다툼과 이합집산이 이뤄진다는 사실도 알려졌다. 늑대의 죽음 중 가장 큰 비율이 이러한 싸움에서 일어나는 것도 확인됐다.

과학자들의 관찰을 바탕으로 많은 늑대 영웅담이 탄생했다. 그야말로 늑대 왕국의 전성시대였다. 늑대는 빠른 속도로 회복되기 시작했고, 엘크는 반비례하여 줄어들었다. 엘크의 개체 수는 늑대 재도입 이전에 1만 5,000마리 이상이었는데, 늑대가 다시 나타난 이후인 2010년에는 6,100마리로 줄었다. 엘크가 줄어들자 식생이 다양해졌다. 버드나무와 사시나무는 더 높게 자라며 몸을 키웠고, 비버가 만든 댐이 무너지는 소리가 숲을 울렸다. 2021년 12월 기준으로 최소 아흔다섯 마리의 늑대가 옐로스톤에 살아가고 있다.[6] 옐로스톤은 늑대 재도입을 통해 야생 복원의 모범 사례로 떠올랐고, 21번 이외에도 다양한 서사를 품은 늑대 영웅이 탄생하면서 사람들이 줄을 잇는 '늑대 관광지'가 됐다.

그러나 간과한 게 있었다. 옐로스톤 생태계 그물망의 행위자에는 인간도 있었던 것이다. 그것도 먹고 먹힘의 피라미드 최고층에 사는 가장 파괴적이고 변덕스러운 행위자였다. 미국 정부는 2012년 늑대의 개체 수가 안정적으로 유지되고 있다면서 늑대를 멸종위기종에서 제외했다. 이 말은 늑대가 먹이를 찾으러 옐로스톤국립공원 경계 밖으로 넘어가는 겨울에는 사냥꾼들의 표적이 될 수 있다는 말이었다.

그즈음에는 늑대 '오식스'가 유명세를 얻고 있었다. 이 암컷 늑대는 국립공원에서 832F의 식별표를 받았지만, 2006년에 태어나서 O-Six로 불렸다. 오식스는 2004년 죽은 21번의 손녀로, 드루이드 피크 팩에서 막 빠져나와 홀로 방랑하고 있었다. 보통 기존의 팩을 빠져나와 독립한 늑대들은 타 무리의 일원과 싸움을 벌이거나 합쳐서 새로운 무리를 창설한다. 하지만 빨리 터전을 잡지 않으면 수적으로 열세인 싸움에서 져서 죽을 확률이 커진다. 그런데 오식스는 수컷과 짝짓기만 할 뿐 정착하지 않고 외인으로 사는 것이었다. 게다가 인간을 무서워하지 않았다. 논픽션 작가 네이트 블레이크슬리Nate Blakeslee는 2017년 펴낸 『아메리칸 울프』American Wolf에서 이렇게 말한다.

오식스에게 아스팔트 도로는 아무것도 아니었다. 그녀는 차나 사람에게 다가가지 않았지만 그렇다고 해서 그것을 피해서 돌아가지도 않았다. 그녀에게 자동차는 천적이나 사냥감도 아닌 그냥 경관의 일부였다. 마치 바위나 나무, 아메리카들소처럼.[7]

이 말은 중요한 변화를 함축한다. 늑대와 인간과의 관계가 좀 더 평화적으로 바뀌었다는 것이고, 한편으로 늑대에게 인간의 인식을 바꿀 잠재력이 생겼다는 얘기다. 각각의 스토리를 지닌 야생의 늑대가 자신의 모습을 당당하게 보여 줌으로써, 사람들이 이를 보고 감동받고 감탄함으로써 기존에 자리 잡았던 '무법자 신화'는 무너지기 시작했다.

오식스의 초연한 태도 덕에 옐로스톤은 늑대를 보러 오는 관광객들로 북적였다. 오식스는 멋진 싸움을 보여 주었다. 그리고 나이가 두 살 어린 변변찮은 754M번과 755M번을 알파 수컷으로 받아들이며 '라마 캐니언 팩'을 창설했다. 라마 캐니언 팩이야말로 정말로 외인부대였다. 몰리 팩의 공격을 막아 내고 우뚝 섰다. 사람들은 이를 다 지켜보았다. 캘리포니아 바다에 고래 관광이 있다면, 와이오밍의 옐로스톤에는 늑대 관광이 있었다.

연구자들은 라마 캐니언 팩을 집중 관찰했고, 재밌는 사실이 많이 알려졌다. 오식스가 한번은 강물 안에서 잡은 엘크를 처리하지 못해 골머리를 앓고 있었다. 200킬로그램이 넘는 엘크는 너무 커서 물 밖으로 끌고 갈 수 없었다. 그러자 오식스는 사슴을 강물에 흘려 보냈다. 그리고 얕은 곳에 가서 기다려 꺼내 잡아먹었다.

2012년 미국 어류야생동물국FWS, Fish and Wildlife Service이 몬태나주와 아이다호주에 이어 와이오밍주에서 늑대를 멸종위기종에서 제외했다. 그동안 다른 두 주와 달리 자기네 주만 사냥 규제를 받고 있다며 연방 정부에 소송을 제기하는 등 늑대 사냥에 안달이 나 있었던 와이오밍주는 즉각 국립공원 밖에서는 사냥이 가능함을 선언했다. 불행하게도 초기의 희생자는 라마 캐니언 팩이 되었다. 그해 겨울은 험난한 계절이었고, 국립공원 내의 엘크도 별로 없었다. 라마 캐니언 팩은 엘크의 이동을 쫓다가 국립공원 경계선을 넘었다. 과거에도 이런 일은 여러 차례 있었다. 하지만 이번엔 달랐다. 754M번은 2012년 11월 사냥꾼의 총에 맞아 죽었다. 그리고 12월 6일, 오식스가 죽었다.[8] 세상에서 가장 유명한 늑대의 죽음을 전하는 기사가 각 신문에 실렸다. 사람들은 슬퍼했다. 그러나 이것은 늑대에게는 어깨를 건 친구들이 생겼고, 늑대가 더는 인간의 호락호락한 저주 대상이 아니라는 사실을 보여 주는 상징적 사건이었다.

늑대 영웅의 힘은 어디서 오나

동물의 몸은 인간 욕망의 전쟁터다. 참과 거짓, 선과 악, 확신과 비관으로 무장한 정치학이 동물의 몸을 가로지른다. 미국에서 만만치 않은

늑대 오식스

오식스가 알파 암컷으로 이끈 라마 캐니언 팩의 서식 영역은 접근성이 좋아서, 오식스는 언론과 관광객의 조명을 받았다. 그는 멋진 사냥 장면으로 이름이 높았다.

라마 캐니언 팩

2012년 3월에 촬영된 라마 캐니언 팩의 늑대들. 상단 왼쪽부터 754M, 755M, 832F(오식스)이다.

로비 능력을 지닌 각종 사냥 협회는 늑대 사냥 재허가를 요구했다. 주변의 대농장주들도 마찬가지였다. 이들은 늑대가 적정 수로 회복되었거나 혹은 적어도 절멸 위험을 벗어나 지속가능한 개체 수 수준으로 늘어났다고 주장했다.

반면 환경 단체와 보전과학자들은 그렇지 않다고 맞섰다. 이들은 생태계 구성원 간의 연결망에 대해서 설명하곤 했다. 한 부분이 끊어지면 그 피해는 막대해질 수 있다며, 옐로스톤국립공원에서 늑대가 없어진 일이 그러했다고 말했다. 늑대의 재도입과 옐로스톤의 재야생화는 이들의 주장을 뒷받침해 주는 과학적 논거였다.

여러 개의 당구공이 부딪히는 당구대가 있다. 당구공들은 북아메리카 대륙에 사는 다양한 인간 및 비인간 행위자human and nonhuman actors를 의미한다. 원래 이곳에는 아메리카 원주민, 늑대, 들소 등의 행위자가 있었다. 그런데 유럽에서 온 인간 행위자인 정착민이 비인간 행위자인 가축을 데리고 왔다. 가축은 정착민의 생계 수단이었다. 가축의 수를 불리고 방목하기 위해 이들은 원주민을 내쫓고 싶었다. 그중 한 가지 방법은 원주민들의 사냥감인 들소를 없애 버리는 것이었다. 정착민들은 들소를 닥치는 대로 죽이고 가축을 풀어놨다. 그러자 늑대 또한 주요한 사냥감인 들소가 없어진 상황을 맞이했고, 가축에 침을 흘리기 시작했다. 늑대는 가축을 습격했다. 피해를 입은 목축업자들은 들끓었고, '늑대=무법자'라는 담론이 만들어졌다. 담론 또한 생물처럼 물질적이고 활기를 띠고 움직이는 비인간 행위자다. '늑대=무법자' 담론은 스스로를 강화하며 정착민의 정서, 정부의 정책, 물질적 지원 등에 영향을 미쳤다. '정착민-원주민-들소-무법자 담론-늑대'의 행위자들이 도미노처럼 반응했다고 볼 수 있다.

엘로스톤에서는 조금 다른 양상으로 게임이 진행됐다. 엘크가 주인 행세를 하던 엘로스톤의 당구대에 늑대라는 새로운 당구공이 입장한 것이다. 늑대를 풀어 준 것은 보전생물학자와 환경 단체 등 야생 보전에 소신을 갖고 있는 행위자들이었다. 늑대는 엘크를 사냥했고, 줄어든 포식자로 인해 엘로스톤의 식생이 다양하고 풍성해졌다. '늑대의 귀환'이라는 담론이 미디어를 통해 널리 퍼지며, 늑대를 보는 대중의 시각이 달라졌다.

두 시대에 각각의 영웅이 있었다. 하나는 무법자 반反영웅이던 커스터울프다. 그는 〈배트맨〉 시리즈에 나오는 '조커' 같은 악의 화신이었다. 어찌 해볼 수 없는 야생의 반영웅을 누군가는 경외의 시선으로 바라봤을 것이다. 다른 하나는 21번 늑대와 오식스였다. 권력을 지닌 한편 절제의 도를 갖춘 늑대, 한평생 고독하게 떠돌면서 왕국을 재건한 늑대…. 다양한 영웅 서사를 엘로스톤의 늑대들이 품고 있었다.

이들이 활약한 두 시대를 비교하면, 동물과 인간 사이에 흐르는 정동이 달라진 것을 알 수 있다. 6장에서 살펴봤듯 정동이란 '어떤 물체, 세계에 대한 감정이나 무의식적 반응'을 말한다. 하나의 세계는 마치 여러 개의 당구공이 놓여 있는 당구대와 비슷하다. 당구공이라는 행위자는 서로를 맞추고 튕겨 나며, 주변의 당구공을 연쇄적으로 움직인다. 늑대의 세계에서 새로운 인간/비인간 행위자(유럽에서 온 정착민, 캐나다에서 온 늑대)의 등장으로 그전과는 다른 행위와 실천이 연결망을 타고 흘렀고, 행위자들의 연결망이 재구성되었다. 마치 당구대에서 당구공을 굴리면 공들이 부딪쳐 새로운 대형을 만들 듯 행위자들은 서로 영향을 주고받았으며, 이윽고 질적으로 다른 네트워크가 구성됐다. 인간이 늑대를 바라보는 감정적 시선이 달라지자, 그에 맞춰 사회적·제도적 변화가 뒤따랐다.

이 네트워크에서 동물이라는 비인간 행위자가 단지 '세계의 수동적 반영물'은 아니었다. 늑대라는 집단적 종species으로 축소되지 않고, 각각의 성격·취향·경험·기질을 가진 '개체'individual가 전면에 등장한 것이다. 커스터울프와 21번 늑대, 오식스는 이런 개성으로 인간을 유혹했다. 동물은 강력한 정동의 힘으로 인간에게 영향을 준다. 옐로스톤의 황무지를 고독히 걷는 늑대를 상상해 보라. 그는 강한 힘과 절제력으로 자신의 무리를 적으로부터 지키는, 인간에게 익숙한 서사로 가득 찬 카리스마를 지녔다. 이미지와 서사가 결합하면, 정동의 힘은 더 강력해진다.

물론 새로 구성된 늑대 네트워크가 언제까지고 단단할 리는 없다. 네트워크는 본디 유동적이어서 언제나 흔들릴 수 있다. 국립공원을 안과 밖으로 가르는 경계선이 그 흔들림의 진앙이다. 2012년 멸종위기종에서 다시 제외된 이래 국립공원 안에서의 늑대 사냥은 불법이지만, 국립공원 밖에서는 합법이다. 늑대는 보호구역 안에서 최고 포식자의 지위를 누리지만, 밖에서는 총 한 방에 날아가는 전리품에 불과하다. 하지만 늑대는 지도를 볼 줄 모른다. 사자도 지도를 볼 줄 모른다. 이와 관련한 논란은 대서양 건너편 아프리카의 한 초원에서 재점화된다.

14장

사자는 지도를 볼 줄 모른다
세계를 흔든 세실

아프리카의 초원 위로 기차가 지나간다. 짐바브웨의 황게국립공원 Hwange National Park. 철길 왼쪽은 국립공원이고, 오른쪽은 가난한 농부들의 땅이다. 철길은 국립공원 경계선이다. 동물들은 철길을 건너 국립공원을 드나든다. '세실'Cecil도 철길을 건너지 않았더라면 지금도 살아 있었을 것이다.

21세기 들어 가장 유명한 동물을 꼽으라면, 나는 두 동물을 들겠다. 둘 다 '죽음'으로 세상을 바꿨다. 한 동물은 12장에서 다룬 바 있는, 사람을 죽인 범고래 '틸리쿰'이다. 다른 한 동물은 사자 '세실'이다. 그는 틸리쿰과는 반대로 사람에게 '살해'됨으로써 세상을 바꿨다. 벽에 걸어 둘 멋진 기념품 박제(트로피)를 만들기 위해 사냥된 세실의 이야기가 알려지면서, 2015년 여름 세계는 야생동물 사냥에 대한 비난과 사자 보호 여론으로 뜨거웠다.

트위터와 페이스북 등 사회관계망서비스^{SNS}에서 사람들은 세실을 추모하고 사냥꾼에 분노했다. 사냥꾼으로 지목된 미국인 치과 의사의 집 앞에는 그를 비난하는 현수막이 걸리고 시위대가 진을 쳤다. 수십 개 항공사에서 트로피 운송 거부를 선언했고, 미국 정부는 아프리카사자를 멸종위기종에 포함했다. 미국, 독일, 네덜란드 등은 사냥한 트로피의 수입을 금지했다.[●] 주간지 《타임》은 '가장 영향력 있는 동물 100'에 세실을 1위로 선정했다.[1]

비열한 인간, 억울한 사자

세실이라는 이름이 처음 알려진 건 2008년이다. 당시 영국 옥스퍼드대학 사자 연구 팀은 석궁으로 마취제를 쏘아 사자의 목에 인공위성 위치 추적 장치, 즉 GPS 목걸이를 다는 작업을 했다. 검은 갈기의 위엄 있는 모습의 수사자 세실도 이렇게 목걸이를 달았고, 그뒤 국립공원을 방문하는 관광객들의 유명 인사가 됐다. 다른 사자들은 사파리 차량이

● 미국에서는 「멸종위기종에 관한 법률」^{Endangered Species Act}에 따라 멸종위기종에 지정된 동물의 사체나 가죽 등을 국내로 가져올 수 없다. 세실의 죽음으로 야생동물 사냥에 대한 대중의 비난이 커지자, 당시 오바마 행정부는 아프리카사자 두 종을 멸종위기종에 등록한다. 하지만 2017년 사냥 단체의 제소로 미국 법원은 당시 멸종위기종 지정에 절차상의 하자가 있다고 판결했다. 트럼프 행정부 들어 해당 종의 지속가능성에 문제가 없는지 신청 건마다 수입 심사를 한다고 했고, 2019년 처음으로 수입이 허가됐다.

철길과 사자
철길은 황게국립공원 경계부를 따라 이어진다. 사자는 철길 밖으로 나가면 보호받을 수 없다.

들어오면 슬그머니 꽁무니를 뺐는데, 세실은 그렇지 않았다. 스스럼없이 차량 앞으로 다가가 호기심 어린 눈으로 관광객을 쳐다보거나 턱 주저앉아 낮잠을 잤다. 황게의 '늑대 오식스'였다고나 할까. 물론 그때까지만 해도 세실은 그저 '사진발 잘 받는 지역 인사'였을 뿐이었다. 하지만 그의 죽음이 세계에 알려지면서 세실은 고난받는 사자들을 대표하는 예수가 됐다.

2015년 6월말 월터 파머Walter Palmer라는 미국인 치과 의사가 수천만 원을 지불하고 사냥 여행에 나선다. 지금도 인터넷에 치면 나오는 사냥 광고를 보면 사자 사냥은 3만 5,000달러, 얼룩말 사냥은 1,250달러의 거금이 든다. 짐바브웨 정부는 매년 쿼터를 정해 종별로 사냥 면허를 팔고, 여행사는 그 면허와 사냥 가이드, 숙박을 묶어 외국인 관광객에게 판다. 북극해 횡단 크루즈보다도 비싼 이 패키지의 고객은 주로 사냥을 좋아하는 미국의 부호들이다.

물론 면허를 샀다고 해서 아무 데서나 사자를 사냥할 수 없다. 세계 어느 나라와 마찬가지로, 짐바브웨는 국립공원 같은 보호구역에서 사냥을 전면 금지한다. 그러나 허점이 있다. 국립공원에 사는 사자가 공원 경계 밖으로 나오면, 문제 될 게 없었다. 미국 옐로스톤국립공원의 늑대들이 국립공원 밖으로 나오면 사냥해도 되는 것처럼….

사냥꾼들은 더러운 피로 얼룩진 사냥을 합법적으로 세탁하기 위해 사자를 철길 밖으로 유인했다. 야생동물 사체를 차량에 매달고 천천히 사자를 유인하거나, 철길 밖의 나무에 고기를 걸어 놓고 냄새를 풍겨 사자를 기다렸다. 2015년 7월 1일 세실도 코끼리 고기 냄새를 맡고 홀리듯 철길을 건넜다. 그와 함께 무리를 이끌던 수사자 '제리코'Jericho와 함께였다.

세실과 제리코는 며칠은 굶은 듯 얼굴을 묻고 코끼리 고기를 파먹었다. 사냥 가이드는 모든 걸 세팅해 놓았다. 귀족처럼 사뿐사뿐 다가간 미국인 치과 의사는 방아쇠에 손을 얹었다. 가늠쇠 끝에는 제리코가 아니라 세실이 겨누어져 있었다. 검은 갈기가 인상적인 사자. '톡' 하는 짧은 소음이 울렸고, 세실은 맥없이 쓰러졌다.

이튿날 아침이었다. 옥스퍼드대학의 현장 연구원이던 브렌트 스타펠캄프Brent Stapelkamp는 여느 날처럼 커피 한 잔을 올리고 스마트폰을 꺼냈다. 현재 사자들이 어디에 있는지 연구소 웹사이트에 들어가 지도를 확인했다. 세실을 비롯한 사자들의 목걸이에서는 2시간마다 한 번씩 위치 정보를 담은 전파를 송신한다. 다른 사자들은 이상할 게 없었다. 오직 세실에게서만 오전 8시 이후 아무런 정보도 수신되지 않고 있었다. 그는 GPS 목걸이의 배터리가 다 된 줄 알고, '오늘은 세실을 찾아가야겠군.' 하고 생각했다. 하지만 목에 작은 생선 가시라도 걸린 양 찝찝함이 하루종일 사라지지 않았다.

사흘 뒤, 한 사파리 가이드가 찾아와 수사자 한 마리가 사냥꾼에게 당했다는 얘기를 들어 봤냐고 물었다. 그는 공원 경계 바로 바깥인 앙투아네트Antoinette 지역에서 일이 터진 것 같다고 말했다. 심장이 쿵 하고 내려앉았다. 세실이었다!

세실은 갈비뼈와 척추뼈만 남긴 채 도륙되어 있었다. 곧바로 착수한 조사에서 사냥꾼이 미국인 치과 의사 월터 파머라는 사실이 밝혀졌고, 이 뉴스는 관광객들의 SNS를 통해 나라 밖으로 퍼지며 세계인의 공분을 불렀다. 아무도 이렇게 사건이 커질 줄 몰랐다.[2]

또 다른 영웅, 친구 제리코

사자는 '프라이드'pride라는 독특한 무리를 이룬다. 알파 수컷을 중심으로 암사자 몇 마리, 그리고 새끼들로 기본 무리를 형성한다. 사자는 강력한 영역 동물이고, 프라이드는 지배 영역을 중심으로 움직인다. 때로는 영역을 확장하거나 탈취하면서 큰 다툼이 벌어진다. 이 과정에서 프라이드 간의 경쟁, 프라이드의 몰락 그리고 인수합병이 이어진다.

월터 파머 집 앞에서 벌어진 시위
2015년 사자 세실의 죽음이 알려지면서, 월터 파머의 집 앞 도
로는 일인시위를 하는 사람들로 북새통을 이루었다.

다른 곳에 사는 사자들이 영역을 침범해 공격한다. 이때 지도자인
알파 수컷이 싸움 끝에 죽으면, 패배한 프라이드의 사자들은 격랑에 휘
말린다. 침입자 수사자가 새끼들을 모조리 죽여 버리기 때문이다. 이때
암사자들의 선택은 대체로 정해져 있다. 새끼를 지키기 위해 새 지배자
와 맞서 싸우거나, 아니면 영역 밖으로 도망치거나.

트로피 사냥꾼들의 사자 사냥도 엄청난 후폭풍을 몰고 온다. 트로피
사냥꾼들이 가늠쇠를 겨누는 대상은 맨숭맨숭하게 생긴 암사자가 아니
다. 멋진 갈기가 달린 수사자다. 사냥 뒤 수사자는 머리가 잘려 수거된
다. 죽은 세실이 참수된 이유도 바로 벽에 걸면 폼 나는 머리 트로피를

만들기 위해서다.

수사자 한 마리를 쏘면, 서른 마리의 죽음으로 이어진다는 말이 있다. 무주공산임을 깨닫고 이웃 영역의 수사자가 바로 쳐들어온다. 리더가 없는 암사자와 새끼들은 허둥대다가 살해되기나 도망친다. 이 때문에 세실이 죽은 뒤, 사람들의 관심은 세실의 새끼들로 향했다. 다른 무리가 세실이 이끌었던 프라이드를 공격하면, 끔찍한 영아 살해가 발생할 수 있었기 때문이다.

하지만 거기 세실의 친구 '제리코'가 있었다. 브렌트 스타펠캄프에 따르면, 둘은 프라이드 연합 파트너이면서도 서로의 일에 관여하지 않는 아주 특별한 관계였다.

제리코는 황게국립공원에서 가장 강력했던 사자 '음포푸'Mpofu의 아들로 태어났다. 형제인 '유다'Judah, '욥'Job과 함께 평화로운 시절을 보냈다. 하지만 다른 무리의 젊은 수컷들이 공격하면서, 음포푸는 변방으로 쫓겨나고 만다. 성숙해진 제리코, 유다, 욥은 아버지 음포푸를 다시 만났고, 이들 넷은 새로운 연합을 만들어 강력한 프라이드로 거듭난다. 네 사자의 왕국은 영토를 확장하다가 세실과 그의 형제 '리앤더'Leander 프라이드와 부딪혔다. 거대한 싸움이었다. 양쪽 다 한 방씩 맞았다. 리앤더가 싸움 중에 죽고, 음포푸는 오른쪽 뒷다리에 치명상을 입고 홀로 헤매다 죽었다.

제리코, 유다, 욥은 새로 정복한 땅에서 삶을 꾸렸지만, 평화는 오래 가지 않았다. 유다, 욥이 차례로 사냥꾼의 총탄에 맞아 죽었기 때문이다. 제리코는 거의 혼자가 되었고, 바로 이웃에선 세실이 어느덧 스무 마리를 거느린 황게의 전설이 되어 가고 있었다. 엎친 데 덮친 격으로 다시 싸움꾼 '부시'Bush와 '부베지'Bhubezi의 공격을 받아, 제리코의 무리는 국립공원 밖으로 쫓겨나 가축을 습격하는 처지가 되었다. 결국 제리코는 주민들이 쳐 놓은 덫에 걸려 중상을 입었고, 공원 당국이 부상을 치료하면서 GPS를 떼 주었다. 그 뒤, 제리코의 행방은 묘연했다. 그러다가 제리코와 세실이 함께 있는 장면이 포착됐다.

제리코는 세실의 영역 부근에서 비교적 독립적인 삶을 꾸리고 있었다. 암사자와의 교미에 대해선 세실에게 우선권이 있었으므로, 제리코를 세실 프라이드에 속한 것으로 보는 이도 있었다. 여하튼 세실과 제리코는 공격하지 않고 서로 연대했다.

세실의 죽음 이후, 제리코는 새끼들의 아버지가 아니었기 때문에 제리코가 세실의 프라이드를 '접수'하면서 새끼들을 살육하지 않을까 걱정하는 목소리가 있었다. 하지만 제리코는 친구의 새끼들을 공격하지 않았다. 세실의 무리를 떠나지도 않았다. 이러한 제리코의 존재 때문에 이웃 사자들은 세실 프라이드를 공격하지 못했다. 아버지가 떠난 무리에서 새끼들은 일상을 유지하며 끔찍한 영아 살해를 피해 갈 수 있었다. 제리코는 '의리의 사자'였다.[3]

세실의 죽음은 트로피 사냥의 문제점을 환기했다. 사냥꾼들이 노리는 것은 대개 알파 수컷이다. 수사자의 머리가 벽에 걸어 두는 트로피로 맞춤하기 때문이다. 그러나 수사자 한 마리의 죽음은, 앞서 말했듯 무리 전체를 혼란에 빠뜨린다. 왕을 잃고 혼란에 빠진 왕국, 그리고 이웃 왕국의 침략과 대량의 영아 살해. 새끼들은 죽고 흩어진다. 정처를 잃은

사자 세실과 제리코
짐바브웨 황게국립공원의 사자 '세실'(아래)과 '제리코'(위). 세실이 죽기 약 한 달 전, 현장 연구원 브렌트 스타펠캄프가 마지막으로 찍은 사진이다.

암사자는 점령자 수사자를 피해 국립공원 밖으로 빠져나간다. 배고파서 가축을 습격한다. 농부들은 복수의 총을 겨눈다. 국립공원 사자들에게 흔한 레퍼토리다.

틸리쿰과 세실은 이 시대 야생동물 착취 체제의 두 경로를 상징한다. 하나는 동물원 혹은 수족관에 감금된 동물captive animals이며, 또 다른하나는 국립공원 같은 보호구역에 사는, 우리가 상상하는 그런 야생동물이다. 전자는 야생에서 포획되거나 인위적으로 번식·전시됨으로써자유를 박탈당한다. 그렇다면 이와 달리 야생과 다름없는 환경에서 살아가는 후자는 정말로 자유로울까? 동물들은 법적으로 보호되지만, 요새 안에서만 그런 지위를 누릴 뿐이다. 동물들은 지도를 볼 줄 모른다. 황게국립공원의 사자들은 국립공원 경계선이 철길 밖으로 나가면, 트로피 사냥꾼의 타깃이 된다. 옐로스톤의 늑대 영웅들이 국립공원 밖에서 사살됐듯이.

주민들은 왜 사자를 혐오할까?

아프리카의 세렝게티는 '에덴'이 아니다. 원래 이곳에선 마사이 유목민들이 가축을 기르며 살고 있었다. 야생과 문명은 칼에 잘린 두부처럼 분리돼 있지 않았다. 맹수가 가축을 습격하듯 둘은 뒤엉켜 있었다. 세렝게티가 국립공원으로 지정되면서 마사이 부족은 강제 퇴거됐다.

아프리카 대부분의 사파리들이 그러하다. 야생동물을 보전하기 위해(다른 말로 관광객들을 받아 돈을 벌기 위해) 가난한 주민들은 강제 퇴거된다. 정부는 세계적인 환경 비정부기구와 협약을 맺고 국립공원 같은 보호구역을 설정해 야생동물을 연구·보전한다. 동시에 정부는 외국의 대자본을 끌어들여 야생 로지와 리조트를 짓고 사파리 관광을 진행한다. 이러한 생태 관광의 수요자는 제1세계의 시민들이다. 황게국립공원도 마찬가지다. 『보전 난민』Conservation Refugees을 쓴 미국의 환경 저널리스트 마크 다위Mark Dowie는 이렇게 말한다.

수백만 명의 원주민들이 석유나 철광석, 목재나 농경지 때문에 자신들이 살아왔던 땅에서 쫓겨난다는 것은 더 이상 비밀이 아니다.

하지만 이와 달리 '숭고한' 이유로 원주민들이 쫓겨나는 걸 아는 사람들은 거의 없다. 바로 '야생 보전' 때문이다.[4]

석유 기업 셸Shell이나 텍사코Texaco, 광산 기업 프리포트맥모란Freeport-McMoRan의 자리에 세계자연기금WWF, World Wide Fund for Nature, 국제보전협회CI, Conservation International, 국제자연보호협회TNC, The Nature Conservancy 등의 환경 비정부기구가 서 있다는 게 그의 주장이다. 이들은 제3세계에 프로젝트 지역을 설정하고, 굴지의 다국적기업과 제1세계의 개인들에게 후원을 받아 야생 보전 사업을 펼친다. 지역 경제 자립을 위한 사업도 병행되지만, 대개 가난한 원주민들이 직접적인 혜택을 받지 못한다.

2004년 타이 방콕에서 열린 세계자연보전총회World Conservation Congress는 이러한 시각을 가진 원주민의 의견이 처음 공개적으로 표명된 자리였다. 연단에 선 이는 마사이족이었다. 남부 케냐와 탄자니아의 세렝게티 평원에서 이미 10만 명 넘는 마사이족들이 고향을 떠난 상황이었다. 마사이족의 문화는 붕괴됐고 삶의 질은 추락했다. 발표자 마틴 사닝고Martin Saning'o가 맨 처음 한 말은 "우리는 야생 보전의 적"이라는 한마디였다. '백인 참가자'들이 대부분이었던 청중들 얼굴에 충격과 적막이 번졌다. 사닝고는 말을 잇는다.

> "우리야말로 최초의 보전주의자들입니다. 우리의 농업 방식은 벌이 꽃가루를 옮기고, 다양한 생태계 사이의 회랑을 관리하는 것과 같았습니다. 당신들의 생각을 바꾸기 위해서 여기에 왔습니다. 당

신들이 우리와 같아지기를 희망합니다. 우리 없이는 야생 보전은 달성될 수 없습니다."[5]

동물지리학자 댄 브로킹턴Dan Brockington은 아프리카의 야생 보전 정책과 관련하여 '요새형 보전'fortress conservation이라는 말을 처음 썼다.[6] 원래 동물이 사는 야생과 사람이 사는 비야생 공간은 딱 잘라 나뉘어 있지 않았다. 그러나 아프리카 국가들은 국립공원으로 지정해 그 안에 사는 원주민을 퇴거시키고 대자본을 불러들여 리조트와 관광시설을 지었다. 관광산업으로 벌어들인 돈은 국립공원 보전과 경제 발전에 쓰겠다고 했다. 2006년 연구에 따르면, 아프리카 국가들은 연간 최소 1만 8,500명이 참가하는 트로피 사냥으로 2억 100만 달러를 벌어들인다.[7] 짐바브웨에서만 한 해 1,600만 달러의 수입을 1만 1,318마리의 동물을 사냥해 얻는다. 1994~2004년 한 해 평균 코끼리 243마리, 사자 89마리, 표범 303마리가 사냥되어 해외로 빠져나갔다.

한편 원주민들은 또 다른 형태의 난민, 즉 '보전 난민'이 되었다. 쫓겨난 난민들은 동물을 증오하게 되었다. 동물의 삶은 국립공원 안에서만 존중받게 되었다. 영역 싸움에서 패퇴한 수사자, 새끼를 지키려고 나온 암사자들은 국립공원 바깥에서 어슬렁거리며 가축을 건드렸고 마을 사람들에게 복수를 당했다. 이렇게 엉켜 버리고 만 인간-동물의 관계는 다 무엇 때문인가?

트로피 사냥

구글에서 '트로피 사냥'으로 검색하면 나오는 이미지들. 주로 미국인이 이용하는 고가의 과시용 활동이다. 아프리카의 각 나라는 사냥 허가권을 주고 이익을 취하지만, 반대 급부로 배타적인 야생 보전 지역을 설정하면서 야생동물과 원주민 모두에게 비극인 구조가 됐다.

식민화되는 것은 인간만이 아니다

식민주의는 원주민의 몸에도 흐르지만, 동물의 몸에도 흐른다. 북아메리카 대륙에서 원주민과 아메리카들소와 늑대와의 관계를 살펴보면, 그리고 아프리카에서 원주민과 사자와의 관계를 분석하면 이들의 신체를 식민주의가 관통하고 있음을 알 수 있다. 지구 생태계의 지배계급은 원주민과 동물의 삶터를 점령하고, 그들을 계몽해야 할 야만으로 치부하며, 그들의 몸을 자신의 정치체제에 복속시킨다.

사실 짐바브웨 사자를 멸종 위기에 빠뜨린 건 영국 제국주의다. 제국주의는 아프리카의 사자를 비롯해 코끼리, 침팬지, 고릴라를 잡아 동물원에 처넣거나 박제해 서재, 박물관의 진열장 안에 넣었다. 동물들은 그렇게 멸종 위기의 나락에 빠졌다. 그런데 이제 와서 영국의 연구 기관이 황게의 사자에게 GPS를 달고 서구의 언론이 앞장서 야생동물 보전을 설파한다. 사자 세실도 영국 식민주의자 세실 로즈의 이름을 따왔다. 그는 남아프리카를 통치하던 식민지 관료였으며, 짐바브웨에서 다이아몬드를 채광하는 사업가였다. 만약 일본인 연구자들이 지리산 반달곰에 '이토 히로부미'라는 이름을 붙이고 GPS를 달아 실시간으로 관찰한다면? 우리나라 사람들은 분개할 것이다.

아프리카 야생에 대한 지배는 식민주의에서 신자유주의로 바뀌었다고 댄 브로킹턴은 말한다. 식민지 시절 닥치는 대로 사자를 잡아들였다면, 지금은 쿼터를 주고 사냥허가권을 판다. 보전의 외피를 둘러쓰고 이윤을 창출한다. 놀라지 마시라. 주류 학자들은 스포츠 사냥이 야생 보전에 기여한다고 주장한다. 한국 기준에서는 진보적으로 보이는 세계자연기금도 스포츠 사냥을 반대하지 않는다. 옥스퍼드대학 야생 보전 팀조차도 '지속가능한' 스포츠 사냥을 주장하는 미국의 이익 단체 '댈러스사파리클럽'에서 일부 후원을 받고 있다. 이들의 논리는 이렇다. 외국인 갑부에게 사냥 허가권을 주고 번 돈은 가난한 아프리카 경제에 기여한다. 아프리카 국가들도 여기에 대체로 수긍한다. 정부는 토지 소유주에게 자신의 땅을 민간 사파리로 바꾸도록 권장한다. 짐바브웨에서는 야생동물의 경쟁자인 가축의 방목지 27만 제곱킬로미터가 민간 사파리로 바뀌었다. 귀족 사냥 여행의 주 고객은 미국과 유럽 등 옛 제국주의 나라의 갑부들이다. 짐바브웨는 독립했지만 잡혀가는 동물, 잡아가는 인간은 달라지지 않았다.

이들이 설파하는 야생 보전 담론은 집단적 '종'의 지속가능성을 목표로 둔다. 개별 개체의 '생명'이 아니다. 또한 실용주의와 사실에 기반한다(고 주장한다). 항상 시뮬레이션을 돌린다. 이를테면 여의도만 한 면적에 사자가 '지속가능'하려면, 최소 몇 마리가 있어야 되는지를 계산한다. 나머지는 돈을 버는 용도로 사용될 수 있다. 하지만 개개 생명의 가치는 교환가치로 환원될 수 없다. 마을의 번영을 위해 매년 사람 한 명을 이무기에게 바치는 게 괜찮다고 여기는 사람이 아무도 없는데, 매년 쿼터를 정해 놓고 사자를 죽이는 게 동물의 왕국을 위해서 불가피한 일이라고? 이런 방식으로 의문을 제기하는 게 동물권의 사유 방식이다. 스포츠 사냥을 어떻게 볼 것인가. 동물에 관한 철학적 논쟁의 길을 따라가다 보면, 대략 이 지점에서 갈림길을 만나게 된다.[8]

세실의 죽음 이후 세계적인 열풍에 들썩인 남녀노소가 이런 복잡한 관계를 다 이해하지는 못했을 것이다. 우리는 본능적으로 사건을 대할 때, 선과 악의 두 진영으로 판단하는 버릇이 있기 때문이다. 그럼에도 세실의 죽음이 '무언가 잘못됐다'는 믿음을 주었다는 것은 분명하다. 적어도 고작 벽걸이 하나 만들려고 사자의 위엄을 무너뜨리며 그의 가족을 위험에 빠뜨리는 것은 옳지 못하다고 말이다.

4부

동물, 그 자체를 향해

15장

아기 고래야, 제발 가라앉지 마
탈레쿠아와 17일의 장례식

아주머니는 메이티[*]였다. 아메리카원주민과 프랑스 이민자의 후손인 그녀는 열 시간을 달려도 지평선에 닿지 않는 캐나다 프레리의 한 소도시에 살았다. 그녀는 가끔 반려견 '바클리'와 함께 빨랫감을 들고 내가 사는 2층의 세탁실에 올라왔다. 그날 밤 바클리가 밤새 울부짖을 때까지만 해도 나는 한 달 전 그녀가 어깨를 으쓱하며 했던 말을 잊고 있었다. 그녀는 나지막한 목소리로 유방암에 걸렸다고 말했다. 바클리는 그녀가 죽은 이튿날 새벽까지 깽깽거렸다.

바클리는 왜 울었을까. 주인의 죽음을 슬퍼했던 걸까. 아니면 미동

● 프랑스계 캐나다인과 북아메리카 원주민과의 혼혈아.

없는 육체와 무거운 공기가 그저 혼란스러웠던 걸까. 그 개는 진정 죽음과 영원한 부재의 개념을 이해하고 있었을까.

자식을 보내지 못하는 범고래

이번에 이야기하고 싶은 것은 동물의 슬픔과 애도에 대해서다. 우리는 슬픔을 고차원적인 감정으로 생각한다. 장례식 같은 의식을 치르며 망자를 기리고 떠나보낸다. 죽은 이에 대한 애도와 추모는 인간만의 전유물일까?

세일리시해에서 범고래를 본 적이 있다. 이곳은 미국 시애틀과 캐나다 밴쿠버 사이의 북서태평양 바다다. 다도해처럼 크고 작은 섬이 많은 이 연근해에는 고래와 바다사자를 비롯한 해양 동물, 그리고 다양한 어류의 생태계가 펼쳐져 있다. 천혜의 생태 환경이 동물을 착취하는 이들의 눈에 띄어, 20세기 초반부터 수많은 범고래가 전시용으로 잡혀갔다. 미국의 해양 동물 테마파크는 이 지역 범고래의 씨를 말리며 컸다고 해도 과언이 아니다.

다행히 세일리시해는 약간이나마 평화로워졌다. 1972년 미국의 해양포유류보호법MMPA 제정 이후 시월드 등 전시·공연 업체가 범고래를 다른 나라에서 수입하거나 자체적으로 인공증식 하는 것으로 방향을 틀었기 때문이다.

그 이후, 업자들 대신 이곳에 내려온 건 과학자들이었다. 과학자들은 어두운 동굴에서 촛불을 비추듯 바닷속을 더듬으며 지식을 쌓아 갔다. 그 결과 범고래 집단은 강한 유대로 결합한 모계사회이며, 원로 암 컷인 가모장이 그녀의 딸과 외손자녀들로 이루어진 무리를 이끈다는 사실이 밝혀졌다. 세일리시해에는 정주형resident 범고래와 이동형transient 범고래가 있다. 정주형 범고래는 세일리시해에서 평생을 머물며 주로 물고기를 먹고 산다. 반면 이동형 범고래는 물고기뿐만 아니라 돌고래 나 바다사자, 심지어 다른 고래까지 노리는 바다의 최상위 포식자로 활 동 범위가 넓다.

세일리시해는 범고래를 연구하기에 천혜의 조건이었다. 무엇보다 시애틀과 밴쿠버라는 대도시와 가까웠기 때문에 접근성이 좋아, 과학 자들이 시간을 내어 연구에 파고들 수 있었다. 이들은 참을성 있게 범고 래의 얼룩무늬를 기록하며 개체를 식별해 갔다. 부모, 형제 등 가계도를 그리며, 이들이 어떤 무리(포드pod라고 하며, 암컷을 중심으로 네댓 세대가 하나 의 무리를 이룬다)를 이루고 있는지 파악했다. 현재 세일리시해의 정주형 범고래는 J 무리J-pod와 K 무리K-pod 그리고 L 무리L-pod가 있다. 각 무리의 가족 관계를 그린 가계도는 지금도 이어지고 기록되고 있다.

J-35라는 범고래가 있었다. 줄곧 지켜본 이들에겐 '탈레쿠아'Tahlequah 라는 이름으로 불리던 암컷 범고래였다. 탈레쿠아의 삶은 다사다난했 다. J 무리에서 1998년 태어나 2010년 처음으로 새끼를 낳아 어른으 로 키웠고, 첫 번째 출산 이후 얼마 되지 않아 하나를 유산한 적도 있다. 2016년 탈레쿠아와 자매였던 J-28이 세상을 떠나자, 조카 둘을 돌봤다. 하나는 젖먹이라서 영양실조로 죽고 말았다.

스무 살 되던 2018년 탈레쿠아에게 기쁜 소식이 찾아왔다. 세 번째 새끼를 뱄던 것이다. 7월 24일 탈레쿠아는 캐나다 밴쿠버섬 남쪽 클로버 포인트에서 새끼를 낳았다. 과학자들도 기다리던 소식이었다. 세일리시해의 정주형 범고래들의 개체 수가 2000년대 들어 감소하고 있었기 때문이다. 이들의 주 먹이인 왕연어^{Chinook salmon}가 해양오염으로 줄어든 탓이 컸다.

이 지역 민간 고래 연구 기관인 고래연구센터^{CWR, Center for Whale Research}의 과학자들은 흥분하며 현장 조사를 나갔다. 그런데 탈레쿠아의 행동이 이상했다. 조막만 한 새끼는 자꾸 물속으로 가라앉고 있었고, 어미는 계속해서 부리와 머리를 이용해 새끼를 들어 올렸다. 새끼는 이미 죽은 것으로 보였다.

탈레쿠아는 같은 행동을 하루 종일 계속했다. 석양 녘 이 범고래를 본 주민도 고래연구센터에 목격담을 전했다.

"대여섯 마리의 암컷이 만 입구에서 머리를 내밀고 원을 그리며 헤엄쳤습니다. 무리 한가운데로 달빛이 비치고 있어서 마치 어떤 의식을 치르는 것 같았죠. 날이 어두워져 새끼가 계속 물에 떠 있었는지는 확인하지 못했습니다."[1]

7월 25일, 새끼가 죽은 이튿날이었다. 탈레쿠아는 계속해서 죽은 새끼를 들어 올리며 이동했다. 50킬로미터 떨어진 캐나다·미국 국경의 새터나섬까지 헤엄쳐 갔다. 나흘째에도 탈레쿠아는 새끼를 버리지 않고 헤엄쳤다. 워싱턴주 프라이데이하버 소재 고래박물관의 '사운드워

죽은 새끼를 들어 올리는 범고래 '탈레쿠아'
범고래 탈레쿠아는 산고 끝에 낳은 두 번째 아이를 차마 하늘나
라에 보낼 수 없었다. 탈레쿠아는 새끼를 계속 들어 올렸고, 친
족들은 탈레쿠아를 따라다니며 장례식을 치렀다.

치'Soundwatch 프로그램 책임자 테일러 셰드Taylor Shedd는《시애틀 타임스》
와의 인터뷰에서 말했다.

> "탈레쿠아는 길고 깊은 숨을 쉬고 있습니다. (죽은 새끼를 들어 올려
> 야 하니까) 다른 고래들보다 더 많은 시간을 숨을 참으며 수면 아래
> 에서 보내야 해요. 그가 하는 일을 상상할 수조차 없어요. 하지만
> 끔찍할 거란 건 분명합니다."[2]

죽은 새끼 옆에는 탈레쿠아만 있었던 건 아니었다. 매우 특이하게도
J 무리 상당수가 탈레쿠아 곁을 떠나지 않았다. 그들은 일정한 간격을

두고 자식을 먼저 보낸 어미를 따라 헤엄치고 있었다. 어떤 때는 탈레쿠아를 둘러싸고 천천히 움직였다. 탈레쿠아와 범고래들은 산후안제도와 밴쿠버섬 등 세일리시해 곳곳을 돌았다. 어미는 부리와 머리로 죽은 새끼를 들어 올리며 가쁜 숨을 내쉬었다. 엿새가 흘렀다. 새끼의 몸이 썩기 시작했다. 엄마는 언제 아이를 하늘나라로 보내 줄까. 시애틀 지역 일간지 《시애틀 타임스》는 날마다 탈레쿠아의 근황을 속보로 전했고, 이 소식을 CNN, 《가디언》 등이 세계로 퍼 날랐다. 범고래의 행렬은 세계적인 관심사가 됐다.

하나의 걱정이 있었다. 사체를 계속 밀어 올리며 헤엄치려면, 물고기 사냥을 할 시간이 없다. 탈레쿠아는 굶어 죽지 않을까? 열흘이 지났다. 탈레쿠아가 여태껏 죽은 새끼를 놓지 않고 계속 들어 올리며 어딘가로 나아갈 수 있었던 건, 시시포스의 노동을 대신해 주는 다른 동료의 도움이 아니고서는 불가능한 일이었다. 가끔 탈레쿠아가 새끼를 데리고 다니지 않는 모습이 포착됐다. 한참 뒤 탈레쿠아가 다시 새끼와 함께 목격됐으므로, 그동안 동료가 고된 노동을 대신한 것이다. 고래박물관의 제니 앳킨슨Jenny Atkinson 대표가 말했다.

"아마도 J-35의 친척 범고래들이 먹이를 구해 주고 있을 겁니다. 하지만 건강한 범고래한테도 많은 에너지를 필요로 하는 일이에요. 스트레스가 클 텐데 걱정입니다."[3]

햇볕은 뜨거워지고 있었다. 8월이 되자 탈레쿠아와 그를 따르던 범고래의 행렬이 시야에서 사라졌다. 보트에 기름이 떨어지면 회항해야 했다. 과학자들도 24시간 그들을 따라다닐 수는 없었다.

엄마 잃은 침팬지 '플로'의 낙망

탈레쿠아와 J 무리의 범고래들은 장례식을 하고 있는 것일까?

사실 범고래들의 이런 행동은 고래 연구자들 사이에서 낯설지 않다. 연구 논문도 심심찮게 나온다. 이런 행동을 길게는 일주일까지 하는 것으로 보고됐는데, 과학자들은 사회성이 강한 고래류에서 주로 발견되는 '애도 행동'으로 본다. 가까이는 제주도에 사는 남방큰돌고래 무리에서도 이 같은 행동이 발견된 바 있다.

2014년 서귀포 근처 바다에서 한 남방큰돌고래가 다른 돌고래 한 마리를 맴돌고 있었다. 새끼치고는 좀 나이가 든 몸집이었다. 돌고래는 이미 죽어 체내에 가스가 차 수면 위로 떠오른 상태였다. 밀려오는 파도에 사체는 자꾸 뭍 쪽으로 흘러갔다. 하지만 어미로 추정되는 돌고래는 이를 막으려고 자꾸 먼바다 쪽으로 새끼를 밀어냈다. 해양경찰이 나서 사체를 묶어 항구로 데려갔다. 그러자 어미는 소리를 내며 배에 바짝 붙어 항구까지 따라갔다고 한다. 당시 상황을 전한 해양동물생태보전연구소MARC의 장수진·김미연 연구원은 "제보와 관찰 기간을 고려하면, 이 돌고래는 적어도 닷새 동안 끈질기게 사체가 뭍으로 떠밀려 가는 것을 막으려 했던 것"이라고 말했다.[4] 이 밖에도 두 연구원은 제주 바다에서 어미가 죽은 새끼를 들어 올리거나 떠나보내지 못하는 남방큰돌고래의 행동을 여러 번 목격했다. 파도가 강한 날에도, 어선이 다가와도 어미는 새끼를 보내지 않았다.

죽은 자식을 못 잊는 고래들의 여행은 영정 사진을 들고 망자의 삶터를 도는 인간의 장례식을 닮았다. 저명한 해양포유류 학자인 케네스 밸컴Kenneth Balcomb은 J 무리의 여정을 "애도와 슬픔의 여행"이라고 말했다. 고래가 장례식을 연다고? 지나친 의인화라고 비판받을 수 있겠지만, 그렇게 말고는 고래들의 행동을 설명할 길이 없다. 동물학자 바버라 킹Barbara King은 『동물은 어떻게 슬퍼하는가』How Animals Grieve에서 말한다. "우리는 동물의 슬픔을 발견한 곳에서 동물의 사랑을 찾아낼 개연성이 높고, 그 반대도 마찬가지다."[5]

아프리카 곰베국립공원에서 야생 침팬지를 가까이서 관찰한 제인 구달이 목격한 죽음의 사례는 우리 가슴을 저미게 한다. 침팬지 '플로'Flo의 아들 '플린트'Flint는 엄마가 전부인 아이였다. 젖이 다 말랐는데도 플린트는 엄마인 플로에게 돌아왔다. 무리 안에 들어가 사회생활을 할 나이가 됐는데도 돌아온 아들 플린트에게, 엄마 플로는 음식을 나눠 주고 자신의 등에 태우고 다녔다.

플린트가 여덟 살 반이던 때, 엄마 플로가 죽었다. 제인 구달은 『창을 통하여』Through a Window에서 이렇게 기록한다.

플로가 죽고 사흘이 된 날이었다. 플린트는 개울가 옆의 높은 나무로 올라가 얼어붙은 듯 텅 빈 둥지를 응시했다. 약 2분 뒤, 플린트는 늙은이의 몸짓처럼 몸을 돌리고 나무 밑으로 내려와 누웠다.

One by one, gorillas pay their last respects

By William Mullen
Tribune staff reporter

After an exhausting weekend struggle with the end stages of kidney disease, Babs the gorilla was dead.

The five Brookfield Zoo keepers who knew her best asked everybody else to leave the private area where she lay on her back Monday morning, arms outstretched.

Once they were alone with the body, the keepers opened doors in the Tropic World building to admit the members of Babs' gorilla group.

It was a visitation, a "gorilla wake" that keepers said they felt might benefit the surviving animals. In Babs they had lost the most influential female in a highly complex social family.

Babs' 9-year-old daughter, Bana, was the first to file down to the body.

"It was heartbreaking to

PLEASE SEE **GORILLAS**, BACK PAGE

Tribune file photo by Carl Wagner

Babs (left), who died Monday after a long struggle with kidney disease, chews grass with Nadaya in July at Brookfield Zoo.

신문에 실린 고릴라 뱁스의 장례식
2004년 12월 8일 미국 시카고 브룩필드동물원에서 죽은 고릴라 '뱁스'와 그의 죽음을 애도한 동료 고릴라들의 모습을 다룬 《시카고 트리뷴》 기사.

그리고 하늘을 쳐다보았다. 그 둥지는 플로가 죽기 직전, 플린트와 플로가 함께 있던 곳이었다.[6]

플린트는 거기서 무슨 생각을 했을까. 그 뒤 플린트는 먹지 않았다. 엄마 플로가 죽은 지 3주가 되던 때였다. 플린트도 엄마가 있는 별로 떠났다.

2004년 12월 시카고 브룩필드동물원에서는 경야經夜와 비슷한 풍경이 있었다. 경야란 죽은 이의 관 곁에서 친척과 친구들이 밤새움하는 일이다. 이 동물원의 고릴라 '뱁스'Babs는 신장병과의 긴 싸움 끝에 죽었다. 뱁스는 고릴라 무리의 알파 암컷이었다. 동물원 사육사들은 고릴라에게 애도의 시간을 주었다. 동물원의 전통이었다.

죽은 뱁스가 누워 있는 방의 문을 열어 주자, 맨 먼저 아홉 살 딸 '바

침팬지 어미와 새끼
애도의 전제는 사랑이다. 사랑하기 때문에 애도한다. 동물의 애
도 행동으로 우리는 동물에게도 사랑이라는 감정이 있음을 알
수 있다.

나'가 다가갔다. 바나는 엄마 머리 옆에 앉아 한 손으로 엄마 손을 잡고
다른 한 손으로 엄마의 가슴을 쳤다. 그리고 엄마 옆에 누워 자신의 머
리를 죽은 엄마의 팔 사이에 밀어넣었다. 그다음엔 뱁스의 마흔세 살 엄
마 '베타'와 열여섯 살 '빈티 주아'가 뒤따랐다. 뱁스의 냄새를 맡고 죽은
이의 가슴을 쳤다. 서른여섯 살 실버백(알파 수컷) '라마'만 멀리 떨어져
의식에 동참하지 않았다.[7]

고릴라들은 뱁스를 하늘나라로 떠나보내는 이별의 시간을 가졌다. 따뜻한 사육사들이 베푼 이 시간은 죽음을 공유하는 생명들 사이에 나눌 수 있는 최선의 선물이었다.

동물도 사랑하기 때문에 슬퍼한다

애도哀悼란 무엇일까? 사전적 정의는 '사람의 죽음을 슬퍼하고 안타까워함'이다. 슬픔 중에 가장 강렬한 감정이다. 사랑하는 누군가의 영원한 부재로 발생하는 애도는 슬픔을 덜어 내는 행동이다.

동물도 깊고 풍부한 감정이 있고, 희로애락을 표현하는 생명이라는 걸 우리는 직관적으로 안다. 하지만 회의론자가 동물의 애도가 '단순한 조건반사적인 반응'이라고 주장하거나 혹은 '행동의 저의'를 따져 물으면 답하기 쉽지 않다. 동물은 우리에게 "슬프다"고 말할 수 없으니까. 동물의 애도를 집대성한 책『동물은 어떻게 슬퍼하는가』에서 바버라 킹은 '동물의 애도'를 정의하기 위해 두 가지 조건을 제시한다.

첫째, 애도에는 사랑이 필요하다. 망자와 애착이 형성된 관계여야 한다. 우리는 동물에게도 부모 자식 사이의 관계나 친족, 친구의 관계에 애착이 있다고 쉽게 추론할 수 있다. 그런 관계가 아닌 동물에게서 애도로 보이는 행동이 관찰됐을 때에는 의심하는 게 좋을 것이다.

둘째, 망자를 잃은 동물은 밥 먹기를 거부하거나 혼자 있거나 몸이 마르거나 아프거나 기력이 쇠하거나 사체를 데리고 다니는 등 신체적·행동적 변화를 보인다.[8] 코끼리는 죽은 이를 위해 집단적으로 코로 사체를 쓰다듬기도 하고 나뭇가지나 흙을 덮어 주기도 한다. 침팬지도 범고래나 돌고래처럼 죽은 새끼를 선뜻 보내지 못하는데, 아프리카 보수_{Bossou} 숲에서 유행성 호흡기 질환으로 새끼를 잃은 한 침팬지 어미는 68일 동안 새끼를 들고 다닌 적도 있다.[9]

바버라 킹이 말하는 애도의 조건 두 가지는 각각 감정과 행동으로, 동물이 다른 존재와 상호작용하며 자신의 삶을 나아가게 하는 한 쌍의 바퀴다. 동물은 '사랑'이라는 감정을 느낄 줄 모른다고 주장하는 회의론자에게 우리는 애도 '행동'을 통해 동물에게 '사랑'이나 '애착'이 존재한다고 반박할 수 있다. 이런 기준에 부합하는 애도 행동은 우리가 흔히 말하는 유인원과 돌고래, 코끼리 등 '고등동물'뿐만 아니라 염소, 거북, 새 등에서도 나타난다며 킹은 그의 책에 상세히 적어 놓았다.

현대에 들어 우리는 가축과 멀어지면서 소나 돼지, 닭 등의 풍부한 감정 생활을 관찰할 기회를 잃어버렸다. 개와 고양이 등 반려동물에 대해서는 끊임없이 의인화하며 사람 대하듯 한다. 그들에게 기쁨과 슬픔이 없을 거라고 의심하지 않는다. 반면, 우리가 먹는 고기를 생산하는 생명들의 감정과 정신생활에 대해서는 외면한다. A4 용지 한 장보다 좁은 곳에서 2년을 살다 가는 달걀 낳는 닭의 절망, 전기 봉에 맞으며 도살장으로 끌려가는 돼지의 공포, 건너편 뜬장에 살던 개가 끌려가 도살되는 모습을 본 동료 개의 슬픔…. 사냥하고 먹고 교미하는 생존 본능에만 충실하며 살아갈 거라고 여겨졌던 야생동물이 실은 풍부한 감정을 갖고 있다. 슬퍼하는 것을 뛰어넘어 죽은 동료를 추모하기도 한다. 야생동물이 '비본능적인' 장례식을 하는 장면을 세계가 주시한 2018년 여름의 기억은 그래서 소중하다.

8월 들어서 행방이 묘연했던 범고래 탈레쿠아는 8월 8일 미국 워싱턴주 올림픽반도 부근에서 다시 사람들에게 목격됐다. 여전히 그의 죽은 새끼를 들어 올리며 헤엄쳤다. 그리고 이튿날 마침내 탈레쿠아는 새끼를 심연의 바다 밑으로 놔주었다. 그때까지 1,600킬로미터를 헤엄쳤다. 17일 동안의 장례식이었다.

16장

말하고 싶지 않아, 그게 우리야

말하는 유인원

찬텍. 생일: 1977년 12월 17일. 성별: 수컷. 고향: 여키스영장류연
구센터. 수마트라·보르네오 오랑우탄 잡종. 새끼 때 수화를 배운
찬텍은 약 150개 단어를 알고 있습니다. 또한 영어로 들리는 대부
분의 내용을 이해합니다. 부끄럼을 많이 타는 편이라 낯선 사람과
눈을 마주치는 경우는 적지만, 예민한 성격의 찬텍은 종종 당신이
말하는 대부분을 듣고 있어요. 찬텍은 그림 그리기, 구슬 꿰기, 만
들기를 즐겨 한답니다.

2015년 미국 애틀랜타동물원 웹사이트에 소개된 오랑우탄 '찬텍'
Chantek의 신상 정보다. 말을 하는 동물이 동물원에 살다니? 동물원에서

수화를 배운 게 아니었다. 수화를 배웠기 때문에 버림받아 동물원 생활을 하게 된 것이다.

지구에는 언어를 배워 인간과 의사소통을 할 수 있는 동물이 극소수 있다. 바로 '말하는 유인원'들이다. 1960~1970년대 과학적 이상주의의 산물로 만들어진 이들은 반인반수半人半獸의 괴물로 버림받았고, 이제는 하나둘 세상을 떠나고 있다. 루시, 워쇼, 코코, 그리고 찬텍….

대학에 간 오랑우탄

먼저, 찬텍의 이야기다.

찬텍은 1978년 미국 최대의 영장류 실험 시설인 국립 여키스영장류연구센터에서 태어났다. 아홉 달이 지난 어느 날, 이 오랑우탄은 대학 도시 채터누가의 테네시대학으로 보내졌다.

그를 부른 건 30대 중반의 촉망받는 인류학자 린 마일스Lyn Miles였다. 마일스의 실험은 여느 동물실험과 달랐다. 오랑우탄은 케이지에 갇혀 있지 않고 대학 내 사택에서 마일스와 함께 살았다. 마일스가 찬텍의 양모였다. 오랑우탄은 엄마가 주는 젖병을 물고, 기저귀를 찼고, 화장실 가는 법을 익히고, 수화를 배웠다.

당시 학계에서는 유인원의 능력에 관심을 기울이고 있었다. 몇몇 학자들은 경쟁적으로 침팬지를 가정에 입양했다. 침팬지는 양부모와 인간 가족과 함께 생활하며 인간 문화를 익혔다. '늑대 소년' 이야기처럼 침팬지는 인간 문화 속에서 키워져 '인간'이 되어 갔다. 이른바 '종간 교

우유를 먹는 찬텍
인류학자 린 마일스는 수화 연구를 위해 오랑우탄 찬텍과 8년 넘게 살았다. 마일스가 찬텍에게 우유를 먹이는 장면.

차 양육' 실험이다.

교차 양육의 첫 번째 사례는 1930년대 비교심리학자 윈스럽 켈로그Winthrop Kellogg와 그의 아내 루엘라 켈로그Luella Kellogg가 침팬지 '구아'Gua를 키운 것으로 알려졌다. 생후 7개월부터 이 침팬지는 켈로그 부부의 10개월 된 아들과 남매처럼 지내며 함께 컸는데, 1년이 안 되어 연구가 갑작스레 중단됐다. 아들이 침팬지를 지나치게 따라 한 것이 걱정이 되어 켈로그 부부가 그만두었다고 한다. 구아는 여키스영장류연구센터의 철창 안으로 돌아갔다.

또 다른 사례는 1940년대 후반 키스 헤이스Keith Hayes와 케서린 헤이스Catherine Hayes 부부가 6년 동안 키운 침팬지 '비키'Viki다. 부부는 비키에게 사람 말을 가르쳤다. 그러나 침팬지에게는 인간의 성대 같은 정밀한 발성기관이 없었다. '엄마', '아빠', '컵', '위에' 등 서너 단어를 습득한 것으로 연구는 끝났다.

교차 양육이 주목받은 건 1960년대 들어서였다. 미국의 심리학자 앨런 가드너^{Allen Gardner}와 비어트릭스 가드너^{Beatrix Gardner} 부부가 체계적인 연구로 접근하면서다. 교차 양육 연구는 '동물을 인간과 같은 환경에서 키우면 그들은 인간과 같아질까?'와 같은 물음에 바탕을 두고 있었다. 이른바 '양육이 우선인가, 본능이 우선인가'다. 가드너 부부는 특히 언어에 집중했고, 침팬지도 어렸을 적부터 인간과 함께 살며 자연스럽게 언어에 노출되고 언어를 익히면 언어를 구사할 수 있으리라는 가설을 세웠다. 그리고 양육과 본성이 각각 가진 능력의 한계치를 시험해 보려고 했다. 가드너 부부는 우주항공 실험용 침팬지를 입양해 '워쇼'^{Washoe}라고 이름 짓는다. 그리고 기저귀를 채우고 밥을 떠먹이고 안아서 재웠다. 침팬지 비키의 실패를 고려해 가드너 부부는 시각장애인들에게 사용되는 미국 수화^{ASL, American Sign Language}를 가르쳤다.

침팬지 워쇼를 비롯해 유인원들은 놀랄 만한 속도로 수화를 익혔다. 최초로 수화를 구사한 워쇼를 필두로 또 다른 침팬지, 고릴라, 보노보 등 여러 마리가 차례로 수화를 습득했다. 대형 영장류 가운데 오랑우탄만 남아 있었다. 하지만 과학자들은 오랑우탄의 언어능력에 대해 회의적이었다. 야생의 침팬지나 고릴라는 집단생활을 한다. 사회성이 높은 동물이라 언어 수용도가 높다. 반면 오랑우탄은 숲의 상층부를 유목하는 단독자에 가깝다. 대부분의 시간을 혼자 보내며 다른 오랑우탄과 교류하는 것은 일부 시간에 불과했다. 사회성이 적으므로 언어 습득 능력 또한 없을 거라 생각했다.

얼마 안 돼 회의론자들의 생각이 틀렸음이 드러났다. 오랑우탄 찬텍이 가장 처음 배운 단어는 '먹다'eat였다. 인간 어린이와 같은 방식으로 '마시다'drink, '음식'food 등을 배웠다. 찬텍의 언어능력은 날로 발달했다. 대명사를 사용했고, 범주화가 가능했으며, 단어를 만들었다. 나는 린 마일스와 몇 차례의 이메일을 주고받았는데, 그녀는 이렇게 설명했다.

재미있는 점은 찬텍의 언어 발달이 자의식과 조응했다는 거예요. 예를 들면, 찬텍은 자신을 '나'me로 부르고 다른 사람의 이름을 이해하면서 '너'you라고 불렀지요. 행동 발달단계에서 이를 '주관적 표상'subjective representation이라고 해요. 이는 또한 찬텍의 다른 행동 발달과도 일치했어요. 찬텍은 자신을 자연스럽게 가리켰고, 주목을 끌기 위해 다른 물체를 가리키기도 했어요. 이러한 사실들은 찬텍이 지닌 자아 개념self concept과 자의식self awareness을 보여 준 강력한 증거죠.[1]

찬텍은 엄마(마일스)와 감정을 교류했으며, '예수 가라사대' 놀이를 했고, 대학 캠퍼스를 돌아다녔다. 청소를 도와주는 등 좋은 일을 하면 보상으로 '가짜 동전'을 받았다. 찬텍은 자동차를 타고 나가 아이들처럼 데어리퀸에서 아이스크림 고르는 걸 좋아했다. '오렌지'라고 말하고 가짜 동전을 내면, 점원으로부터 오렌지 맛 아이스크림을 받았다. 조약돌과 구슬을 이어 목걸이 만드는 법을 배웠다. 스스로 자기 목걸이를 만들어 목에 걸었다.

커 가면서 언어능력이 늘어났다. 테네시대학의 학내 신문《유니버시티 에코》는 실험이 시작된 이듬해인 1979년 11월 30일에 오랑우탄 찬텍을 만날 수 있는 '오픈 하우스'가 열린다면서 그가 12개 단어를 습득했다고 전했다.[2] 1980년대 중반 찬텍이 구사하는 단어는 150개에 이르렀다. 가르쳐 주지 않은 단어는 스스로 조합해 썼다. 케첩을 '토마토-치약'tooth-paste이라 칭했고, 햄버거를 '치즈-고기-빵'cheese-meat-bread이라고 불렀다. 린 마일스의 설명이다.

> 언제는 "네가 누구냐"고 물어보자, 찬텍은 "오랑우탄 사람"orangutan person이라고 말했어요. 찬텍은 수백 가지 수화를 했고, 감정을 표현했으며, 좋아하는 색깔을 선택했고, 조약돌로 비트를 맞췄고(나는 록 음악이라고 했죠), 내가 아는 한 액세서리를 만드는 유일한 동물이었어요. 문제를 해결하고, 자물쇠를 따고, 햄버거를 달라고 했어요. 오랑우탄과 대형 영장류에 대한 연구는 그들이 복잡한 문화적 존재라는 사실을 알려 주었습니다.

교차 양육의 예정된 비극

찬텍은 유명할 것이라고는 없는 시골 대학 도시에서 마스코트가 되어 가고 있었다. 오랑우탄의 등장으로 대학 도시는 유쾌해졌다. '사자와 어린양이 뛰노는', 인간과 동물이 공존하는 비현실적 평화가 이 작은 도시에 깃든 듯했다. 찬텍이 여덟 살 때, 평화는 깨지고 만다. 몸집이 커지면서 그는 이미 골칫덩어리가 되어 가고 있었고, 우람한 털북숭이가 활보하는 것에 위협을 느끼는 사람들도 생겨났다. 찬텍은 울타리를 손쉽게 뜯어내고 캠퍼스 안을 마음대로 돌아다녔다. 1986년 2월 15일, 대학 도서관 계단에서 한 여학생이 공격당했다는 소식이 전해진다. 13일 뒤 《유니버시티 에코》는 다음과 같이 전한다.

> 대학 소식통에 따르면, 찬텍은 트레일러를 빠져나와 놀이 공간을 둘러싼 전기 담장을 넘어 23구역으로 진입했다. 그리고 한 여학생을 부지불식간에 덮쳤다. 보안 요원들이 찬텍을 돌려보냈고 학생 등의 부상은 보고되지 않았다.[3]

타자에 대한 환대가 혐오로 바뀌는 데는 오랜 시간이 걸리지 않았다. 얼마 뒤 존 트림피 인문사회대학 학장은 '찬텍 프로젝트'의 종결을 선언한다. 그는 이 결정이 습격 사건과 관련이 없다면서도 "찬텍의 몸집이 너무 커지고 빨라져, (찬텍을 위해) 증축하려고 하는 시설 또한 적당하지 않을 것 같다. 비용이 너무 많이 든다"고 밝혔다. 미국 국립보건원 NIH, 국립과학재단NSF이 지원하는 연구 프로젝트였다. 마일스는 반대했지만 결정권이 없었다.

이 사건 뒤 찬텍은 채터누가를 떠나야 했다. 찬텍은 다시 그가 태어난 감옥 같은 케이지로 돌아갔다. 마일스가 찬텍과 함께 산 지 8년째였

찬텍과 린 마일스
린 마일스는 가끔 동물원에 가서 철창 사이로 찬텍과 대화를 주고받았다. 찬텍은 무슨 생각이 났을까?

다. 마일스가 여키스영장류연구센터로 찬텍을 만나러 갔을 때, 찬텍은 미동 없이 가만히 앉아 있었다. 찬텍이 수화로 말했다.

"엄마 린, 차에 가자, 집에 가자."

그녀는 찬텍에게 아프냐고 물어보았다.

찬텍은 "아프다"hurt라고 대답했다.

"어디가 아프니?"

찬텍은 "마음"feelings이라고 대답했다.[4]

찬텍의 거취 문제는 인간의 윤리와 도덕에 내재된 모순을 찌르는 칼이었다. 여키스영장류연구센터의 좁은 케이지는 찬텍에게 불편했지만, 인간의 감정도 불편할 수밖에 없었다. 타협책은 동물원이었다. 찬텍은 1997년 애틀랜타동물원의 오랑우탄사로 이송됐다.

찬텍은 동물원의 오랑우탄을 자기와 같은 종으로 인정하지 않았다. 동료 오랑우탄이 누구냐고 물으면 찬텍은 "오렌지색 개"orange dog라고 대답했다. 찬텍은 몸짓, 발성, 표정 등 오랑우탄 특유의 의사소통 방법을 몰랐다. 찬텍과 수화로 대화할 수 있는 사람은 동물원에 없었다. 찬텍은 외로운 섬 같았다.

마일스는 가끔씩 찬텍을 보러 동물원에 갔다. 하지만 그녀도 일반 관람객처럼 멀리서 찬텍을 봐야만 했다. 2014년 다큐멘터리 〈대학에 간 유인원〉The Ape Who Went to College에서 그녀는 철제 울타리 너머의 찬텍에게 말을 건다. 손짓만 오가는 침묵의 끝. 동물원 밖으로 앰뷸런스가 지나간다. 그녀의 물음에 찬텍이 대답한다. "자동차…. 물, 자동차, 마시다."

2017년 8월 7일 찬텍은 저세상으로 갔다. 정확한 사망 원인은 밝혀지지 않았으나, 동물원에서 사육되는 유인원들에게 흔한 심장병 치료를 받고 있었다. 서른아홉 살이었다.

어떻게 보면, 찬텍은 괴물이었다. 인간도 아닌 오랑우탄도 아닌, 반인반수. 인류학계에 휘몰아친 1960~1970년대의 수화 연구 열풍은 이런 유인원을 열 마리 이상 탄생시켰다. 침팬지, 고릴라, 오랑우탄은 네댓 살만 되면 인간 어른보다 훨씬 센 힘을 갖는다. 화가 나서 생긴 약간의 완력에도 사람은 크게 다칠 수 있다. 그걸 모르지 않았을 텐데, 과학자들은 그들을 집 안으로 들였다. 그리고 버렸다. 말하는 유인원들은 어정쩡한 삶을 살다가 지금 연구실의 좁은 시멘트 방에서, 동물 보호소에서 아픈 과거를 삼키며 죽을 날을 기다리고 있다.

동물원에 수용된 찬텍
오랑우탄 찬텍(왼쪽)은 몸집이 커져 더는 사람과 살 수 없게 되자, 동물원에 수용됐다. 자신을 인간으로 생각했던 찬텍은 다른 오랑우탄을 '오렌지색 개'로 불렀다.

연구자들은 왜 예정된 파국을 알면서도 동물을 집 안에 들였을까? 물론 당시는 동물에 대한 태도가 지금보다 훨씬 모순적이었다. 의학 실험실과 미국항공우주국ᴺᴬˢᴬ 연구소의 침팬지들이 바이러스를 주입받거나 무중력 실험에 동원되어 기계에 묶여 뱅글뱅글 돌던 시절이었다. 게다가 사람은 먼 미래의 일은 제쳐 두는 경향이 있다. 나는 대부분 연구자들이 그들을 진심으로 가족처럼 대했을 것으로 믿는다. 유인원의 귀여운 행동이 연구자들의 마음을 빼앗았거니와 그런 감정의 교류가 연구 성과에도 좋았기 때문이다. 그러나 몇 년이 흐르고 사람이 부상당해 양자택일의 순간이 도래했을 때, 연구자들은 등을 돌렸다.

'영리한 한스'로 조롱받다

침팬지 '님 침스키'^{Nim Chimpsky}는 소설 『테스』의 주인공보다도 더 거친 삶을 살다 갔다. 오클라호마대학의 영장류 연구 시설에서 태어난 님 침스키는 뉴욕 한복판으로 나와 수화를 배웠다. 마찬가지로 한두 살이 지나자 사람 얼굴을 긁어 신경을 손상시키고 제멋대로 집기를 부수었다. 그는 다시 오클라호마대학의 영장류 우리로 소환됐고, 연구소가 재정난에 처하자 간염과 에이즈 치료제를 개발하던 뉴욕대학 산하의 영장류약물외과실험연구소^{LEMSIP}(렘시프)에 팔렸다. 이 사실이 알려지면서 불붙은 구조 운동으로 님 침스키는 풀려날 수 있었고, 한 동물 단체의 보호소에서 살다가 2000년 3월 여생을 마친다.

고릴라 중에는 '코코'^{Koko}가 유명했다. 그는 찬텍이 떠난 이듬해인 2018년 6월 세상을 떠났다. 코코의 삶은 찬텍이나 님 침스키에 비해 평탄했다. 1971년 샌프란시스코동물원에서 태어난 그를 프랜신 패터슨^{Francine Patterson}이 맡아 죽을 때까지 함께했기 때문이다. 캘리포니아 우드사이드에 있는 보호시설로 옮겨 간 그는 계속해서 수화를 배우며 살았다. 코코는 고양이를 품에 안고 아기를 다루듯 어루만지는 1985년《내셔널 지오그래픽》표지 사진의 주인공으로 세계적인 주목을 받았다. '올볼'^{All Ball}이라는 이름의 이 고양이는 코코가 아끼던 동물로, '고릴라도 애완동물을 돌본다'는 사실로 유명해지기도 했다. 1984년 올볼이 차량에 치어 숨졌을 때, 코코는 손짓으로 "고양이, 울어, 미안해, 코코, 사랑해."라고 말했다. 영화배우 로빈 윌리엄스와도 '잘 아는' 사이였다. 2001년 이후 로빈 윌리엄스는 평소 코코가 사는 곳을 자주 방문하며 얼굴을

말하는 침팬지 '님 침스키'
언어학자 노엄 촘스키의 이름을 따서 '님 침스키'로 불린 침팬
지. 언어의 생득적 성격을 증명하기 위해 그는 수화 연구에 투입
됐다. 세 살이 되던 해 라파지 가족과 헤어진 님 침스키는 컬럼비
아대학 소유의 델라필드 별장으로 옮겨졌고, 심리학과 대학원생
과 대학생이 새로운 가족이 돼 그에게 수화를 가르쳤다.

익혔다. 로빈 윌리엄스가 숨졌을 때 코코는 머리를 떨구고 침울한 상태
가 되었다고 당시 연구 팀 관계자가 전하기도 했다.

교차 양육과 수화 실험은 1970년대 말 들어서 막을 내린다. 침팬지
'워쇼'를 길렀던 미국 컬럼비아대학 심리학과 교수 허버트 테라스^{Herbert}
^{Terrace}가 1979년 과학 전문지 《사이언스》에 '침팬지는 문장을 만들 수 있
는가'라는 논문을 실으면서다. 그전까지만 해도 유인원의 '놀라운 언어
능력'이 저명한 학술지의 표지를 장식했기에, 이 논문은 적잖은 충격을
가져다줬다. 허버트 테라스는 이 논문에서 워쇼가 '자발적이고 창의적

인 방식'으로 문장을 만들 수 없었다며, 기존의 태도를 바꿔 침팬지에게 언어능력이 없다고 주장했다. 이듬해에는 '영리한 한스 현상: 말, 고래, 유인원과 사람들의 의사소통'이라는 제목의 뉴욕과학아카데미 총회가 열렸다. '영리한 한스'는 20세기 초반 독일에서 산수 문제를 듣고 발로 땅을 쳐서 답하는 동물로 유명했는데, 나중에 실제로 계산을 한 것이 아니라 사람의 무의식적인 신호를 포착해 정답을 맞히는 것으로 밝혀진 바 있었다. 유인원 수화 연구에 한스를 갖다 붙인 것은 이 연구를 조롱하는 것이었다.

수화를 배운 유인원은 수백 개에서 많게는 1,000개 이상의 어휘를 구사했다. 몇 개의 단어를 연결함으로써 구문 구사 능력의 초기 버전을 보여 주었다. 이건 언어능력이 아니란 말인가? 언어를 어떻게 정의하느냐에 따라 다를 것이다. 유인원 연구자들이 동물의 언어능력을 보고하면, 전통적인 언어학자들은 축구장의 골대를 옮기는 식으로 대응했다. 맨 처음엔 상징을 사용하는 게 언어라고 했다가, 나중에는 복잡한 문법이 필요하다고 말하는 식이었다.

양 진영의 다툼에 말려들 것 없이 우리는 질문해 볼 필요가 있다. 동물에게 인간의 언어가 필요할까? 만약 문어처럼 생긴 외계인이 당신을 납치해 여덟 개의 다리와 빨판과 먹물을 이용하는 언어를 가르친다면 배울 수 있을까? 설령 어설프게 구사한다 하더라도 그게 무슨 의미가 있나? 인간이 진화적으로 가장 가까운 침팬지와 공통 조상에서 갈라져 나온 것이 550만 년 전이다. 서로 다른 환경에서 살았고, 서로 다른 방식으로 진화했다. 따라서 두뇌를 비롯한 신체 기관이 발휘하는 능력의

수화하는 고릴라 '코코'
수화를 가르쳐 준 프랜신 패터슨 박사와 함께 즐거운 시간을 보
내고 있는 코코.

최대치가 각각의 용도에서 다르다. 유전자는 결정적이다. 침팬지에게
수화를 계속 가르쳤더라도 어느 순간 한계에 봉착한 이유다.

최근의 연구자들은 동물이 쓰는 인간 언어가 아닌 그들 자체의 언
어를 연구한다. 야생 침팬지들은 숲의 세계에서 그들만이 쓰는 몸짓언
어가 있다. 우간다의 연구자들은 이를 장기간 관찰해 침팬지 어휘록을
만들었다. 몸짓 66개가 '여기 와', '놀자', '안아 주면 좋겠어' 등 19개의
뜻을 지시하고 있었다. 몸짓언어 중 아주 극소수만 채집됐을 뿐, 다른
몸짓언어와 발성 언어는 제외되어 있다.[5] 실제로 침팬지의 언어 체계는
이보다 훨씬 많고 풍부할 것이다.

교차 양육과 수화 교육 실험에 동원됐던 유인원들은 정체성의 혼란을 느끼며 비극적인 종말을 맞이했다. 그나마 예정된 비극을 피해 간 동물도 있었다. 새끼 때부터 집 안에 들이는 높은 수준의 교차 양육이 아니라 자신의 삶터(사육 시설)에서 인간과 적정한 선을 지키면서 수화를 배웠던 동물들은 찬텍처럼 반인반수의 비극은 맞이하지 않았다.

1977년생 오랑우탄 찬텍. 서른아홉 해를 살다 간 그는 8년을 인간과 함께 지냈고, 30년 넘게 동물원에서 살았다. 한없이 어린 시절의 추억을 되새겼고, 그래서 더 슬펐던 동물은 그렇게 별이 되었다.

17장

거울 실험과 자의식의 탄생
서울대공원의 오랑우탄들

늦가을 찬바람이 서울대공원에 불고 있었다. 동물들은 일찍이 처소로 들어갔고 가을비 맞은 낙엽만 바람을 맞았다. 유인원관에 들어가자, 몸이 이내 훈훈해졌다. 오랑우탄 '보라'가 셸터(실내 전시실)에 들어오는 것이 유리로 된 관람 창에 비쳤다. 새로운 물건을 발견했다는 듯 보라는 머리를 쳐들고 거울로 저벅저벅 걸어갔다.

우리는 오랑우탄의 안전을 위해 깨지지 않는 반사 필름 재질의 거울을 벽에 설치해 둔 상태였다. 보라는 거울 속의 이미지가 자신인지 알수 있을까? 하지만 보라는 철창 뒤에 숨은 낯선 인간에게 더 흥미가 있었던 것 같다. 나에게 다가와 철창의 좁은 틈으로 긴 손가락(오랑우탄은 손가락이 길다!)을 집어넣어 카메라를 빼앗으려고 했다. 나는 힘을 주고 카메라를 놓지 않았다. 그러자 왕만두처럼 생긴 큰 입을 오물거리더니, 퉤, 퉤, 퉤…. 그때 불쾌한 액체 덩어리를 열 번은 더 맞은 것 같다.

그러더니, 보라는 반사 필름 재질의 거울을 주욱주욱 찢더니 구겨서 머리에 쓰고 돌아다녔다. 무대에 등장한 지 20분도 채 되지 않아, 보라는 실험을 원점으로 되돌렸다. 임양묵 서울대공원 사육사가 말했다.

"사육사 안에 새로운 물체가 생기면 집착하듯 떼어 내요. 아마 남아나지 않을 거예요."

대한민국에서 최초로 진행한 오랑우탄 거울 실험의 첫 번째 장면은 이렇게 허무했다.

'최초의 설계자' 갤럽 박사의 충고

나를 서울대공원의 어두운 오랑우탄관으로 인도한 이는 비교심리학자 고든 갤럽 Gordon Gallup 박사였다. 그는 동물을 대상으로 한 '거울 자의식 실험'MSR, mirror self-recognition test을 설계한 이로 유명하다.

미국 툴레인대학의 심리학 교수였던 그는 유아의 발달단계를 알기 위해 하는 심리학 실험을 동물에게 해 보면 어떨까 하는 생각을 했다. 그가 선택한 건 거울이었다. 거울을 주면 동물은 어떻게 반응할까? 보통 두 살 무렵에 사람 아기는 거울 속의 이미지를 자신으로 인식한다. 이는 자의식이 형성되기 시작한다는 의미로 여겨졌다.

갤럽 교수는 침팬지 암컷과 수컷 각각 두 마리에게 거울을 갖다주었다. 모두 야생에서 태어나 거울을 본 적이 없었다. 당연히 자신의 모

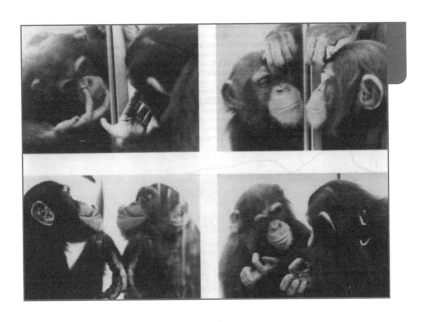

고든 갤럽의 침팬지
고든 갤럽이 고안한 침팬지 거울 자의식 실험. 침팬지는 거울에
비친 상이 자신임을 깨달은 뒤, 코를 만지거나 눈을 당기는 등 자
기인식 행동을 한다.

습도 알 리가 없었다. 거울을 갖다주자 침팬지들은 갑자기 위아래로 뛰
거나 소리를 지르고 위협하는 행동을 보였다. 거울 속의 자신을 다른 침
팬지라고 생각한 것임에 틀림없었다.

실험 셋째 날에 이르자 이런 행동이 줄어들기 시작했다. 닷새째에
는 이런 행동이 아예 사라지고 다른 행동이 나타나기 시작했다. 침팬지
는 거울을 통해 이빨에 낀 먹이 찌꺼기를 찾아보고 코딱지를 제거하고
입으로 거품을 만들었다. 어떤 때는 거울 앞에 서서 자신의 몸을 다듬고
잘 보이지 않는 항문과 생식기를 관찰했다. 침팬지는 거울 속의 이미지
가 누구인지 알고 있었다.

첫 번째 단계에서 나타난 위아래로 뛰거나 소리지르고 위협하는 행동은 '사회적 행동'이었다. 거울 속의 침팬지를 다른 누군가로 생각한 것이다. 반면, 두 번째 단계에서 나타난 행동은 '자기인식 행동'이었다. 거울 속의 침팬지가 자기라고 생각한 것이다.

갤럽 교수는 침팬지가 '자기인식'을 할 줄 안다는 것을 명확히 하기 위해 2차 실험(마킹 테스트)에 들어갔다. 그는 침팬지들을 마취시킨 뒤, 눈썹과 귀 위에 빨간 물감을 칠했다. 거울 앞에 선 침팬지는 이젠 어떤 반응을 보일까? 침팬지는 거울 속의 자신을 기억했다. 그리고 빨갛게 표시된 눈썹과 귀를 만지고 긁어 댔다. 침팬지는 거울을 도구로 이용하기 시작했다. 침팬지가 본 건 자신임이 확실했다. 자신을 타자(거울)의 눈으로 인식하게 된 것이다. 자의식이 있다는 것이었다.

1970년 갤럽 교수는 이러한 실험 결과를 저명한 과학 전문지《사이언스》에 '침팬지: 자의식'이라는 제목으로 발표했다.[1] 과학계는 물론 미디어가 들썩인 건 두말할 나위도 없었다. 당시만 해도 '동물은 감정과 의식, 마음이 없는 단순한 기계일 뿐'이라는 데카르트의 주장이 학계 전반에 퍼져 있을 때였다. 거울 실험은 동물을 바라보는 패러다임을 바꿨다. 지금은 동물이 어떤 형태든 인간의 자의식과 비슷한 정신 작용을 한다고 보는 학자들이 많아졌고, 최근에는 유인원과 코끼리, 돌고래 등 거울 실험을 통과한 동물은 '비인간인격체'nonhuman person라고 주장하면서 동물원 전시·감금과 동물실험 등을 금지해야 한다며 이들의 신체적 권리를 주장하는 이들도 생겨났다. 갤럽 교수의 거울 실험은 지금까지 2,500회 이상 논문에 인용된 '세기의 실험' 중 하나로 꼽힌다.

거울을 바라보는 침팬지들
독일 오스나브뤼크동물원의 침팬지들이 거울을 바라보고 있다.

　물론 자의식처럼 손에 잡히지 않는 말도 없다. 인간을 포함해 동물이 자의식을 가지고 있다는 것은 무슨 의미일까? 갤럽 교수는 '의식에는 두 가지 차원이 존재한다'고 설명한다.[2] 첫 번째 차원은 주체가 감각을 통해 세계를 경험하는 것이다. 두 번째 차원은 자신이 그런 행동을 하고 있다는 사실을 인식하는 것이다. 당신이 대낮의 거리에서 누군가와 키스를 한다고 상상해 보라. 그 사람과 사랑에 빠져 키스를 했다. 이것은 의식의 첫 번째 차원에서 벌어지는 사건이다. 그러나 당신은 동시에 키스하는 자신을 목격하고 의식한다. 이것은 의식의 두 번째 차원에서 벌어지는데, 바로 자의식을 통해 작용한다. 우리는 두 가지 차원으로 세상을 살아간다. 즉 '경험하는 것'과 '경험하는 자신을 의식하는 것'이다. 자의식이 없다면 동물은 즉자적으로 반응해 세계를 경험하는 자동

기계일 뿐이다. 이 때문에 자의식이 있느냐 없느냐는 동물의 윤리나 태도, 사회성의 수준을 논하는 데 중요한 기준이 되는 것이다.

나는 한국에서도 거울 실험을 하고 싶었다. 사람들과 함께하는 일종의 '대중 과학 프로젝트'로, 동물의 인지능력을 알리고 싶었다. 실험 과정을 담은 단편 다큐멘터리를 찍기 위해 《한겨레》 독자들로부터 700만 원의 실험 비용을 모았다. 서울대공원 유인원관의 사육사들과 그곳에서 오랑우탄을 연구하던 김예나 국립생태원 전문위원이 함께했다. 실험 대상은 서울대공원의 오랑우탄 '보라', '보석', '보람'이었다. 보라와 보석은 각각 열세 살짜리 암컷과 수컷으로 평소에도 짝을 이뤄 동물원에서 지내는 사이였다. 거기에 열 살짜리 수컷 보람까지 세 마리의 자의식을 시험해 보기로 했다. 내가 이런저런 얘기를 이메일로 써서 보내자, 갤럽 교수는 실험의 성공을 기원하는 답장을 보내왔다.

> "오랑우탄을 거울에 좀 더 광범위하게 노출시켜야 합니다. 거울을 처음 설치한 1단계에서 오랑우탄의 행동을 세심히 모니터링하고, 특히 자기인식 행동을 면밀히 관찰, 기록하세요. 행운을 빕니다."[3]

동물원 오랑우탄이 되는 건 어떤 느낌일까

하지만 첫 번째 실험에서 20분도 안 돼 보라가 거울을 부숴 버리자, 우리는 당황할 수밖에 없었다. 보람도 나오자마자 실험 대상이기를 거부했다. 괴수처럼 등장한 그는 단호하게 거울을 찢어 구겨 버렸다. 오랑우탄의 '방해'로 실험도 시작하지 못하는 상황이 벌어진 것이다.

어떻게 해야 하나? 우리가 오랑우탄을 거울 실험에 끌어들이기 위해 새로 고안한 방법은 '아크릴 거울'이었다. 아크릴은 깨지지 않아 안전했고, 무엇보다 접착성이 좋았다. 이 거울을 오랑우탄이 실외 방사장으로 드나드는 길목인 셸터의 출구 문에 설치하자고 다큐멘터리를 찍는 박성호 감독이 제안했다. 위아래로 여닫는 정사각형의 작은 문인데, 아크릴 거울을 문 위에 덮은 뒤 측면의 홈에 끼워 넣어 버리면 젓가락질을 하는 킹콩도 뗄 수 없을 것 같았다.

"섣불리 뗄 수 없을 거다, 요놈아!"

이틀 뒤, 잔인하게 웃는 박성호 감독이 차린 무대 위에 보라가 등장했다. 보라는 또 다시 아크릴 거울을 떼려고 팔에 힘을 주었다. 하지만 아크릴 거울은 꿈쩍도 하지 않았다. 결국 보라는 포기했는지 바닥에 깔린 짚 더미를 헤치며 다녔다. 지푸라기 하나를 들어 난로에 갖다 대는 불장난도 했다(2009년 비슷한 장면이 포착돼 보라는 '불 피우는 오랑우탄'으로 유명세를 탄 적이 있다). 거울 떼기는 포기한 것처럼 보였다. 내가 말했다.

"거울 참 잘 붙이셨네요."

"아, 진짜 그거. 제가 어제 아주 겸손한 마음으로⋯ (붙였습니다)"

그때 '우지직'하는 소리가 들렸다. 보라는 배관공처럼 거울 밑에서 하늘을 보고 누워 있었다. 그녀의 손에는 언제 구했는지 길이 10센티미터의 철사가 쥐어져 있었다. 보라는 지렛대의 원리로 아크릴 소재의 거울을 끈질기게 밀어내고 있었다. 우지직. 우지직⋯. 충격의 도가니였다. 보라가 이용한 것은 철사였다. 어쩐지 아까부터 짚 더미를 헤치고 다니더니, 지레로 쓸 만한 물건을 찾아다녔던 것이다. 초등학교 6학년 교과서에 나오는 지렛대의 원리를, 이 열세 살짜리 오랑우탄은 분명히 알고 있었다!

하지만 오랑우탄 삼총사는 정작 거울 속 이미지엔 관심을 보이지 않았다. 세 번째 실험에서도 보석은 거울에 붙어 우두커니 자신을 바라보더니 머리로 거울을 쿵쿵쿵 박았다. 그러더니 이내 거울에서 눈을 떼고 루벤스의 그림에 등장하는 모델처럼 풍만한 몸을 누인 뒤 꿈쩍하지 않았다. 보라도 마찬가지였다.

고든 갤럽의 침팬지들은 1차 거울 노출 때 자신을 인식하지 못했다. 생전 거울을 본 적이 없었으니 그럴 수밖에. 대신 위아래로 뛰고 머리로 받았다(①사회적 행동). 거울 속 자신이 다른 동료인 줄 안 것이다. 침팬지들은 그러나 거울의 작용을 천천히 이해하기 시작했다. 이 물체가 대체 무엇인지 앞뒤를 살펴보다가(②거울 검사) 어느 순간 입을 벌려 이빨을 쳐다보고 머리를 쓰다듬기 시작했다(③자기인식 행동). 날이 갈수록 사회적 행동은 줄어들었고 자기인식 행동은 늘어났다. 세 단계를 거쳐 거울 속 이미지가 자신임을 깨달은 것이다.

그러나 이상하게도 이번 실험에선 보라, 보석, 보람 그 누구도 사회적 행동조차 하지 않았다. 보라는 도구의 원리를 탐구하는 과학자 행세만 했고, 보석은 하품만 해 대는 게으름뱅이였다. 거울은 이들의 관심 밖이었다. 왜 이 오랑우탄들은 거울에 무관심하단 말인가?

언젠가 철학자 토머스 네이글이 물었다.

"박쥐가 된다는 것은 어떤 것일까?"

평생 어둠 속에 살며 반사음의 파동으로 세상을 보는 박쥐의 감각과 진화된 의식 세계를 인간인 우리가 이해할 턱이 없다는 말이었다. 그럼, 오랑우탄이 되는 것은 어떤 느낌일까? 그것도 동물원에 갇혀 평생을 산 오랑우탄이라면? 오랑우탄이 평생 갇혀 있는 셸터(실험 장소) 안에 들어가 보았다. 다리를 구부리고 오랑우탄 눈높이에서 셸터의 유리 벽을 바라보고 있을 때, 유리 벽 표면에 놀란 나의 표정이 반사되고 있었다. 유레카! 오랑우탄은 진작에 자신의 모습을 알고 있었던 것이다. 망치로 머리를 얻어맞은 것 같았다.

아크릴 거울을 스프레이 본드로 단단히 붙이고 보라를 들여보냈다. 보라는 어디선가 또 철사를 가지고 와 거울을 쑤셔 댔지만, 거울 일부만 부러뜨릴 수 있었다(난로에 붙은 철사를 해체해 써 온 사실이 나중에 발견됐다). 그 뒤엔 실험에 절대 협조하지 않겠다는 듯 새침하게 카메라 앞에서 낮잠 자는 포즈로 누워 몇십 분을 그러고 있었다. 박성호 감독이 말했다.

"녀석이 우리가 뭘 하려는 건지 아는 거 같아요."

우리는 오랑우탄을 '통제해' 과학적 실험을 하려고 했으나, 오히려 오랑우탄이 건 '싸움'에 휘말려 있었다. 특히 보라와의 싸움. 동물의 권력이 실험 전체를 지배했다. 동물이 실험에 참여해 주지 않으면, 실험은 진행될 수 없었다. 보라는 계속 우리를 약 올리듯 거울을 집요하게 떼내었다.

그러나 한 가지는 발견할 수 있었다. 즉 동물원의 오랑우탄은 이미 거울 이미지에 어느 정도 익숙했다는 것. 오랑우탄은 이미 한발 앞서 있었다. 그러던 중 열 살의 사춘기 소년 보람이 사고를 치고 말았다.

자신의 성기를 관찰하는 오랑우탄 보람
오랑우탄 보람이 거울을 통해 자신의 성기를 관찰하고 있다. 대
표적인 자기인식 행동이다.

보람, 거울 놀이에 빠지다

세 번째 실험에서 보람은 곧장 거울이 있는 셸터로 들어갔다. 첫 번
째 실험에서 단번에 거울을 찢어 버림으로써 우리의 가슴을 찢었던 놈
이었다. 두 번째 실험을 건너뛴 그는 마치 거울이라는 물건은 처음 본다
는 듯, 거울을 두 손으로 누르다가 고개를 숙이고 틈새를 관찰하기 시작
했다. 거울을 밀고 받고 두리번거리며 조사했다(거울 검사). 그러기를 40
여 분, 어느 순간 거울 앞에 앉은 보람이 두 발을 벌리면서 뒤로 눕기 시
작했다. 그러더니 눈을 내리깔고 아랫배를 바라봤다. 놀랍게도 보람의
시선은 자신의 생식기를 향하고 있었다!

거울 실험에서 생식기 관찰은 전형적인 자기인식 행동이다. 이빨, 겨드랑이, 생식기와 항문 등 잘 안 보이는 신체 부위에 흥미를 보인다. 보람은 그 뒤 1시간 이상 자신의 생식기와 항문에 집착했다. 기괴한 동작으로 항문에 손가락을 집어넣은 뒤 코로 가져와 냄새를 맡았다(아휴! 더러워!). 몸을 앞뒤로 움직이며 작았다가 커지는 자신의 몸을 관찰했다. 어떤 때는 아예 엎드려서 텔레비전을 보듯 거울 속에 비친 얼굴에 골몰했다. 열 살짜리 '숲의 사람'(오랑우탄의 유래가 된 말레이어 오랑 후탄^{orang hutan}의 뜻이다)은 거울 놀이에 몰두했다.

이튿날 이어진 네 번째 실험에서 보람은 어디선가 치렁치렁한 비닐 더미를 가져왔다. 피아니스트처럼 긴 손가락으로 비닐 더미를 꼬집어 붉은 머리카락 위에 올려놓았다. 그리고 거울을 보면서 조심스럽게 정돈해 모자의 중심을 잡았다. 보람은 파티에라도 나가려는 듯 비닐 모자를 고쳐 쓰며 자신을 바라봤다. 우리는 '패션쇼'를 하는 오랑우탄의 모습을 경이롭게 바라봤다. 이 장면은 독일의 한 동물원에서 목격된 오랑우탄 '수마'의 행동과 비슷했다.

수마는 거울을 건네주자 샐러드와 상춧잎을 가져와 차곡차곡 쌓은 다음, 전체 더미를 머리 위에 얹었다. 그렇게 거울을 쳐다보면서 수마는 야채 모자의 위치를 조심스럽게 바로잡았다. 그 모습을 사람들이 보았다면 수마가 결혼식에라도 참석하는 줄 알았을 것이다![4]

모자를 쓴 오랑우탄 보람
오랑우탄 보람은 비닐 더미를 가져와 거울 앞에서 모자처럼 쓰
고 매무새를 다듬었다. 독일의 동물원에서 관찰된 오랑우탄 '수
마'의 행동과 비슷했다.

보람은 이어진 마킹 테스트도 통과했다. 보람의 이마에 몰래 하얀
물감을 칠한 뒤, 보람을 다시 거울 앞에 서게 했다. 보람은 왼손으로 이
마를 만지작거리더니 성큼성큼 거울로 다가갔다. 그러더니 오른손으로
쥔 플라스틱 물병으로 이마를 긁적였다. 마킹 테스트 통과! 보람은 자
신을 확실하게 인식하고 있었다.

그간 외국에서 진행된 거울 실험 결과를 보면, 동물들은 '사회적 행
동 → 거울 검사 → 자기인식 행동 → 마킹 테스트 통과'의 전형적인 단
계를 밟아 갔다. 그러나 서울대공원의 오랑우탄 보라, 보석, 보람은 전
혀 다른 양상을 보여 주었다.

첫째, 사회적 행동이 거의 관찰되지 않았다는 점이다. 사회적 행동
은 거울 속 자신을 타자로 착각하는 행동이다. 1970년 고든 갤럽의 침

팬지 실험을 보면, 침팬지들은 맨 처음 사회적 행동만 하다가 며칠 뒤 자기인식 행동을 했다. 김예나 전문위원은 "야생의 수컷 오랑우탄의 경우 서로 만나면 큰 싸움으로 번진다. 반면, 보석은 거울을 보고 흥분하거나 공격하지 않았기 때문에 거울 속 자신을 다른 이로 보지 않은 것"이라고 말했다. 다른 이로 보지 않은 이유는 앞서 말했듯이 유리 벽에 반사된 자신의 이미지에 이미 익숙해져 있었기 때문일 가능성이 크다.

둘째, 보라-보석 커플은 거울을 무시했고, 보람만 거울에 반응을 나타냈다. 왜 이런 차이가 나타났을까? 보람은 열 살인 반면 보라-보석 커플은 이제 막 어른이 되는 열세 살이다. 김예나 전문위원은 "오랑우탄은 성장할수록 호기심이나 놀이 행동 빈도가 확 떨어진다. 이런 성향이 (보람에 비해 나이가 많은) 보라, 보석의 행동에 영향을 미쳤을 수 있다"고 말했다. 또 한 가지 가설을 내놓는다면, 보라-보석 커플과 보람 둘 사이에는 '유리 벽 노출 시간'의 차이가 있다. 보라, 보석은 일주일 중 엿새 이상을 유리 벽이 있는 셸터와 실외 방사장에서 함께 시간을 보낸다. 반면, 보람은 이 커플에 비해 셸터와 실외 방사장에 나갈 기회가 적었고 자기 이미지를 볼 시간도 짧았다.

거기에는 보라-보석 커플과 보람의 삶의 역사가 얽혀 있었다. 보라-보석 커플은 서울대공원에서 유일한 순종 보르네오오랑우탄으로 '값진 존재'다. 개인이 애완동물로 키웠던 보라는 2004년 세관에 압수되어 쇠사슬로 목이 묶인 채 들어왔다. 역시 애완동물로 키워진 순종 보르네오오랑우탄 보석도 이듬해 압수되어 이송됐고, 둘은 어릴 적부터 커플이 되어 내내 함께 컸다.

유리 벽을 만지고 있는 오랑우탄 보람
피아니스트 같은 오랑우탄의 손이 그를 구속하고 있는 관람 창
유리 벽을 만지고 있다. 동물원에서 태어난 보람은 한 번도 야생
을 경험한 적인 없다.

반면에 보람은 2005년 동물원에서 태어난 보르네오·수마트라 오랑
우탄의 잡종이다. 어렸을 적 보라, 보석과 함께 뒹굴며 시간을 보냈지
만, 나이가 든 뒤에는 이들로부터 격리됐다. 잡종 탄생을 방지하기 위한
동물원의 원칙 때문이다. 그래서 실내 전시 공간인 셸터와 실외 방사장
은 주로 보라-보석 커플이 차지한다. 보람은 일주일에 하루이틀을 제외
하고는 좁은 내실에 갇혀 지낸다. 겨울 실험 진행 중 실외 방사장에 나
가 있던 보람은 셸터 안에 있는 보라를 발견하자 계속 다가가려고 했다.
보람은 보라를 만날 수 없었다.

'자의식의 증서' 받은 동물들

고든 갤럽의 침팬지 거울 실험 이후 많은 연구자들이 다른 종의 동물을 대상으로 같은 실험을 진행했다. 인간과 진화적으로 가까운 사람상Hominoidea과 유인원인 침팬지, 보노보, 고릴라, 오랑우탄은 대체로 합격증을 받았다. 그렇다면 다른 동물은?

사실 우리가 유인원에게 감정이입을 하기는 쉽다. 우리와 비슷하게 생겼고, 표정과 몸짓에서 감정과 의도를 읽어 낼 수 있기 때문이다. 그래서 우리와 가까운 존재라고 무의식적으로 느낀다. 반면, 돌고래나 코끼리의 감정을 느끼기는 쉽지 않다. 그들에겐 우리 같은 얼굴근육이 없다. 전체적으로 다른 신체 구조를 지녔다. 우리는 유인원 이외의 동물을 대체로 고등동물이 아니라며 무시한다. 그러나 거울 실험이 보여 준 결과는 그렇지 않았다.

돌고래를 연구하는 다이애나 라이스Diana Reiss와 와 로리 머리노Lori Marino는 뉴욕수족관의 돌고래 '프레슬리'Presley의 이마에 몰래 페인트로 표시를 했다. 프레슬리는 풀장 반대편에 설치된 거울을 향해 전속력으로 헤엄쳤다. 그리고 마치 사람이 드레스 룸에서 옷을 확인하듯이, 몸을 이리저리 돌리면서 페인트 표식을 확인했다.[5] 그다음은 코끼리였다. 동물행동학자 조슈아 플로트닉Joshua Plotnik과 프란스 드발Frans de Waal은 뉴욕 브롱크스동물원의 아시아코끼리 '해피'Happy의 이마에 흰색으로 X 자를 표시했다. 해피는 거울 바로 앞에 서서 천천히 코를 올려 표식을 만졌다.[6] 프란스 드발은 이렇게 전한다.

해피가 거울이 없었으면 알 수 없었을 큰 하얀색 가위표 쪽으로 코를 리드미컬하게 흔들면서 점점 가까이 가져가다가 조심스럽고도 정확하게 표시를 건드리는 모습은 볼 만한 광경이었다. 우리는 마냥 신이 났다. 코끼리가 인간, 돌고래, 그리고 유인원이 가진 것과 똑같은 거울 자기인식 능력을 가지고 있음을 처음으로 보여주는 것이다.

유인원이 아닌 다른 영장류는 어떨까? 일본의 영장류학자 이노우에(나카무라) 노리코井上德子(中村德子)는 과거 영장류 열두 종*에게 진행된 거울 실험을 분석해, 거울 앞에서의 행동을 네 가지로 재분류했다.[7] 첫째, 사회적 행동(소리 지르기, 입으로 치기), 둘째, 거울 검사(물체에 대한 조사), 셋째, 즉흥적 반복 행동(거울을 보며 손 흔들기, 상체 움직이기 등), 넷째, 자신을 지시하는 행동(거울을 보며 이빨 관찰, 앞머리 치장 등) 등이다. 사회적 행동과 거울 검사, 그리고 즉흥적 반복 행동은 한두 종을 제외하곤 쉽게 볼 수 있었다. 그러나 자신을 지시하는 행동에서는 사람상과의 대형 유인원과 다른 영장류를 갈라놓는 루비콘강이 흘렀다. 원숭이 여덟 종은 거울을 통해 자신을 보지 못했다. 이노우에는 "거울 실험은 영장류의 진화적 분기점을 추측해 볼 수 있는 관점을 제공한다"고 말했다.

당신의 집 강아지는 거울을 볼 수 있을까? 아쉽게도 못 볼 것이다. 펄쩍 뛰거나 킁킁거리고 가끔씩 거울 뒤로 가서 '거울 검사'만 할 가능

● 원원류 1종, 신세계원숭이 3종, 구세계원숭이 3종, 긴팔원숭이 1종, 사람상과의 대형 유인원 4종.

성이 크다. 재미있는 가설이 있다. 알츠하이머병 환자들이 거울 인식을 못 하는 경우가 있는데, 알츠하이머병은 이마엽(전두엽)이 제대로 기능을 하지 못하면서 나타난다. 그런데 캐나다보건연구소의 크리스티나 시왁Christina Siwak은 인지장애가 있는 개가 거울에 비친 이미지를 수용하지 못하고 공격적인 행동을 한 실험 결과를 들며, 거울을 통한 자기인식이 이마엽의 기능 상실과 관련 있을 것이라고 추측한다.[8] 어쨌든 거울 실험은 시각 중심의 동물에게 여섯 집 반을 주고 시작하는 바둑과 같다. 후각에 기대어 세상을 살아온 개에게는 불리할 수밖에 없다. 그러나 2008년 독일 괴테대학의 헬무트 프리어Helmut Prior 등에 의해 유럽까치가 자기인식 행동을 보인다는 게 밝혀지면서, 동물의 자의식에 관한 논쟁의 지평은 더 넓어지고 있다.

인간의 '의식'은 침팬지의 '의식'과 똑같은 구조와 형태를 갖고 있지 않을 가능성이 높다. 의식이 어떤 물체로 표현될 수 있다면, 인간과 침팬지의 의식은 전혀 다른 생각의 매질로 이루어진 삼차원공간이다. 매질에 따라 파동의 움직임이 달라지듯, 침팬지와 인간은 각자의 사고 체계(매질) 속에서 생각(파동)을 이어 간다. 둘의 사고 체계는 긴 시간 동안 다른 형태를 갖는 의식으로 진화했을 것이다. 인간의 의식은 유럽까치보다는 침팬지와 더 비슷할 것이다. 침팬지와의 진화적 거리가 더 가깝기 때문이다. 인간과 침팬지, 그리고 유럽까치는 각각 다른 진화의 사다리를 탔다. 다만 거울 실험을 통해 우리는 가장 기초적인 자의식의 형태를 침팬지와 공유한다는 사실을 알 수 있을 뿐이다.

비인간인격체에게 신체의 자유를 허하라

2013년 5월, 인도의 환경산림부는 돌고래 수족관 설치를 금지했다. 그런데 그 이유가 흥미로웠다. 당시 중앙동물원관리국이 작성한 공문에는 이런 대목이 있다.

돌고래를 '비인간인격체'nonhuman person로 보아야 하며, 돌고래는 이에 따른 고유한 권리를 지닌다. 돌고래를 공연 목적으로 가두는 행위는 도덕적으로 받아들일 수 없다.

비인간인격체란 무엇일까? 먼저 '비非인간'nonhuman부터 알아보자. 비인간은 2000년대 들어 서구 학계와 사회운동 진영을 중심으로 동물animal을 대신하는 표현으로 자리 잡아 가고 있다. 정상과 비정상을 가르는 낙인에서 벗어나기 위해 '비장애인', '비혼' 등의 용어를 의도적으로 쓰듯이, 기존의 인간-동물의 지배-피지배 관계에서 벗어나기 위해 비인간을 쓰자는 것이다. 게다가 인간도 동물의 일종이기 때문에 인간-동물의 이분법은 정확하지 않다.

비인간인격체 담론은 여기서 한발 더 나아간다. 이 논의를 주도하고 있는 미국의 환경철학자 토머스 화이트Thomas White는 '휴먼'human과 '퍼슨'person을 구별해야 한다고 말한다. 휴먼이 동물 외양의 물리적 특성을 비교해 정의하는 생물학적 범주라면, 퍼슨은 사고나 감정, 성격, 자의식 등 주체성을 논하는 철학적 범주다. 외양은 다르지만 주체성은 비슷할 수 있다.[9]

화이트는 돌고래가 자의식을 가지고 도덕적 판단을 한다는 사실이 과학적으로 밝혀졌다면서 돌고래를 인격체로 봐야 한다고 주장한다. 요약하자면 생물학적으로 사람과 다르지만(비인간), 인간만이 독보적으로 가지고 있던 것으로 여겨졌던 특성(인격체)을 공유하는 '비인간인격체'라는 것이다.[10]

또한 인격은 일반적으로 '사람 됨됨이'를 지칭하지만, 국어사전에서 '도덕적 판단 능력을 지닌 자율적 의지의 주체'로 정의되기도 한다. 법률은 '비인간'인 법인法人에 권리를 갖는 법적 인격을 부여한다. 그런 점에서 동물도 권리를 갖는 인격체가 될 수 있다. 도덕과 의지를 가지고 산다면 말이다.

그럼 어떤 동물이 비인간인격체일까? 동물의 도덕과 의지를 실증하는 것은 쉽지 않다. 여기서 거울 실험이 등장한다. '거울에 비친 자신의 모습을 인식한다는 것'은 '스스로를 타자화해 생각한다'(남의 눈으로 자신을 바라본다)는 것이며 다른 말로 '반성적 사유를 할 수 있다'는 뜻이기도 하다.

비인간인격체는 철학적 개념에서 사회운동으로 발전했다. 영장류학자 제인 구달, 철학자 피터 싱어 등이 참여해 1994년 세운 유인원프로젝트Great Ape Project라는 조직은 '생명에 대한 권리', '신체의 자유', '고통을 주는 행위 금지' 등의 세 가지 원칙을 내놓았다. 화이트 교수를 비롯해 이탈리아의 철학자 파올라 카발리에리, 동물행동학자 로리 머리노 등은 2010년 헬싱키그룹을 결성해 고래의 권리를 주장하고 나섰다. 이들이 발표한 「고래와 돌고래 권리 선언문」엔 열 가지 원칙이 담겼다. 선언문을 보면 고래와 돌고래는 (인간과 마찬가지로) 누군가의 소유물이 될 수 없으며 서식지와 문화를 보호받을 권리가 있다. 생명권, 이동권, (자연에서의) 거주권을 갖는다.

최근에는 미국의 변호사 스티븐 와이즈가 이끄는 비인간권리프로젝트NhRP, Nonhuman Rights Project가 비인간인격체 운동의 중심에 서 있다. 스티븐 와이즈는 동물행동학자 도널드 그리핀의 논의를 발전시켜 동물을 분류했다. 그에 따르면 욕망이 있고, 의도를 가지고 행동하고, 그런 자신을 인식하는 자율적 의식을 가진 게 100퍼센트 확실하다면, 그 종의 자율성 지수Autonomy Value는 1이다. 이런 의식이 전혀 없는 게 확실하다면 0이고, 있는지 없는지 모르는 상태는 0.5이다.

이를 이용해 와이즈는 동물을 네 가지로 나누었다. 제1범주는 0.9 이상으로 자의식의 존재 여부를 알아보는 거울 실험을 통과한 동물이다. 침팬지, 고릴라, 오랑우탄, 돌고래, 코끼리 등이다. 제2범주는 0.5 초과 0.9 미만인 동물이다. 고차원적인 자의식은 없지만 의사소통과 사고가 가능하며, 인지능력이 있다. 포유류와 조류, 파충류, 어류 등이 속한다. 그리고 우리가 의식의 존재 여부를 당분간 알 수 없는 동물을 제3범주(0.5)로, 자극에 단순히 반응하는 종을 제4범주(0.5 미만)로 묶었다.[11]

비인간권리프로젝트는 유인원, 코끼리, 고래, 돌고래 등 비인간동물을 자연인이나 법인과 같은 법률상 권리주체로 봐야 한다고 주장한다. 동물도 사람과 마찬가지로 신체의 자유가 있다는 것이다. 이런 동물의 법적 지위 변경을 통해 비인간인격체의 전시·공연 금지, 동물실험 금지 등을 노린다.

이런 논리에 따라 이 단체는 2013년부터 대학 실험실과 개인 사육 시설, 동물원 등에 사는 비인간인격체에 해당하는 동물을 대신해 인신보호영장, 즉 헤비어스 코퍼스habeas corpus 청구 소송을 제기하고 있다. 인신보호영장은 자기 의지에 반하여 구금된 이를 석방하게 하는 영장으로, 법원이 이를 허가하면 그는 구금에서 풀려나게 된다. 물론 갈 길이 멀기는 하다. 세 건의 침팬지에 대한 인신보호영장 청구 소송에서 스티븐 와이즈는 쓴잔을 마셔야 했다. 그는 브롱크스동물원에서 거울 실험에 통과한 코끼리 '해피'의 소송도 진행 중이다.[12]

비인간인격체 운동에서 거꾸로 인간중심적인 시각을 발견하는 학자들도 있다. 인간과 비슷한 형태의 지능과 감성을 갖고 있는 고등동물에게만 권리를 부여하기 때문에 인간중심주의의 혐의를 지울 수 없다는 게 비판의 요지다. 일반적으로 침팬지, 오랑우탄, 고릴라, 보노보 등 영장류, 여기에 더해 고래와 돌고래, 코끼리 등 실험을 통과한 동물만 비인간인격체로 규정된다. 이 때문에 비판적 학자들은 비인간인격체 담론이 인간의 범주를 인간과 비슷한 고등동물에게 확장한 것일 뿐이라는 근본적인 질문을 던진다. 이들은 묻는다. 고등동물만 보호받을 가치가 있나? 동물종마다 감각적 세계와 실존적 세계가 다른데, 어떻게 지능이 측정, 비교, 평가될 수 있나?

....

오랑우탄 거울 실험이 끝나 갈 즈음 겨울이 깊어졌다. 오랑우탄에게

농락당한 괘씸한 한철이었다. 어쩌면 우리가 배운 것은 동물의 자의식이 아니었다. 우리는 진공상태처럼 실험실을 통제하려 했지만, 오랑우탄은 수동적인 객체가 되길 거부했다. 오랑우탄 보라, 보석, 보람은 자신들을 거울 앞에 몰아넣은 기자, 연구자, 감독, 사육사의 행동에 저항하고 상호작용했다. 녀석들의 협조를 구하기 위해 우리는 오랑우탄사 앞에서 동분서주했다. 바람이 매서워지던 어느 날, 누군가 "오랑우탄은 가만히 있는데 사람이 변하고 있는 것 같다"고 말했다.

5부

앎으로 올 인간-동물 관계

18장

난 죽음의 사자가 아니야
임종을 예견한 고양이 오스카

미국 북동부 프로비던스의 요양병원 스티어하우스.

310호 병실 문 앞에 고양이 한 마리가 앉아 있다. 25분 정도 흘렀을까? 문이 열리고 간호사가 나온다.

"안녕, 오스카Oscar? 안에 들어가려고?"

오스카는 들은 체 만 체 병실로 들어간다. 침대에는 가쁜 숨을 몰아쉬는 앙상한 할머니가 누워 있다. 그 옆에 앉은 딸이 오스카에게 말을 건다.

"오스카 왔니? 오늘은 어때?"

할머니는 삶의 종착역 앞에 서 있다. 모르핀이 더 필요하냐는 간호사의 물음에 딸은 잠시 생각하더니 고개를 가로저었다.

병실에서 나온 오스카가 이번에는 313호실로 살금살금 들어간다. 할머니가 누워 있는 침대로 뛰어오르더니, 살짝 냄새를 맡는다. 할머니는 보호자 없이 혼자 있다. 오스카는 제 몸을 말아 할머니 몸에 붙이고 잠을 잔다.

한 시간이 흘렀다. 삐, 삐, 삐. 모니터링 장치의 경고음이 빨라진다. 간호사가 급하게 들어와 멈칫하더니, 오스카를 바라본다. 그러곤 할머니의 상태를 살핀 뒤, 밖으로 나가 가족들에게 전화를 건다. 한 시간이 되지 않아 가족들이 하나둘 도착했다. 할머니의 손주가 엄마에게 물어본다.

"저 고양이는 여기서 뭘 하고 있죠?"

"할머니가 천국에 가는 걸 도와주고 있단다."

얼마 뒤 할머니는 마지막 숨을 몰아쉬고 세상을 떠났다. 오스카는 병실을 나와 물을 한 모금 홀짝인다. 그리고 그가 즐겨 찾는 책상 밑으로 가서 몸을 오므린다. 주간 업무는 끝났다. 오늘의 사망 소식은 더는 없을 것이다.[1]

고양이 보고 바빠지는 의료진

고양이 오스카는 병원과 요양원, 호스피스 센터 등에서 일하는 치료묘다. '세러피 캣'thearpy cat이라고도 불리는데, 환자의 사회적 상호작용과 정서적 안정을 도와 치료에 긍정적인 환경을 만든다. 그렇다고 군견이나 경찰견처럼 엄격한 시험을 거쳐 자격증을 따는 게 아니다. 그저 사

병원을 회진하는 고양이 오스카
고양이 오스카는 누군가 죽음이 임박했을 때, 그의 병실에 들어
가 함께 있다.

람들과 어우러질 뿐이다. 오스카는 2005년 스티어하우스에서 동물 치
료 프로그램의 일환으로 기르기 시작했다. 그런데 언젠가부터 오스카
가 죽기 직전의 환자의 병실에 들어가 머무른다는 걸 병원 사람들이 알
게 된 것이다. 그렇게 고양이 오스카는 스티어하우스에서 유명해졌지
만, 세상에 널리 알려진 것은 어쩌면 우연에 가까웠다.

스티어하우스에서 유능한 것으로 정평이 난 의사이자 브라운대학
의 교수인 데이비드 도사David Dosa는 뉴욕의 어느 명망 있는 재단이 지원
하는 거액의 연구 지원 프로젝트의 면접을 봤다. 그는 자신만만했고, 면
접은 순조로웠다. 하지만 이튿날 아침, 사무실 책상에 앉은 그는 지원

대상에서 탈락했다는 전화를 받는다. 승진도, 급여 인상도 물 건너간 것처럼 보이던 자포자기의 순간. 그때 간호사로부터 연락이 왔다.

"선생님, 앨런 샌더스 할머니께서 방금 돌아가셨다는 말씀을 드리려고요."

"저보다 더 일진이 나쁜 사람도 있군요."

의사의 냉소적인 말에 간호사는 잠시 고민하다가 말을 이었다.

"고양이 오스카도 왔었다는 걸 알고 계셨으면 해서요."

인생의 진리란 유난히 일진이 나쁜 날 꿈틀거리며 부상하는 법이다. 인생이 헛되다고 느껴질 찰나에 이 전도유망한 의사는 그간 병원에서 풍문으로 나돌던 오스카에 대해서 처음으로 진지하게 생각해 보았다. 그리고 그는 결심한 듯 건조한 학위 논문을 치우고 촉촉한 에세이를 한 달음에 썼다. 이 글을 유명 의학 저널인 《뉴잉글랜드 의학 저널》에 보냈을 때만 해도, 그의 글을 실어 줄 거라곤 생각지 않았다.[2] 편집진은 이를 택했고, 언론들이 앞다퉈 보도했다. 대중에게 알려지기로는 거의 처음이었던 2007년 7월 26일 자 《로이터》 뉴스를 보자.

고양이 '오스카'가 스티어하우스의 (특정 환자) 병실에 들어가면, 의료진은 행동에 들어간다. 오스카는 몇 시간 안에 (그 환자가) 죽는다는 걸 알 수 있다. 이 병원 전문의 데이비드 도사(브라운대학 교수)에 따르면, 오스카는 지난 2년 동안 스티어하우스의 말기 치매 병동에서 스물다섯 명이 넘는 환자들의 죽음을 지켜보았다.[3]

맨 처음 스티어하우스의 스태프들은 오스카가 운명을 재촉하는 '죽음의 사자'처럼 받아들여질까 봐 걱정했다. 말기 치매 환자의 병실에 고양이가 들어간다. 곧이어 환자가 세상을 떠난다. 고양이는 조용히 병실을 떠난다…. 자극적으로 단순화된 서사가 만들어지며, 고양이에 대한 불길한 선입견이 강화될 것 같았다. 다행히도 사람들은 현명했다. 오스카는 침대 곁에 앉아 환자와 함께했다. 가족들은 오스카를 '호스피스'로 받아들였고, 외로운 환자들은 오스카를 가족처럼 대했다. 의사와 간호사들은 오스카와 '원 팀'으로 움직이며 죽음을 준비했다. '오스카, 너는 우리와 함께 일을 하고 있는 거야. 죽음이라는 거대하고 중요한 의식을 준비하는 일을 도와주고 함께하는 거지.'

2019년 나는 데이비드 도사에게 이메일을 보내 오스카의 근황을 물었다. 오스카가 열두 살 때였다.[4]

"오스카는 살아 있나요? 건강은 어때요?"

"제가 몇 년 전부터 매일 회진을 하지 않아요. 지금도 병원 이사회 일원이긴 한데, 한 달에 한 번 정도만 오스카가 사는 곳에 건너가지요. 오스카는 지금도 스티어하우스에 살고 있습니다. 열두 살이니 이제 노인이 다 되었지요. 그래서 자주 만나지 못하지만, 저를 만나면 알아본답니다."

그는 세어 보지 않았지만 이미 초창기에 오스카와 임종을 함께한 환자가 100명을 넘었다고 말했다. 최근엔 오스카가 알레르기 문제로 죽을 뻔한 뒤, 더는 환자 병동에 머물지 않는다고 덧붙였다. 사람들이 먹을거리를 주지 않도록 하기 위해서다. 다만 한밤중에 조용히 건너가는 것은 같다고 했다.

"몇 년 전, 추수감사절 연휴에 오스카가 음식물에 알레르기 반응을 일으켰어요. 스테로이드를 주사했지만, 곧 죽을 것처럼 보였죠. 고양이 병원 응급실로 이송했는데, 오스카에게 심각한 심정지가 왔어요. 모두 오래 버티지 못할 거라고 했죠. 그래서 우리가 '호스피스가 되어 주자'고 했습니다. 오스카를 스티어하우스로 돌려보냈어요. 함께 살던 사람들과 죽음을 맞으라고요. 그런데 스티어하우스에 돌아온 지 이틀째 되는 날, 오스카가 기적처럼 회복했습니다."

그 뒤, 오스카는 '치료묘'로서의 일선에서 은퇴했다. 그에 대한 병원 동료들의 존중과 예우의 표시였다.

주폴리스라는 정치 공동체

인천국제공항에 항공기가 착륙해 수백 명을 쏟아낸다. 승객 모두는 국적에 관계없이 보편적인 기본권을 보장받는다. 범죄로부터 보호받을 권리, 고문받지 않을 권리, 그리고 구속당하지 않을 신체의 자유 같은 것들 말이다. 그러나 출입국 심사대에 도착해 내국인, 외국인 줄로 갈라질 때 비로소 사람들은 각각 다른 수준의 권리가 있음을 깨닫는다. 외국인 여행객은 비자가 없으면 (공항 밖으로 나갈) 이동의 자유 같은 게 없다. 비자가 있는 여행객이라도 병원을 값싸게 이용한다거나, 재난지원금을 받을 권리가 없다. 그러려면 세금을 내고, 병역의무를 수행하는 등 사회의 공공선에 기여해야 한다. 내국인은 이런 식으로 공공선에 기여하기 때문에 보편적 기본권에 더해 개별권을 갖는다. 이렇게 상호부조의 원칙으로 결합한 사회를 '정치 공동체'라고 한다.[5] 이를테면 대한민국은 성원권●을 가진 시민으로 구성된 정치 공동체다. 정치 공동체의 구성원에게는 의료와 교육 서비스, 노후 보장, 문화 접근성 등의 혜택이 주어진다.

이것을 동물에게 적용해 보는 건 어떨까? 모든 동물은 출입국 심사대 통과 전의 승객들처럼 보편적 기본권으로서 감금이나 학대, 상해를 입지 않을 권리를 요구할 수 있다. 앞서 말한 비인간권리프로젝트 등 현대 동물 운동 단체가 진행하는 캠페인은 대부분 기본권의 확보를 목적으로 한다.

하지만 일부 동물들은 정치 공동체에 기여했으므로 추가로 권리를 요구할 수 있다. 대표적으로 군견이나 경찰견, 치료 동물 등 서비스 동물service animals이나 실험동물 등을 들 수 있다. 일부 국가나 사회에서는 이들에게 은퇴 연령이나 노동시간, 은퇴 후 입양 규정 등을 정한다. 이 동물들은 이론의 여지 없이 사회에 복무하기 때문이다.

2016년 영국 하트퍼드셔주 스테버니지Stevenage의 경찰견 핀Finn은 강도상해범을 붙잡다가 칼에 찔렸다. 용의자는 자기방어권을 법원에서 인정받아 형량을 낮추는 데 성공했다. 시민들은 이에 분개했고, 그 결과로 2019년 일명 '핀법'Finn's Law이라고 불리는 동물복지법 개정안이 발효된다. 이에 따라 경찰견이 관련된 다툼에서 용의자는 자기방어권을 인

● 사회 구성원으로서 자격을 가진 주체가 갖는 권리. 국민국가에서 내국인, 영주권 시민, 일시 체류자, 외국인 여행객 등은 각기 다른 권리를 갖는다.

정받지 못하게 되었다. 미국에서는 2013년 군견회원법Canine Members of the Armed Forced Act에서 군견이 '부대장비'가 아닌 '군견 장병'으로 분류됐다. 이에 따라 군견도 군인이 받는 훈장을 받을 수 있게 되었다. 이러한 조처에 우리가 거부감이 들지 않는 이유는 동물들이 우리 공동체를 위해 무언가 일을 하고 있으니, 당연히 그에 따른 보상을 받아야 한다고 여기기 때문이다.[6]

캐나다 퀸스대학의 동물권 철학자 수 도널드슨Sue Donaldson과 윌 킴리커Will Kymlicka는 여기서 영감을 얻어 '주폴리스'zoopolis라는 개념을 제시한다.[7] 여기서 '주'zoo는 동물을 뜻하고, '폴리스'polis는 고대 그리스의 도시국가, 즉 민주주의를 지향하는 정치 공동체를 의미한다. 두 학자는 민주주의라는 원칙으로 인간과 동물을 아우를 수 있다고 말한다. 주폴리스는 인간과 동물이 모두 속한 '동물 정치 공동체'다.[8]

두 학자는 "동물 운동은 난관에 봉착했다"는 문장으로 『주폴리스』를 시작한다. 동물복지, 동물 권리, 생태학 이론이 더는 운동에 활력을 불어넣지 못한 채 앞으로 나아가지 못하고 있다는 것이다. 원인은 정치적인 기획이 없다는 데 있다. 고통에 기반한 이론들은 '공장식 축산 반대'라는 대문자 정치나 '채식'으로 끝나는 개인적 윤리 지침에서 멈춰버리고 만다. 학계에서는 동물권에 대한 관심이 철학, 지리학, 인류학에서 만개하고 있지만, 정치학에서 여전히 동물은 소외된 주제다. 우리가 동물을 다룰 때 돌봄을 받는 대상, 해방이 되어야 할 '수동적 객체'로만 여길 뿐 우리 사회를 이루는 정치 공동체의 구성원이라고 생각지 않기 때문이다.

우선 두 학자는 모든 동물에게 보편적 기본권이 있다고 말한다. 보호자로부터 버림받지 않을 권리, 학대당하지 않을 권리, 서식지를 침범당하지 않을 권리 같은 것들 말이다. 전통적인 동물권 이론과 동물 운동이 요구했던 바다. 그리고 동물을 세 범주로 나누어 각자의 개별권이 있고 이에 따라 대우받을 수 있는 자격이 있다고 말한다. 반려동물 및 농장동물을 포함한 '길들인 동물'domesticated animals, 야생 영역을 지키며 제 기준에 따라 사는 '야생동물'wild animals, 인간 거주지에서 문화와 야생의 경계에 사는 길고양이, 다람쥐, 비둘기 등 '경계동물'liminal animals에게는 각기 구분되는 정치적 권리가 있다. 요약하자면, 길들인 동물에게는 시민권을, 야생동물에게는 자치권을, 경계동물에게는 거주권을 부여해야 한다는 주장이다.[9]

물론 동물은 인간의 노예이며 동물에 대한 일체의 억압을 철폐해야 한다는 애벌리셔니스트abolitionist(폐지론자)에게는 성에 차지 않을 수 있다. 길들인 동물의 활동을 인간의 억압에서 나오는 활동이 아니라 일종의 '서비스'로 보는 관점 때문이다. 하지만 주폴리스는 근대성 너머의 인간-동물 관계를 제시한다. 근대적인 동물정치가 동물을 정치 공동체 밖의 피해자로서 우리가 그들을 구원하는 데 초점을 맞추었다면, 주폴리스는 동물을 우리 정치 공동체 안으로 데려온다. 아직 어떤 동물에게 어떤 권리를 줘야 할지 각론에서 충분한 논의가 이뤄지지 않았지만, 주폴리스는 근대 너머의 인간-동물 관계를 사유할 힘을 제공한다.

나는 고양이 오스카가 살았던 스티어하우스야말로 우리 안에 존재하는 '주폴리스'라고 생각한다. 오스카는 스티어하우스에서 의사, 간호사들과 함께 환자들을 위해 일하는 파트너였다. 오스카는 요양원이라는 정치 공동체의 공공선을 위해 복무했다. 오스카는 스티어하우스에서 번듯한 시민권을 지닌 구성원으로 존중받았다.

죽음을 함께했던 동료의 죽음

오스카는 어떻게 환자들에게 다가오는 죽음을 느끼는 걸까? 유일한 과학적 설명은, 우리 몸에 있는 '케톤'ketone이라는 물질에 반응했을 거라는 추측이다. 케톤에는 특유의 향이 있어, 의대생들이 초기 당뇨병 환자의 입 냄새에서 이걸 구분하는 훈련을 받곤 한다. 데이비드 도사가 말했다.

"나는 오스카가 무엇인가에 반응한다고 믿습니다. 무엇인지는 아직 검증되지 않았지만요. 케톤은 죽어 가는 세포나 굶주린 상태에서 방출되는 냄새나는 물질인데, 오스카가 이 냄새에 반응한다는 게 꽤 가능성 있는 설명입니다. 또한 초창기에 오스카가 죽음이 임박한 말기 치매 환자 옆에 있으면 사람들이 칭찬해 주었지요. 그런 칭찬이 오스카의 행동을 강화했을 수 있죠."[10]

개가 사람의 암을 탐지할 수 있다는 건 잘 알려진 사실이다. 다른 질병과 마찬가지로 암은 신체와 신체 분비물에서 특정한 흔적 또는 냄새를 남긴다. 피부와 소변과 대변, 땀, 호흡 때 내뿜는 공기 등으로 개는 암을 찾아낸다. 고양이도 후각이 뛰어나다. 코 내부의 표면적은 인간보다

5배가량 넓고, 사람보다 10배 이상 냄새에 민감하다. 후각은 코점막 안에 있는 후각 수용체의 개수로 기능을 측정할 수 있다. 사람의 후각 수용체가 500만 개 정도인 데 비해, 고양이는 6,500만~1억 개, 개는 2억 개가 넘는다. 후각 수용체의 종류만 해도 수백 개인 고양이는 수십억 가지의 냄새를 구별할 수 있다고 추측된다.[11]

고양이는 죽음의 의미를 알까? 죽음은 영원한 부재로 이어진다는 사실을? 우리는 길거리에서 차에 치어 죽은 어미 곁을 떠나지 못하는 새끼 고양이를 어렵지 않게 볼 수 있다. 1만 년의 세월 동안 함께해 온 반려자 인간의 부재에도 고양이는 그런 감정을 느낄까? 도사는 과학자답게 "나로서는 알 방법이 없다"고 말했다. 다만 그는 "오스카는 환자가 죽으면 병실을 떠났다"고 말했다. 더는 그가 육체에 깃들지 않는다는 걸 안다는 듯이.

우리가 침팬지와 떨어진 것은 대략 550만 년 전, 오랑우탄과 떨어진 지는 1,400만 년 전이다. 고양이와 떨어진 시기는 8,500만 년 전으로 추정된다. 우리와 고양이의 공통 조상은 '북방진수류'Boreoeutheria다. 화석조차 발견되지 않은 가상의 동물이지만, 그 동물이 돌연변이를 낳고 돌연변이를 낳아 지금의 인간과 고양이가 되었다.

8,500만 년 전 다른 길로 가면서 헤어진 고양이가, 1만 년 전 무렵 다시 인간을 찾아왔다. 아마도 신석기시대 초기 누군가가 창고에 곡식을 쌓아 놓을 즈음, 거기에서 잠복하며 쥐를 잡아먹고 곡식을 손대지 않아(고양이는 곡식을 잘 안 먹는다) 인간과 고양이는 서로 만족하는 사이가 되었을 것이다.

데이비드 도사는 2022년 2월 24일 그가 운영하는 '고양이 오스카' 페이스북에 슬픈 소식을 올렸다.

오스카가 세상을 떠났다는 소식을 전하게 되어 슬픕니다. 오스카는 짧은 투병 생활 끝에 22일 금요일 무지개다리를 건넜습니다. 조금 이상하게 들릴지 모르겠지만, 오스카에 관한 저의 책은 노인의학 과정에서 필독서가 되었습니다. 학생들은 오스카에 관해 읽고 그의 업적은 유산이 되었습니다. 오스카의 존재로 인해 많은 장기 요양 병원에서 치료용 고양이들이 많아졌다고 생각합니다. 오스카가 없었다면 환자와 가족들은 외롭게 죽음을 맞이했을 것입니다. 오스카가 환자와 가족들에게 어떤 존재였는지 우리는 이해했고, 지금도 그가 남긴 유산은 살아 있습니다.[12]

바람에 흔들리는 나무를 고양이가 바라본다. 고양이는 신과 영혼 그리고 세상을 움직이는 보이지 않는 힘에 대해 생각할까? 인간은 그것에 집중했고 여기까지 왔다. 고양이는 어떤지 모르겠지만, 중요한 건 우리가 이 동물을 가장 두렵고 가장 슬픈 시간의 동반자로 받아들인다는 사실이다. 어쩌면 우리 정치 공동체의 동료로 받아들일 수 있다는 사실과 함께.

19장

세상에서 가장 외로운 고래를 찾아
단 하나뿐인 52Hz 고래

전쟁은 끝났다. 제2차 세계대전도, 6·25 전쟁도, 베트남전쟁도. 그리고 미소 냉전도 끝나 가고 있었다. 바닷속 세계도 조용해졌다. 1989년 미국 시애틀 연안의 위드비해군기지Naval Air Station Whidbey Island. 소련 잠수함을 탐지하는 수중음향감시체계SOSUS의 모니터링 요원들에게도 긴박함은 찾아볼 수 없었다. 그러다 낯선 소리가 포착됐다.

"음, 이건 좀 이상한 소리인데?"

음향 전문가인 조지프 조지Joseph George가 말했다.

"아무래도 고래 같아."

그러나 조지는 고개를 갸웃했다. 낮고 깊은 소리가 52Hz에서 깜박거리고 있었다. 이 지역 대왕고래의 소리라면 보통 15~20Hz에서 잡혀야 했다. 이 소리는 안개 낀 바다에서 울리는 뱃고동 소리 같았다고, 미국의 작가 레슬리 제이미슨Leslie Jamison이 당시 관계자들을 취재해 쓴 논픽션『52 블루』52 Blue에 썼다.[1]

52Hz의 노래는 계속해서 포착됐다. 이듬해도, 그 이듬해도 52Hz의 노래는 겨울마다 나타났고, 잠수함이 떠난 고요의 바다에서 군인들을 사로잡았다.

조지는 민간 연구소인 우즈홀해양연구소에서 함께 일하는 윌리엄 왓킨스William Watkins와 52Hz 고래를 계속 쫓았다. 주변에 비슷한 소리를 내는 다른 개체는 없었다. 단 한 마리에게서 나오는 소리였다. 그리고 계속 움직였다. 겨울에는 북태평양 중위도 바다에서 머물다가, 여름이 되면 알래스카 앞바다로 갔다. 그러다 겨울이면 다시 캘리포니아 앞바다로 내려왔다. 이동 경로만 보면 대왕고래와 비슷했다. 2004년 왓킨스와 조지는 학술지《심해 연구》에「북태평양 52Hz 고래 소리의 12년간의 추적」이라는 논문을 투고한다.

우리는 이것이 어떤 종인지 모른다. 두 고래의 잡종인지, 비정상적 기관을 가진 고래인지도 분명치 않다. 이 드넓은 바다에서 딱한 마리만 이 소리를 낸다는 사실을 사람들이 어떻게 받아들일지 모르겠다. 그럼에도 12년간의 모니터링을 세밀하게 분석해 보면, 이 소리는 딱 한 마리에게서 나는 소리다.[2]

세상에서 가장 외로운 고래. 안타깝게도 10년 넘게 이 고래를 추적한 윌리엄 왓킨스는 이 논문 출판 전에 숨지고 만다. 대신 그의 동료 메리 다허Mary Daher가 교신 저자로 나서 왓킨스의 바통을 이어받는다. 논문이 출판되자마자 CNN과 BBC에서 인터뷰를 요청했다. 메리 다허는 고개를 가로저었다.

"나는 보조 연구자였습니다. 게다가 왓킨스 박사는 카메라 앞에서 인터뷰 하는 걸 좋아하는 사람이 아니었어요. 아주 조심스럽고 보수적인 연구자거든요. 아마 왓킨스 박사가 무덤에서 화를 낼 거예요."

재미나 가십으로 다뤄질까 봐 그녀는 걱정했다. 왓킨스가 가장 싫어하는 것이었다. 그러다가 《뉴욕 타임스》의 과학 기자인 앤드루 레브킨Andrew Revkin에게 연락이 왔다. 결국 그녀는 "이 논란을 종식해야겠다"며 인터뷰를 승낙했다.[3]

그해 12월 21일 《뉴욕 타임스》에 '바다의 노래, 응답 없는 아카펠라'라는 제목의 기사가 실렸다.[4] 자신이 청각장애인이라며 이 고래도 그러할 것이라고 공감하는 편지가 쏟아졌다. 주파수대가 다르면 서로 소통할 수 없다. 발화했지만 도착하지 못하는 언어를 가진, 세상에서 가장 외로운 고래. 이 고래는 '52Hz 고래'로 불리며 외로움의 상징으로 떠올랐다.

대양을 건너는 목소리

고래는 노래를 부른다. 혹등고래는 인간 세계에서 앨범도 낸 명가수다. 노래는 다양한 레퍼토리를 가지고 있다. 후렴구처럼 반복되는 것이 있고, 두 고래가 중창처럼 어우러지는 것이 있고, 장엄한 합창곡으로 발전하는 것도 있다. 모두에는 패턴이 있다. 우리는 그래서 '고래의 노래'라고 부른다. 1970년 수중음향학자 로저 페인Roger Payne이 이를 녹음해 음반《혹등고래의 노래》를 냈다. 10만 장이 팔렸다. 이 노래는 우주의 지적 생명체에게 보내는 '골든 레코드'에 실려 보이저 1호와 2호를 탔다. 현재 태양계를 벗어나 '인터스텔라'라 불리는 성간 공간에 진입했다.

과학자들은 특히 혹등고래의 노래를 집중적으로 연구했는데 수컷들이 자신을 과시하기 위해, 때로는 자신이 있는 위치를 알리기 위해 소리를 낸다고 추정하고 있다. 우리의 낭만적인 상상력에 턱없이 미치지 못하는 건조한 설명이지만, 쉽게 말해 고래들이 그냥 말하고 듣고 떠들고 때로는 노래한다고 보면 된다. 혹등고래의 노래는 각 지역마다 비슷하면서도 속한 집단에 따라 차이가 나는데, 매년 조금씩 변한다. 과학자들은 다른 집단에게서 새로 배운 노래가 유행가처럼 집단 내로 퍼진다는 것을 확인했다.

과학자들의 우려도 있었다. 고래가 소리를 이용해 활동하므로, 인간이 내는 소음이 그들의 삶에 악영향을 미치리라는 것이다. 대양을 누비는 화물선 프로펠러의 소음, 해저유전 개발을 위한 지진파 연구 등이 고래의 소통을 방해한다. 그건 마치 하늘에서 긴 천둥소리가 시시때때로 치는 것과 비슷할 것이다.

지구에서 가장 큰 생명체인 대왕고래도 노래를 한다. 10~40Hz대의 저주파인데, 화려한 혹등고래의 노래보다 낮고 웅장하다(인간은 그 일부인 20Hz까지만 들을 수 있다). 대왕고래의 노래는 동물이 내는 소리 중 가장 크다. 수백 킬로미터 밖에서도 들린다. 정교한 청음 장치로는 수천 킬로미터 밖에서도 들을 수 있다. 저주파여서 멀리 떨어진 개체끼리 정보의 손실 없이 소통하기에 유리하다. 엄청나게 긴 음향 도달거리로 봤을 때, 대왕고래는 우리가 상상하기 힘든 전혀 다른 사회구조에서 살 거라고 추정할 수 있다. 이렇게 상상해 보자. 서울에서 "어이, 잘 지내니?"라고 부르면, 도쿄에서 응답이 온다. "잘 안 들려, 좀 똑똑히 말해 봐."

윌리엄 왓킨스는 52Hz 고래의 노래가 대왕고래와 비슷한 패턴을 보인다는 걸 발견했다. 하지만 사용하는 주파수대는 명백히 달랐다. 오케스트라에서 베이스 음역을 담당하는 튜바보다 약간 낮은 음역대였다. 이게 무슨 뜻이냐면, 52Hz 고래가 말을 해도 제대로 들을 수 있는 고래는 없다는 얘기다. 주로 사용하는 주파수대가 다르기 때문이다.

과학자들의 몇 번의 학술지 발표, 뒤이은 언론의 반짝 관심이 이어지는 것 말고는 특별한 사건은 없었다. 52Hz 고래는 잊혀 가고 있었다. 그러던 중 영화감독 조슈아 제먼Joshua Zeman이 52Hz 고래를 찾아 나서겠다고 발표했다. 2015년이었다. 그는 크라우드펀딩 플랫폼인 '킥스타터'를 통해 다큐멘터리 제작을 위한 탐사 비용을 모금하고 나섰다. 영화배우 리어나도 디캐프리오도 5만 달러를 탐사 프로젝트에 기부했다. 해양보전을 목적으로 하는 단체 '외로운 고래 재단'도 설립됐다.

조슈아 제먼은 '외로운 고래 탐사 팀'을 조직했다. 52Hz 고래를 찾아내 데이터 송신장치가 달린 식별 태그를 부착하겠다고 포부를 밝혔다. 그러나 드넓은 북태평양에서 고래 한 마리를 찾는 것은 모래밭에서 바늘 찾기다. 외로운 고래 탐사 팀은 미국 스크립스해양연구소와 함께

52Hz의 행방을 찾았다. 일부 대왕고래에게 식별 태그를 부착하고 각종 소리를 기록하는 데 성공했다.

52Hz 고래의 정체는 무엇일까? 추정은 크게 세 가지다. 첫째, 마지막으로 하나 남은 가장 외로운 고래. 20세기 초반 포경으로 다 포획돼 사라지고, 이 종에서 단 한 마리만 남아 외롭게 살고 있다는 얘기다. 둘째, 대왕고래와 참고래의 잡종이라는 가설이다. 이로 인해 특이한 발성기관을 가지고 태어났고 다른 노래를 부른다는 것이다. 셋째, 대왕고래이지만 발성기관의 장애 때문에 52Hz의 노래를 한다는 추정이다.

2017년 나는 조슈아 제먼이 이끄는 '52Hz 고래 탐사 팀'에 이메일을 보냈다. 연구 책임자인 존 힐더브랜드John Hildebrand 박사로부터 답장이 왔다.[5] 스크립스해양연구소에서 일하는 그는 52Hz 고래는 현재 대왕고래 무리 집단에 속해 있으며, 대왕고래와 참고래의 잡종이라는 추정에 무게를 두었다.

"우리는 고래가 언제 어디서 나타날지 예측할 수 있는 음향 기록을 가지고 있습니다. 52Hz 고래는 캘리포니아에서 알래스카 사이의 북태평양을 떠난 적이 없어요."

52Hz 고래는 대왕고래와 어떻게든 관련이 있을 가능성이 커 보인다는 설명이었다. 계절별 이동 경로도 북태평양 대왕고래 무리와 같았으며, (주파수는 달랐지만) 노래의 패턴도 비슷했다.

힐더브랜드 박사가 주목하는 것은 전 세계 대왕고래의 노래가 점차 낮고 묵직해지는 경향이 있다는 사실이다. 52Hz 고래가 사는 북태평양은 물론 대서양, 인도양 가릴 것 없이 음역이 낮아지고 있었다. 그의

52Hz 고래와 연관이 있는 것으로 추정되는 대왕고래
다른 고래와 전혀 다른 주파수대를 쓰는 것으로 보고된 52Hz 고래. 과연 세상에 단 하나 남은 어떤 종의 고래일까? 사진은 52Hz 고래와 관련이 있을 걸로 보이는 대왕고래의 모습.

2009년 논문은 "북태평양 대왕고래의 경우 1960년대에 비해 30퍼센트나 낮아졌다"고 밝히고 있다.[6] 이유는 무얼까? 아직은 수수께끼다. 한 고래가 이렇게 부르자 남들도 따라 부르면서 전체 집단의 행동이 바뀌었다는 문화 통합 가설(미니스커트가 짧아지는 것과 비슷한 현상이다)이 가장 유력하다. 서로 다른 지역의 혹등고래 집단의 노래가 점차 비슷해져 가듯이 말이다. 그는 이렇게 말했다.

"52Hz 고래의 주파수도 점차 낮아지고 있습니다. 이유가 무엇이든 간에 이 현상이 52Hz 고래에게도 영향을 미치고 있다는 겁니다. 그 이유를 아직 모른다는 것이 걸리긴 합니다만…"

최근 52Hz 고래의 소리는 47Hz 근처까지 내려갔다. 그러나 이것이 대왕고래들의 영향이라고 단정하기는 아직 이르다. 나이를 먹으면 사람의 목소리가 묵직해지듯이, 고래의 노래도 나이가 들면서 낮아지기 때문이다. 힐더브랜드 박사는 "다른 대왕고래도 52Hz 고래의 소리를 일부 들을 수 있긴 하다. 하지만 같은 종에서처럼 뜻이나 의미나 정보를 담은 의사소통을 할 수 있을지는 모르겠다"고 말했다.

52Hz 고래는 과학자들에게 흥미진진한 소재다. 최근에 관심을 끈 고래는 인도양에서 발견된 신종 오무라고래Omura Whale다. 2003년 과학 전문지《네이처》의 기사로 화려하게 등장했다. 국립수산과학원 고래연구센터의 김현우 연구원은 52Hz 고래가 미기록 신종일 가능성은 적다고 본다.

"오무라고래도 과거부터 계속 잡히긴 했습니다. 사람들이 이게 독립된 종인지 알지 못했을 뿐이죠. (52Hz 고래가 활동하는) 캘리포니아와 알래스카 일대는 과거 포경의 시대에 많은 고래가 포획된 지역입니다. 그때 거의 다 확인됐기 때문에 이제 와서 신종이 발견될 가능성은 별로 없어 보입니다. 만약 내기를 한다면, 저는 '비정상적인 발성기관을 가진 대왕고래'라는 데 걸겠습니다."

자연이 보낸 의외의 결말

과학자의 활동은 이성적이고 냉철한 판단과 연구로만 이뤄지는 게 아니다. 특히 동물과 관련한 연구에서는 동물의 정동이 강력한 권력을 행사한다. 52Hz 고래는 20년 이상 사람들을 매혹했다. 왜 그랬을까? 그가 뿜어내는 '고독'이라는 느낌이 마음을 휘어잡았기 때문일 것이다. 한 과학자가 멸종의 가장자리에 내몰린 동물의 절박함, 아름다움, 흥미로움에 말려 들어갔다. 그저 한 마리의 고래가 내는 소음이라고 여기지 않고, 한 과학자가 그 소리를 주의 깊게 들었다. 그가 전해 준 '외로운 고래' 이야기는 다른 사람들을 매혹했다. 그리고 새로운 네트워크를 만들었다.

행위자들이 연결되고 활동하면 세상은 바뀐다. 고래가 가진 정동의 힘이 과학자 조지프 조지에서 윌리엄 왓킨스를 타고 다시 영화감독 조슈아 제먼을 거쳐 수많은 사람들로 확산했다.

연결망 그물의 핵심에는 보이지 않는 52Hz 고래가 존재했다. 52Hz 고래를 찾는 작업에 3,833명이 나서 40만 5,937달러를 모았다. 5만 달러를 낸 리어나도 디캐프리오는 아예 다큐멘터리의 제작자로 나섰다. 52Hz 고래 탐사선에서 존 힐더브랜드 박사는 과학자들의 리더로 일했고, 조슈아 제먼은 카메라를 들고 기록했다. 태평양 망망대해를 항해하며 바닷속 소리를 지치도록 들었다. 귀가 터질 것 같은 선박음, 그리고 가끔씩 잡히는 아름다운 혹등고래의 노랫소리 어딘가에 52Hz 고래가 있다고 그들은 믿었다. 사람들은 52Hz 고래를 지켜보고 응원했다. 과학자와 시민들은 동물의 소리에 응답하고, 동물을 존중하고, 동물에 주의 깊게 다가갔다.

조슈아 제먼이 만든 영화는 2021년 '가장 외로운 고래: 52Hz 고래를 찾아서'The Loneliest Whale: The Search for 52라는 이름으로 세상에 공개됐다.

52Hz 고래 수색
2021년 52Hz 고래를 찾는 배가 태평양을 항해하고 있다.

외로운 고래 탐사 팀은 여정의 끝에서 한 고래를 보았다. 대왕고래와 참고래의 잡종이었다. 이 고래는 기존의 대왕고래 집단에 섞여서 제 갈 길을 가고 있었다. 이 '잡종 고래'가 52Hz 고래였단 말인가?

물론 52Hz 고래가 이 세상에 단 하나 남은 어떤 종의 고래였다면, 낭만이 우리를 위로했을지 모른다. 그러나 탐사 팀은 현실을 낭만주의로 포장하지 않았다. 대신 그들은 자연을 담담히 목도하는 길을 택했다. 인간의 서사나 기대와 관계없이 동물은 단지 그들 그대로의 삶을 살아가기 때문이다. 이것이 자연은 우리에게 예측 불가능한 것으로 여겨지고, 동물은 우리에게 돌출적인 사건을 가져다주는 이유다.

지금도 52Hz 고래는 북태평양 어딘가를 헤엄치고 있을 것이다. 그의 웅장한 저음이 수천 킬로미터 대양 곳곳에 다다른다. 그가 대왕고래와 함께 살고 있는지, 또 어떤 사회적 삶을 살고 있는지 우리는 확언할 수 없다. 그러나 분명한 건 하나, 52Hz 고래는 바로 육지의 사람들로부터 응답을 받았다는 것이다.

20장

침팬지의 절망에 응답하기
침팬지 루시와 사람 카터

1976년 9월, 오클라호마대학의 대학원생 재니스 카터^{Janis Carter}는 일자리를 구하기 위해 학내 게시판 앞에 서 있었다. 한 광고가 그녀의 눈길을 잡아 끌었다. 침팬지를 돌보는 일자리였다. 대학원에서 영장류를 공부하고 있었으므로, 그녀는 공부에도 도움이 될 거라 생각했다. 주저 않고 연락했다. 기다리고 있던 이는 한 가정에서 아이처럼 길러지고 있었던 '루시'^{Lucy}라는 이름의 열한 살짜리 암컷 침팬지였다.

이 책에서 마지막으로 들려줄 이야기는 침팬지 루시다. 루시만큼 기구한 삶을 산 침팬지가 있을까? 루시는 앞서 이야기한 '말하는 유인원' 가운데 하나다. 그런데 그녀의 말로는 다른 유인원처럼 비극적이라고만 할 수 없었다. 루시는 양부모와 살다가 아프리카의 야생으로 돌아갔고, 재니스 카터와는 사람의 가족도, 침팬지의 가족도 아닌 '제3의 가족'을 이루었다.

루시에게도 찾아온 '그날'

1964년 루시는 미국의 한 서커스단에서 태어났다. 엄마 젖도 빨아보지 못한 아기 침팬지는 이튿날 오클라호마대학의 심리학자 모리스 테멀린Maurice Temerlin과 그의 아내 제인 테멀린Jane Temerlin에게 보내졌다. 그 역시 교차 양육 실험의 희생자였다.

말하는 다른 유인원과 달리 루시는 아기 때부터 수화를 배우지 않았다. 침팬지 워쇼 등 다수의 유인원에게 수화를 가르쳤던 로저 파우츠Roger Fouts가 테멀린가를 방문했을 때, 루시는 여섯 살이었다. 이미 루시는 테멀린 부부에게 손짓과 발성으로 의사를 표현했고, 일부 단어를 알아듣기도 하는 상태였다. 마치 인간과 개가 의사소통하는 것처럼, 루시는 양부모와 비언어적 수단으로 감정을 표현하고 요구하는 걸 가리키는 데 무리가 없었다. 어느 정도 자라서 로저 파우츠에게 수화를 배운 루시의 어휘는 다른 유인원에 견줘 그리 많지 않았다. 모두 120개 정도의 단어를 구사했다.

루시는 말하는 유인원 중 가장 유명세를 탄 동물이다. 맨 처음 스포트라이트를 받은 말하는 침팬지였다. 루시의 행동 하나하나는 미디어로부터 집중적인 조명을 받았다. 그는 1960년대 《뉴욕 타임스》와 《라이프》등 미국의 신문, 잡지의 커버스토리를 장식했다. 손님이 오면 찻잔을 내놓고 주전자를 가져와 차를 따르는 것 등의 (일부 연출됐지만 그렇다고 못 할 것 없는) 행동이 사람들에게 전해졌다.

모리스 테멀린이 쓴 『사람으로 자란 침팬지 루시』Lucy: Growing Up Human 에서는 루시에 대한 상세한 묘사를 볼 수 있다. 루시는 발정기가 되면 잡지 《플레이걸》을 펴 놓고, 나체의 남성 사진에 자신의 몸을 문질러 댔다. 이 일화는 침팬지와 인간의 종간 성적 행위에 대한 사례로 논의되곤 한다. 루시는 자신의 '애완 고양이'도 있었다. 어느 날, 루시는 바닥에 책을 놓고 고양이가 볼 수 있는 각도로 펼쳐 놓았다. 그리고 책을 가리키면서 수화로 '책'이라고 말했다. 고양이에게 수화를 가르쳤던 것이다.

다른 유인원들이 보여 줬던 언어능력을 보여 준 것도 물론이다. 수박을 '사탕, 음료수'라고 말하는 등 어휘를 조합해 표현할 줄 알았고, 사과, 오렌지, 복숭아를 '과일'로 지칭하는 등 범주화 능력도 있었다.

한번은 루시가 바닥에 늘어놓은 사진 더미를 보고 있을 때였다. 루시는 어떤 사진을 보고 딱 멈췄다. 루시가 수화로 "이게 뭐야?"라고 물어봤다. 야생 침팬지 사진이었다. 루시는 자신을 인간이라고 생각했다. 루시는 정체성 혼란에 빠졌다.[1]

그러나 본격적인 혼란에 빠지기 전, 루시에게도 그날이 찾아왔다. 교차 양육되었던 모든 유인원들에게 예정된 파국. 여러 차례 사람이 다칠 뻔한 위험한 사고를 가까스로 넘기자, 테멀린 부부도 루시와 더는 함께 살 수 없다는 걸 깨달은 것이다. 그동안 쏟아진 미디어의 관심 때문이었을까? 부부는 1975년 다른 선택을 했다. 루시를 아프리카 감비아의 야생 숲으로 보내는 것이었다. 침팬지재활센터라는 곳이다.

하지만 루시는 다른 침팬지와 생활해 본 적이 없었다. 테멀린 부부는 매리엔Marianne이라는 암컷 침팬지 하나를 더 입양해 다른 침팬지와 생활할 수 있도록 루시를 미리 적응시켰다. 그리고 감비아의 침팬지재활센터에서 루시를 잠시 돌볼 사람으로 재니스 카터를 고용했다. 테멀린 부부와 카터, 그리고 두 침팬지는 1978년 감비아로 향하는 비행기에 올랐다.

침팬지재활센터는 감비아강국립공원의 무인도에 있었다. 고아가 된 야생 침팬지, 동물원 전시용이나 애완용으로 사육됐다가 구조된 침팬지 등이 하나둘 들어왔다. 사람의 접근은 차단됐고, 이렇게 모인 침팬지들 사이에 무리를 만들어 주는 방식의 '재활'이었다. 루시 말고 인간 문화의 세례를 받은 침팬지는 없었다. 루시가 아프리카로 간다는 말을 듣고, 루시의 수화 교사였던 로저 파우츠는 이렇게 생각했다.

> 루시는 다른 침팬지를 만난 적도 없었다. 이제 다 컸기 때문에 야생으로 돌아갈 적기를 한참 지났을 뿐 아니라 인간의 풍요로운 생활 방식에 익숙했다. 루시는 수화로 대화를 했고, 저녁을 먹으면서 샤블리 포도주를 마셨으며, 텔레비전을 무척 좋아했고, 매달 찾아오는 성적 욕망을 《플레이걸》로 충족했다. 루시가 나무 위에 둥지를 만들고 먹잇감을 사냥하고 코브라를 물리치게 만드는 것은 누가 봐도 재활의 정의를 한참 넘어서는 일이었다.[2]

테멀린 부부는 루시를 감비아로 데려다주고 돌아왔다. 카터는 3주

동안 돌보고 귀국행 비행기를 탈 예정이었다. 그러나 3주가 1년이 되고 1년이 6년이 되었다. 루시가 야생 생활에 적응하지 못해서 카터는 발이 떨어지질 않았다. 나무에 제대로 오르지도 못하고, 먹이를 구하지도 못하고, 다른 침팬지와 어울리지도 못했다. 카터가 한 달에 한 번씩 섬 밖에서 공급받은 음식을 루시에게 나누어 주었다. 루시가 나무에 오를 때는 사다리를 갖다주었다. 루시는 쇠약해져만 갔다. 먹을 것을 입에 대지 않았고, 수화로 "아프다"hurt라고 말했다. 완전한 야생화는 애초에 불가능한 일이었다.

카터는 섬에서 딱 하나뿐인 사람이었다. 그녀는 침팬지들과 어울려 살았다. 혹시나 모를 위험을 방지하기 위해 그녀가 자는 곳은 철조망을 엮어 침팬지가 못 들어오게 했다. 그런 점에서 카터는 인간 세계의 동물원에 감금된 동물처럼, 침팬지의 세계에서 철조망에 갇힌 동물이었다.

그럼에도 그녀는 침팬지들의 리더였다. 침팬지들을 데리고 다니면서 먹이 채집하는 방법을 가르쳤다. 나무에 오르도록 독려했다. 침팬지 발성을 배워 침팬지들과 일부 소통할 수 있었다. 애초 이런 생활에 적응하지 못해 쇠약했던 루시도 아주 천천히 섬의 생활에 적응했다. 여전히 카터를 보면 달려오고 인간 세계의 음식을 좋아하긴 했지만, 루시는 스스로 나무 열매를 딸 줄도 알게 됐고 야생 먹이에 적응하면서 차차 침팬지 무리의 일원으로 인정받기 시작했다.

카터가 섬에 들어온 지 6년째 되던 어느 날, '대시'Dash라는 이름의 수컷 침팬지가 그녀를 공격했다. 그녀를 잡아채고 꽤 긴 거리를 끌고 다녔다. 한때 그녀가 먹이를 갖다주고, 악어를 조심하라고 알려 줬던 그놈이

재니스 카터와 루시
교차 양육으로 키워진 루시가 결국 양부모에게 버림받았을 때,
그와 함께한 것은 카터였다.

었다. 그녀는 대시가 '알파 수컷'이 되려 한다는 것을 직감했다. 이제 내
가 섬을 나가야 할 때구나…. 카터는 루시와 작별 인사를 했다. 배를 타
고 침팬지의 섬을 떠났다.

문화와 야생의 중간 지대

재니스 카터는 제인 구달처럼 야생 침팬지의 삶에 흠뻑 빠져 있었
다. 그녀는 미국행을 택하지 않고 침팬지를 보호하는 일에 투신했다. 감
비아에 머물면서 침팬지재활센터 일을 도왔다.

침팬지의 섬을 나오고 여섯 달이 지난 뒤, 그녀는 루시를 보기 위해 다시 섬에 가 보았다. 향수병을 이겨 보라는 뜻에서 거울과 인형, 모자 그리고 오클라호마주에서 살던 시절의 기념품을 선물로 준비했다. 루시는 그녀를 알아보고 뛰어나왔다. 인간과 침팬지는 깊은 포옹을 나눴다. 얼마간의 재회 뒤 루시는 다시 침팬지 무리 속으로 걸어 들어갔다. 선물은 땅에 놔둔 채⋯. 그것이 카터와 루시의 마지막 만남이었다.

루시는 얼마 안 돼 사체로 발견됐다. 죽음의 원인에 대해서는 주장이 엇갈린다. 미국에서 출판된 여러 책에서는 루시가 발견될 당시 팔다리가 절단되고 가죽이 벗겨져 있었다며 밀렵꾼의 소행으로 추정했다.[3] 많은 사람들이 이것을 사실로 여긴다. 하지만 당시 감비아에서는 이미 침팬지 밀렵꾼이 자취를 감춘 상황이었으며, 발견 당시 사체가 낙엽과 흙에 덮여 이미 썩어 있었다는 주장도 나왔다. 병이나 낙상, 악어나 뱀의 공격 등으로 죽었을 가능성이 더 크다고 루시의 야생화 작업을 책임졌던 침팬지재활재단Chimpanzee Rehabilitation Trust은 말하고 있다.[4] 루시가 세상을 떠난 건 스물세 살이었다.

나는 재니스 카터와 루시가 침팬지의 섬에서 함께 보낸 6년을 주목해야 한다고 생각한다. 제인 구달(침팬지 연구)이나 다이앤 포시(마운틴고릴라 연구), 비루테 갈디카스(오랑우탄 연구) 등 유인원 무리 속으로 들어간 현장 연구자들에 대해서 자주 이야기하지만, 카터와 루시의 동반자적 삶에 대해선 지나쳐 왔던 게 사실이다.

카터는 루시에게 응답했다. 자신과 다른 종인 침팬지가 어떤 동물인지, 침팬지 개체 루시는 어떤 성격이며 무슨 말을 하는지 이해하려고 노력했다. 침팬지의 섬에 도착했을 때, 루시는 겁을 먹었다. 루시는 사람이 떠나길 원치 않았다. 카터는 '인간은 인간의 자리에, 동물은 동물의 자리에'라는 야생 보전과 동물권의 원칙을 교조적으로 따르지 않고, 루시의 소리 없는 목소리에 응답했다. 반인반수의 괴물을 만든 것은 인간이었으므로, 카터는 인간의 죄를 대속하는 심정으로 루시 곁에 머물렀다.

둘은 천천히 프로토콜을 맞추어 나갔다. 인간이 개의 몸짓을 이해하고 개가 인간의 말을 이해하듯이, 카터와 루시는 파트너가 되어 갔다. 짧은 기간 완성될 수 있는 게 아니다. 자식에게 말을 가르치고 감정을 교류하고 의미를 주고받는 데 오랜 시간이 걸리듯이 인내심이 필요한 일이다.

미국의 포스트휴머니즘 철학자 도나 해러웨이는 동물과의 윤리를 '응답-능력'response-ability에서 찾는다. 해러웨이는 종 차별을 전면적으로 철폐할 수 있다는 동물권론자의 전망에 대해 회의적이다. 옳고 그름의 기준을 제시하는 것만으로는 인간-동물 관계의 전면적 회복은 불가능하다. 지구 내의 행위자는 각각의 필요와 욕망, 감정에 따라 행동하기 때문에 전체를 통괄하는 윤리는 애초에 없다. 따라서 해러웨이는 무언가를 한 번에 바꾸는 정치 기획은 비현실적이라고 생각한다. 오히려 인간이 자신이 대면하는 동물과의 관계에 집중하면서 부분적 회복을 도모하는 '관계적 윤리'가 현실적이다.

따라서 윤리는 우리가 경험하는 상황과 관계에 따라 달라진다. 유일한 윤리 기준은 동물이 우리를 응시할 때 응답하느냐response 마느냐다. 응답은 일회적이어선 안 된다. 그것은 쉽지 않아서 동물에 대해 최선을 다해 주의를 기울이고 동물의 말을 알아들을 수 있도록 수련해야 한다. 완전한 이해가 불가능할지라도 동물을 인간과 무관한 어떤 것으로 바라보지 않아야 하며, 동물들의 말 없는 부름에 민감하게 반응해야 한다. 따라서, 수련을 통해 얻어진 '응답-능력'이 중요하다.[5] 세상에 '옳고 그름을 따지는 것'과 '친절'이라는 두 가지 선택지만 있다면, 해러웨이의 윤리학은 친절을 택하는 것이다.

동물은 그동안 과학의 관찰 대상이거나 실험 대상이었다. 철저한 객체였다. 삶 자체를 실험으로 전락시켰던 과학의 자기 확신은 '말하는 유인원'을 반인반수의 괴물로 만들었다. 반면 침팬지의 섬에서 보낸 6년은 그것과는 좀 다른 것이었다. 카터와 루시는 서로 영향을 주고받는 역사 속의 행위자actor였다. 루시는 인간 문화에 '입양된 자'의 삶에서 '주인 된 자'의 삶으로 변화해 갔다. 카터는 반대였다. 인간 문화에서 '주인 된 자'였던 그는 섬에서 침팬지에 둘러싸여 살며 침팬지들에게 '입양된 자'가 되어 갔다. 카터는 섬 생활 초기에 침팬지들에게 야생 생활을 가르치는 리더였지만, 침팬지들이 야생에 차차 적응해 가면서 리더의 자리에서 내려왔다. 카터와 루시는 수화로 대화하곤 했다. 하지만 수화 초보인 카터의 어휘보다 루시가 사용할 수 있는 어휘가 더 많았다. 카터는 발성, 몸짓과 같은 '침팬지 언어'를 자연스럽게 익혔고 점차 침팬지가 되어 갔다. 루시가 인간의 세계로 들어왔다면, 카터가 동물의 세계로 들어갔다고 할 수 있다.

우리는 흔히 자연과 문화의 이분법을 가지고 세상을 본다. 교차 양육 실험은 양육과 본능의 한계를 시험해 보는 의도에서 출발했지만, 동물을 극단적으로 인간화했다는 측면에서 문화가 자연을 장악하는 시도로 해석될 수 있다. 반면, 침팬지의 섬에서 카터와 루시 공동의 삶은 자연과 문화 어느 것에도 구속되지 않은 중간 지대에 터를 잡았다. 거기서 감정적으로 교류하고 각각의 언어를 가르치고 배우며 삶을 만들어 나갔다.

인간과 동물이 평등한 곳은 어디인가

오랑우탄 찬텍을 길렀던 린 마일스도 카터와 루시의 '공동의 삶'과 비슷한 비전을 가지고 있었다. 마일스는 일종의 종간 하이브리드를 위한 공간으로 '동물문화센터'Animal Culture Centre를 만들고자 했다. 마일스는 내게 말했다.[6]

"나는 찬텍과 어디에 머물지를 두고 곤란을 겪었어요. 몸집이 커지면서 대학 캠퍼스에서는 함께 살 수 없었고, 여키스영장류연구센터로 되돌려보내자니 인간 문화에 너무 익숙해져 있었죠. 우리 사회에는 문화적인 의미의 '종간 하이브리드'를 위한 공간이 없기 때문에, 결국 찬텍은 동물원에 가게 된 것이에요."

내가 물었다.

"찬텍 같은 '인간 문화의 세례를 받은 유인원'encultured apes을 위한 삶터를 따로 만들자는 건가요?"

"네. 저는 '동물 국가'Animal Nation라고 부르죠. 동물들이 전시 대상으로 타자화되는 동물원과 달리 동물 스스로 주체적인 행위자가 되어 선택을 하며 살 수 있는 곳이에요. 찬텍이 인간 사회에 나와 자유롭게 돌아다닐 수는 없지만, 적어도 우리는 찬텍이 안전한 환경에서 자동차를 타고, 그림을 그리고, 도구를 만들고, 또 거꾸로 야생 오랑우탄이 어떻게 막대기를 사용하는지 사람들에게 알려 주고, 인터넷으로 아이들과 체스를 둘 수 있게 하는 건 가능하죠. 제인 구달은 '오랑우탄이 목걸이를 만들 수 있다면, 우리는 환경을 보전할 수 있다'고 말한 적이 있어요. 나는 이런 찬텍의 능력을 통해 우리가 야생 환경을 보전하고 그들과 의미 있는 방식으로 만날 수 있다는 통찰을 얻기를 희망해요."

린 마일스의 꿈은 결국 이뤄지지 않았다. 찬텍은 안타깝게도 마일스가 '응답'하기 전에 숨지고 말았다.

우리는 어디서 동물을 평등하게 만날 수 있을까? 그곳은 동물이 감금된 동물원도, 교차 양육되는 가정도 아니다. 사람 재니스 카터와 침팬지 루시는 침팬지의 섬에서 평등하게 만났다.

카터가 오랜만에 루시를 찾아가 포옹을 나누는 사진은 두 존재가 서로에게 느끼는 간절함을 잘 보여 준다. 이 시공간은 인간과 동물의 차별적인 삶의 단면에 솟아오른 평평한 산이다. 카터는 루시에게 응답했다. 두 사람은 오로지 관계에 집중했다. 도나 해러웨이는 "(양부모로부터) 버려진 뒤 의사소통 파트너에서 잉여의 실험 기계로 바뀌었던 대부분의 말하는 침팬지에 비하자면, 적어도 루시는 행복한 운명이었다"고 말했다.[7] 정말, 그렇지 않은가?

재니스 카터와 루시의 포옹
침팬지의 섬에 두고 온 침팬지 루시가 걱정이 되어 다시 찾아간
카터. 둘은 깊은 포옹을 나누었다.

지리산반달곰 KM-53의 도전

얼마 전 반달곰의 양봉장 습격이나 기물 파손이 증가하는 추세라는 신문 기사를 읽었다.[1] 신문은 사정이 이런데도 관리 부처인 환경부가 지리산에 살던 반달곰의 서식지를 사실상 '비밀리에' 확대하려 한다고 날을 세웠다. 나는 잠시 고개를 갸우뚱했는데, 반달곰 일부가 이미 지리산 권역을 벗어나 살고 있는 게 많이 알려진 데다 대민 피해의 절대량도 그리 많지 않다고 느꼈기 때문이다. 설사 그렇다 치자. 반달곰이 지리산 밖으로 나가는데, 인간의 허락을 받아야 하나?

지리산반달곰 이야기를 하고 마칠까 한다. KM-53이라는 반달곰이다. '오삼이' 혹은 '콜럼버스 곰'이라는 별명을 가진.

2017년 경북 김천 수도산에서 '반달곰 한 마리가 초코파이를 먹고 갔다'는 신고가 접수된다. 처음에는 사육 곰 농장에서 탈출한 개체인 줄 알았다. 초코파이를 빼앗긴 인부들의 신고를 받고 국립공원공단(이하 '공단')이 '출동'해 보니 그게 아니었다. 그 곰은 KM-53이라는 지리산반달곰이었으며, 지리산을 탈출해 무려 100킬로미터 넘는 거리를 '비밀리에' 온 것이었다.

공단은 KM-53을 포획해 지리산에 풀어놓았다. 그리고 반달곰에게 알려 주었다. 초코파이를 먹으면 안 된단다, 너희들이 살 곳은 지리산이야. 하지만 오삼이는 인간의 허를 찔렀다. 불과 보름 만에 수도산에서 발견돼 재포획된 것이다. 왜 이 반달곰은 자꾸 수도산으로만 가는가? 거기에 대한 과학적·철학적 논쟁을 해 볼 만도 했는데, 결론은 이러했다. 어쨌든 안 돼, 너희들이 살 곳은 지리산이야.

2018년 5월이었다. 통영대전고속도로를 달리던 관광버스 기사가 '반달곰 같은 걸 친 거 같다'고 제보를 해 온다. 이번에도 오삼이였다. 공단은 석 달 뒤 역사적인 결정을 내렸다. 야생 반달곰으로선 세계 최초로 복합골절 수술을 받은 오삼이는 수도산에서 자유의 몸이 됐다. 그래, 네가 그렇게 원하니, 수도산으로 가렴.

나는 그것이 역사적인 결정이었다고 생각한다. 반달곰 개체의 '자유 의지'를 존중한 최초의 사례이기 때문이다. 오삼이는 몸으로 자신의 의지를 피력했고, 인간은 그 요청에 응답했다. 반달곰은 무조건 지리산에 살아야 한다는 원칙도 오삼이로 인해 폐기됐다.

지리산반달곰 복원사업은 2004년 시작됐다. 지리산에 반달곰이 극소수 서식한다는 사실이 알려지자, 러시아 등지에서 들여온 반달곰을 풀자는 아이디어였다. 지상 과제는 '개체 수 늘리기'였다. 이를테면 지

반달곰 KM-53(오삼이)
인간은 반달곰을 지리산에 가두려고 했지만, 오삼이를 필두로
한 반달곰들은 자신의 의지에 따라 지리산을 빠져나갔다. 인간
은 여기에 응답해 정책과 행동을 바꿨고, 2022년 현재 네 마리
의 반달곰이 지리산 바깥에서 산다.

리산에서 근친상간이 되지 않는 최소 개체 수를 목표로 설정한다. 반달
곰을 집어넣는다. 적응 못 하는 곰은 실패로 보고 회수한다. 탈출하는
곰도 회수한다. 인간이 만든 규칙을 어긴 곰은 모두 회수한다.

그런데 오삼이가 인간의 규칙을 어겼는데도 그의 의사를 따라 준
것이다. 더불어 인간은 동물의 행동에 자신의 행동을 맞춰 조율했다. 공
단은 오삼이의 새로운 삶터를 인정하고, 주민들에게 사실을 알리고 전
기 울타리 등을 설치했다. KM-53 이후 한국의 야생 복원 정책은 패러
다임이 바뀌었다. 환경부는 반달가슴곰 복원 로드맵을 개정해 반달곰
개체 수를 불리는 데 집중한 '종 중심 야생 복원' 방식을 폐기하고, 주변
생태계와 건강한 관계를 맺고 반달곰이 번성하도록 북돋는 '서식지 관

리' 방식을 도입했다.[2] 이에 따라 정량적인 '개체 수 달성 목표'도 폐기했다. 반달곰이 복원사업의 '대상'만이 아니라 고유의 생태와 활력을 갖고 함께 복원사업을 수행하는 파트너가 된 것이다.

오삼이는 개척자였다. 다른 반달곰들도 오삼이의 뒤를 따랐기 때문이다. 공단 모니터링 결과를 보면, 지리산반달곰은 총 79마리인데, 이 중 오삼이를 포함해 4마리가 지리산 밖에 산다(2022년 5월 기준).[3] 반달곰이 지리산을 떠나는 이유에 대해 환경부 설명을 요약하자면 이렇다.

'지리산의 먹이 자원 등을 고려할 때 적정 수용 개체군은 56~78마리(최적 64마리)다. 서식지가 반달곰으로 꽉 찼고, 수컷들은 번식을 위해 밖으로 나간다.'

우리는 이런 식으로 반달곰의 행동을 집단적 종의 '생태'로 일반화하여 설명한다. 하지만 개체는 생태를 생각하며 행동하지 않는다. 우리가 청소년이 됐으니 '번식해야겠다'면서 사랑에 빠지지 않듯이. 오히려 인간을 포함한 동물들에게는 세계와의 조우, 감각의 변화, 그리고 그에 따른 독립적인 다수의 선택이 있을 뿐이다. 개척자 오삼이를 필두로 다른 곰들도 그런 과정을 거쳐 지리산을 떠났다. 반달곰의 서식지를 백두대간으로 넓힌 것도, 지리산반달곰 복원사업이 세계적인 보전 사업으로 이름난 것도 이러한 동물들의 도전이 없었다면 불가능했다.

독일 영화감독 베르너 헤어초크Werner Herzog가 만든 남극 다큐멘터리 〈세상 끝과의 조우〉Encounters at the End of the World에는 외톨이 아델리펭귄 이야기가 나온다. 카메라는 먹이 사냥을 하러 바다로 줄지어 가는 펭귄 무리를 비춘다. 그런데 펭귄 한 마리가 대열에서 빠져나오더니 설원의 산맥 쪽으로 방향을 튼다. 남극대륙에는 먹을 게 없다. 그런데도 펭귄은 걷고 또 걷는다. 사람이 잡아다가 무리 속에 넣어도 그런 펭귄은 다시 혼자 길을 떠난다고 한다.

지금까지 우리는 동물이 인간과 접점을 일으킨 지점을 따라 동물의 역사를 여행했다. 야생동물을 가축으로 만들어 인간 문화에 속박한 '신석기 혁명'이 동물 역사상 최대 사건임에는 부정할 수 없지만, 그전이나 지금이나 동물은 나름의 의식과 성격, 판단을 가지고 역사를 살아왔다. 때로는 인간과 협력했고, 인간의 역사에 개입하기도 했으며, 대개는 그저 제 갈 길을 묵묵히 걸었다.

우리는 동물을 수동적인 객체로 여겨 왔다. 동물은 말이 없으며, 가치 지향적인 생명체가 아니라고 단정했다. 따라서 동물은 인간에 의해 생태가 연구되는 객체이며, 인간에 의해 지배되는 대상이라고 봤다. 20세기 후반, 동물권 운동이 발흥한 뒤에도 이런 관념은 크게 변하지 않았다. 우리를 지배자에서 구원자로, 그들을 피지배자에서 희생자로 살짝 자리바꿈한 것뿐이다. 인간과 함께 사냥을 벌인 오스트레일리아 에덴의 범고래들, 사람을 구한 고릴라 빈티 주아, 수족관 감금에 저항한 범고래 틸리쿰 등을 통해 우리는 동물의 새로운 면모를 볼 수 있었다. 말이 통하지 않으니 의도를 해명할 수 없지만, 군인 194명을 구한 통신병 비둘기 셰르 아미, 사냥꾼에 의해 죽어 간 사자 세실, 임종을 예견한 고양이 오스카도 역사의 전면에 참가해 세상을 바꾸었다.

나는 이 책이 우리가 동물을 바라보는 생각을 바꾸는 작은 주춧돌이 되었으면 한다. 동물권을 위한 거시적인 기획도 중요하지만, 인간과 동물 개개의 관계에서 나오는 작은 행동 또한 역사를 바꾼다는 생각이 널리 퍼졌으면 좋겠다. 침팬지 루시의 요청에 응답했던 재니스 카터, 지리산반달곰 KM-53의 행동에 응답했던 사람들처럼 말이다.

| 주 |

| 프롤로그 |
우리는 왜 동물 탈옥수를 응원하나

1. Behrer, Sarah, (1988), Macaque is back, *Pittsburgh Post-Gadget*, January 28.

2. Hribal, Jason, (2011), *Fear of the Animal Planet: The Hidden History of Animal Resistance*, CounterPunch.

3. Schmitz, Jon, (1988), Alphie heads $15,000 monkey business for zoo exhibit, *The Pittsburgh Press*, February 29.

4. Green, Alan, (1999), *Animal Underworld: Inside America's Black Market for Rare and Exotic Species*, PublicAffairs, pp.198-199.

5. Hribal, Jason, (2011), 앞의 책.

6. Warkentin, Tracy, (2009), "Whale agency: Affordances and acts of resistance in captive environments". 다음에 수록됨. McFarland, S. E. and Hediger, R. (eds), (2009), *Animals and Agency: an Interdisciplinary Exploration*, Brill, pp.23-43.

1부 - 길들임과 지배 사이

| 1장 |
지구를 정복한 협력자: 사피엔스-개 동맹

1. Harris, Gardiner, (2011), A Bin Laden hunter on four legs, *The New York Times*, May 4. [Online] https://www.nytimes.com/2011/05/05/science/05dog.html

2. 콘라트 로렌츠, (2006), 『인간, 개를 만나다』, 구연정 옮김, 사이언스북스. (원서 출판 1949, 『So kam der Mensch auf den Hund』, Dr. G. Borotha-Schoeler Verlag)

3. PBS, (2007), Dogs that change the world. [Online] https://www.pbs.org/video/nature-dogs-changed-world-rise-dog/

4. Coppinger, R. and Coppinger, L., (2001), *Dogs: A Startling New Understanding of Canine Origin, Behavior & Evolution*, Scribner.

5. Bekoff, Marc, (2019), Dogs and humans are evolutionary partners, *Psychology Today*, January 2. [Online] https://www.psychologytoday.com/intl/blog/dogs-best-friend/201901/dogs-and-humans-are-evolutionary-partners; 팻 시프먼, (2017), 『침입종 인간』, 조은영 옮김, 푸른숲. (원서 출판 2015, 『The Invaders』, Harvard University Press)

6. 팻 시프먼, (2017), 위의 책.

7. Kobayashi, H. and Kohshima, S., (2001), Unique morphology of the human eye and its adaptive meaning: Comparative studies on external morphology of the primate eye, *Journal of Human Evolution* 40(5), pp.419-435.

8. 팻 시프먼, (2017), 앞의 책, p.328.

| 2장 |
고래잡이배의 은밀한 거래: 에덴의 범고래

1. Busnel, René-Guy, (1973), Symbiotic relationship between man and dolphins, *Transactions of the New York Academy of Sciences* 35, pp.112-131.

2. Daura-Jorge F. G., Cantor, M., Ingram, S., et al., (2012), The structure of a bottlenose dolphin society is coupled to a unique foraging cooperation with artisanal fishermen, *Biology Letters* 8(5), pp.702-705.

3. Simões-Lopes, P. C., Fabián, M. E. and Menegheti, J. O., (1998), Dolphin interactions with the mullet artisanal fishing on southern Brazil: a qualitative and quantitative approach, *Revista Brasileira de Zoologial* 15(3), pp.709-726.

4. Kaeppel, Carl, (1938), Whaling and Twofold Bay, *The Australian Quarterly* 10(3), Australian Institute of Policy and Science; Dakin, William, (1938), *Whalemen Adventurers*, Angus & Robertson.

5. Crew, Bec, (2014), The legend of Old Tom and the gruesome "law of the toungue", *Scientific American*, June 4. [Online] https://blogs.scientificamerican.com/running-ponies/the-legend-of-old-tom-and-the-gruesome-law-of-the-tongue/; Clode, Danielle, (2002), *Killers in Eden: The True Story of Killer Whales and Their Remarkable Partnership with the Whalers of Twofold Bay*, Allen & Unwin.

6. Clode, Danielle, (2002), 위의 책, p.144.

7. 요제프 H. 라이히홀프, (2018), 『공생, 생명은 서로 돕는다』, 박병화 옮김, 이랑. (원서 출판 2017, 『Symbiosen』, Matthes & Seitz Verlag)

| 3장 |

콜로세움에서 멸종하다: 북아프리카코끼리

1. 다음에서 재인용. 배은숙, (2013), 『로마 검투사의 일생』, 글항아리, p.55.
2. 위의 책, p.244.
3. 위의 책, pp.229-261.
4. Jennison, George, (1937), *Animals for Show and Pleasure in Ancient Rome*, Manchester University Press.
5. 위의 책.
6. 다음에서 재인용. Bomgardner, David L., (1992), The trade in wild beasts for Roman spectacles: a green perspective, *Anthropozoologica* 16, pp.161-166.
7. Meredith, Martin, (2001), *Africa's Elephant: A Biography*, London Hodder & Stoughton; Casson, Lionel, (1993), Ptolemy II and the hunting of African elephants, *Transactions of the American Philological Association* 123, pp.247-260.
8. Meredith, Martin, (2001), 위의 책, p.14.
9. 위의 책.
10. 위의 책, p.16.
11. 위의 책; 배은숙, (2013), 앞의 책.
12. Jennison, George, (1937), 앞의 책.
13. 다음에서 재인용. Meredith, Martin, (2001), 앞의 책.

| 4장 |

스스로 길들어 슬픈 동물이여: 은여우, 보노보 그리고 인간

1. 브라이언 페이건, (2016), 『위대한 공존』, 김정은 옮김, 반니, p.30. (원서 출판 2015, 『The Intimate Bond』, Bloomsbury Press)
2. 호시노 미치오, (2005), 『알래스카, 바람 같은 이야기』, 이규원 옮김, 청어람미디어, pp.42-43. (원서 출판 1998, 『アラスカ風のような物語』, 小学館)
3. 재러드 다이아몬드, (2005), 『총, 균, 쇠』, 김진준 옮김, 문학사상사. (원서 출판 1997,

『Guns, Germs, and Steel』, W. W. Norton & Company)

4. Wang, X., Pipes, L., Trut, L. N., et al., (2018), Genomic responses to selection for tame/
aggressive behaviors in the silver fox (*Vulpes vulpes*), *Proceedings of the National
Academy of Sciences*, 115(41), pp.10398-10403.

5. Southern, L. M., Deschner, T. and Pika, S., (2021), Lethal coalitionary attacks of
chimpanzees (*Pan troglodytes troglodytes*) on gorillas (*Gorilla gorilla gorilla*) in the wild,
Scientific Reports 11, p.14673. [Online] https://doi.org/10.1038/s41598-021-93829-x

6. 프란스 드발, (2003), 『보노보』, 김소정 옮김, 새물결. (원서 출판 1997, 『Bonobo』, Univer-
sity of California Press)

7. Hare, B., Wobber, V. and Wrangham, R., (2012), The self-domestication hypothesis:
evolution of bonobo psychology is due to selection against aggression, *Animal Be-
haviour* 83(3), pp.573-585.

8. Roffman, I., Savage-Rumbaugh, S., Rubert-Pugh, E., et al., (2012), Stone tool pro-
duction and utilization by bonobo-chimpanzees (*Pan paniscus*), *Proceedings of the
National Academy of Sciences* 109(36), pp.14500-14503.

9. Pruetz, J. D. and Herzog, N. M., (2017), Savanna chimpanzees at Fongoli, Senegal,
navigate a fire landscape, *Current Anthropology*, 58(S16), pp.S337-S350.

10. 칼 사피나, (2017), 『소리와 몸짓』, 김병하 옮김, 돌베개, pp.422-424. (원서 출판 2015,
『Beyond Words』, Henry Holt And Co.)

2부 – 동물정치의 개막

| 5장 |

만국의 동물이여, 단결하라!: 당나귀와 말

1. Hornaday, William, (1885), *Two Years in the Jungle*, Charles Scribner's Sons, pp.2-3.

2. Hribal, Jason, (2007), Animals, agency, and class: Writing the history of animals from
below, *Human Ecology Review* 14, p.101.

3. 브라이언 페이건, (2016), 『위대한 공존』, 김정은 옮김, 반니.

4. 위의 책; Hribal, Jason, (2007), 앞의 글, p.101.

5. 손해용, (2007), 「인구 대비 車 가장 많은 나라는 미국, 2위는 뜻밖에…」, 《중앙일보》
11월 20일. [Online] https://www.joongang.co.kr/article/22130186#home

6. Rodrigue, Jean-Paul, (2016), *The Geography of Transport Systems*, Routledge.

7. Haraway, Donna J., (2007), *When Species Meet*, University of Minnesota Press.

8. 남종영, (2017), 『잘 있어, 생선은 고마웠어』, 한겨레출판.

9. 브라이언 페이건, (2016), 앞의 책.

| 6장 |

기계가 지워 버린 생명의 눈망울: 미국 대평원의 긴뿔소

1. 제러미 리프킨, (2002), 『육식의 종말』, 신현승 옮김, 시공사, pp.51-88. (원서 출판 1992, 『Beyond Beef』, Penguin Books)

2. 위의 책, pp.90-106.

3. 찰스 패터슨, (2014), 『동물 홀로코스트』, 정의길 옮김, 휴, p.91. (원서 출판 2001, 『Eternal Treblinka』, Lantern Books)

4. 업턴 싱클레어, (2009), 『정글』, 채광석 옮김, 페이퍼로드, p.52. (원서 출판 1906, 『The Jungle』, Doubleday, Page & Company)

5. 위의 책, p.53.

6. 위의 책, p.59.

7. 위의 책, p.69.

8. 제러미 리프킨, (2002), 앞의 책, p.144.

9. 다음에서 재인용. 위의 책, p.158.

10. 찰스 패터슨, (2014), 앞의 책, p.99.

11. Anthis, Jacy Reese, (2019), US Factory Farming Estimates, Sentience Institute. [Online] https://www.sentienceinstitute.org/us-factory-farming-estimates

12. FAO, (2007), *The State of the World's Animal Genetic Resources for Food and Agriculture*, edited by Rischkowsky B. & Pilling, D., Rome, pp.156~157.

13. 피터 싱어·짐 메이슨, (2008), 『죽음의 밥상』, 함규진 옮김, 산책자, p.12. (원서 출판 2006, 『The Way We Eat』, Rodale Books)

| 7장 |

우리는 어디까지 공감할 수 있는가: 잉글랜드의 어린 양과 화천의 산천어

1. 피터 싱어, (2012), 『동물 해방』, 김성한 옮김, 연암서가, pp.230-243. (원서 출판 4판

2009,『Animal Liberation』, Harper Perennial Modern Classics)

2. Howkins, A. and Merricks, L., (2000), 'Dewy-Eyed Veal Calves', Live Animal Exports and Middle-Class Opinion, 1980–1995, *The Agricultural History Review* 48(1), pp.85-103.

3. Wilson, Lynne, (2010), Fifteen years since live exports divided Brightlingsea, BBC Essex. [Online] http://news.bbc.co.uk/local/essex/hi/people_and_places/history/newsid_8506000/8506735.stm

4. Benton, T. and Redfearn, S., (1996), The Politics of Animal Rights: Where is the Left? *New Left Review* 215, pp.43-58.

5. Lorimer, Jamie, (2007), Nonhuman charisma, *Environment and Planning D: Society & Space* 25(5), p.911.

6. fishcount.org.uk, (2019), "Humane slaughter", Reducing suffering in fisheries>humane slaughter. [Online] http://fishcount.org.uk/fish-welfare-in-commercial-fishing/humane-slaughter

7. 조너선 밸컴, (2017),『물고기는 알고 있다』, 양병찬 옮김, 에이도스. (원서 출판 2016, 『What a Fish Knows』, Scientific American/Farrar, Straus and Giroux)

8. 산천어살리기운동본부, (2019),「동물 학대의 현장, 화천 산천어 축제를 고발한다」1월 9일 자 보도 자료.

9. 서정욱, (2020),「화천 산천어 축제, 동물보호법 위반 "항고 기각"」,《파이낸셜뉴스》 7월 22일. [Online] https://www.fnnews.com/news/202007220806206540

| 8장 |

그들은 진정한 동물의 대변자였을까: 크라운힐 농장에서 풀려 난 밍크

1. Mann, Keith, (2007), *From Dusk 'til Dawn: An Insider's View of the Growth of the Animal Liberation Movement*, Puppy Pincher Press.

2. Nuthall, Keith, (1998), Animal rights activists free 6,000 mink, *Independent*, August 8. [Online] https://www.independent.co.uk/news/animal-rights-activists-free-6-000-mink-1170478.html

3. BBC, (1998), Anti-fur campaigners slam mink release, August 11. [Online] http://news.bbc.co.uk/2/hi/uk_news/148420.stm

4. Evans, Rob, (2018), Ex-police spy berates Met for revealing her role in mink release. *The Guardian*, Feburary 23. [Online] https://www.theguardian.com/uk-news/2018/

feb/23/ex-police-spy-christine-green-berates-met-for-revealing-role-in-mink-release; Evans, R. and Carell, S., (2018), Met police spy has long-term relationship with activist after quitting covert role. *The Guardian*, Feburary 18. [Online] https://www.theguardian.com/uk-news/2018/feb/18/police-spy-christine-greening-long-term-relationship-activist-tom-frampton-after-quitting-covert-role

5. 직접행동DxE, (2019), 패스트푸드점 방해시위. [Video] https://www.youtube.com/watch?v=EeAYicF1y58

6. 이경미, (2022), 「다시 묻는, 왜 비건인가? ...피터 싱어가 답하다」, 《한겨레21》 8월 8일. [Online] https://h21.hani.co.kr/arti/society/society_general/52395.html

7. Polanco, A.,Parry, J. and Anderson J., (2022), Planting Seeds: The Impact Of Diet and Different Animal Advocacy Tactics, Faunalytics. [Online] https://faunalytics.org/relative-effectiveness/

8. 이경미, (2022), 앞의 글.

9. 밀란 쿤데라, (2009), 『참을 수 없는 존재의 가벼움』, 이재룡 옮김, 민음사, p.450. (원서 출판 1984, 『L'Insoutenable Légèreté de l'être』, Gallimard)

| 9장 |

도그쇼라는 이름의 괴물쇼: 크러프츠의 순종견

1. 찰스 다윈, (2019), 『종의 기원』, 장대익 옮김, 사이언스북스, p.144. (원서 출판 1859, 『On the Origin of Species』, John Murray)

2. 스티브 존스, (2008), 『진화하는 진화론』, 김혜원 옮김, 김영사. (원서 출판 1999, 『Almost Like A Whale』, Doubleday)

3. Harrison, Jemima, (2008), Pedigree Dogs Exposed, BBC One, August 19. [Video] https://www.bbc.co.uk/programmes/b00d4ljk

4. Rooney, N. and Sargan, D., (2009), *Pedigree dog breeding in the UK: a major welfare concern?*, Royal Society for the Prevention of Cruelty to Animals Hosham, UK.

5. Herzog, Harold, (2006), Forty-two thousand and one Dalmatians: Fads, social contagion, and dog breed popularity. *Society & Animals* 14(4), pp.383-397.

6. Watson, J. D. and Crick, F. H. C., (1953), Molecular Structure of Nucleic Acids: A Structure for Deoxyribose Nucleic Acid, *Nature* 171, pp.737-738.

7. 에밀리 앤더스, (2015), 『프랑켄슈타인의 고양이』, 이은영 옮김, 휴머니스트. (원서 출판 2013, 『Frankenstein's Cat』, Scientific American/Farrar, Straus and Giroux)

3부 – 동물 영웅 잔혹사

| 10장 |
오해와 폭력의 기원, 동물원: 고릴라 하람베와 빈티 주아

1. Ellis, R. and Rose, R., (2016), Cincinnati Zoo kills gorilla to save child who slipped into enclosure. CNN News, May 29. [Online] https://edition.cnn.com/2016/05/28/us/zoo-kills-gorilla/index.html

2. Shapiro, Emily, (2016), What happened inside the gorilla enclosure at the Cincinnati Zoo leading to the fateful shot, ABC News, June 1. [Online] https://abcnews.go.com/US/happened-inside-gorilla-enclosure-cincinnati-zoo-leading-fateful/story?id=39501024

3. Bekoff, Marc, (2016), 남종영에게 보낸 이메일, June 1.

4. Goodall, Jane, (2016), Thane Maynard에게 보낸 이메일, May 31. [Online] https://www.janegoodall.org/wp-content/uploads/2796_001.pdf

5. Hibbert, C., Weinreb, B., Keay, J., et al., (2008), "Zoological garden", *The London Encyclopaedia* 3rd edition, Macmillan, p.1039. (초판 출판 1983)

6. Morris, R. and Morris, D., (1968), *Men and apes*, Bantam Books.

| 11장 |
군인 194명을 구한 통신병은 행복했을까: 비둘기 셰르 아미

1. 다음에서 재인용. 벤 러월, (2020), 『동물들의 세계사』, 전지숙 옮김, 책과콩나무, p.7 (원서 출판 2019, 『WildLives』, Nosy Crow)

2. 존 소랜슨, (2013), "운송수단부터 전쟁 미화의 상징까지". 다음에 수록됨. 앤서니 J. 노첼라 2세 등 엮음, (2017), 『동물은 전쟁에 어떻게 사용되나?』, 곽성혜 옮김, 책공장 더불어, pp.52-83. (원서 출판 2013, 『Animals and War』, Lexington Books)

3. National Army Museum, "Army horse care in the First World War". [Online] https://www.nam.ac.uk/explore/british-army-horses-during-first-world-war

4. Battersby, Eileen, (2012), Eight million dead in a single conflict: 5,000 years of war horses, *Irish Times*, January 14. [Online] https://www.irishtimes.com/culture/film/eight-million-dead-in-a-single-conflict-5-000-years-of-war-horses-1.444971

5. 국회입법조사처, (2015), 「입법조사 회답: 동물의 군사적 이용 사례(장하나 의원)」.

6. Animals In War Memorial Fund, "Pigeons", History>Informatin about animals in war>Pigeons. [Online] https://animalsinwar.org.uk/history/

7. Tumposky, Ellen, (2011), Corporal Tasker killed by sniper and his bomb sniffing dog collapsed and died, ABC News, March 11. [Online] https://abcnews.go.com/Interna tional/bomb-dog-dies-seizure-moments-handler-killed/story?id=13104884#.UIld KMXBFmM

8. 콜린 설터, (2013), "군-동물 산업 복합체를 소개하며". 다음에 수록됨. 앤서니 J. 노첼라 2세 등, (2017), 앞의 책, pp. 22-48.

9. People's Dispensary for Sick Animals, "PDSA Dickin Medal", What We Do〉Animal Awards Programme〉PDSA Dickin Medal. [Online] https://www.pdsa.org.uk/what-we-do/animal-awards-programme/pdsa-dickin-medal

| 12장 |
비좁은 수족관이 싫어서, 엄마가 보고 싶어서: '살인고래' 틸리쿰

1. Kirby, David, (2012), *Death at SeaWorld*, St. Martin's Press.

2. Zimmermann, Tim, (2010), The killer in the pool, *Outside*, July 30. [Online] https://www.outsideonline.com/outdoor-adventure/environment/killer-pool/

3. Hargrove, J., Chua-Eoan, H., (2015), *Beneath the surface*, Palgrave Macmillan, pp.27-29.

4. Griffin, Ted, (1982), *Namu: Quest for the Killer Whale*, Gryphon West Publishers.

5. Zimmermann, Tim, (2010), 앞의 글.

6. Morgunblaðið, (1983), Fyrsti háhyrningurinn kominn í laugina, November 15. [online] https://timarit.is/files/58393057

7. Whale and Dolphins Conservation, (2016), Tilikum and the history of wild orca captures, April 9. [Online] https://uk.whales.org/2016/04/09/tilikum-and-the-history-of-wild-orca-captures/

8. 남종영, (2013), 「시월드 범고래는 왜 조련사를 죽였을까?」, 《한겨레》 5월 17일. [Online] https://www.hani.co.kr/arti/society/environment/587962.html

9. Manby, Joel, (2016), SeaWorld CEO: We're ending our orca breeding program. Here's why., *Los Angeles Times*, March 17. [Online] https://www.latimes.com/opinion/op-ed/la-oe-0317-manby-sea-world-orca-breeding-20160317-story.html

10. SeaWorld Orlando, (2016), SeaWorld official statement on the death of Orca Tilikum, WKMG ClickOrlando, January 6. [Online] https://www.clickorlando.com/theme-parks/2017/01/06/seaworld-official-statement-on-the-death-of-orca-tilikum/

11. 남종영, (2017),『잘 있어, 생선은 고마웠어』, 한겨레출판.

12. 위의 책, pp.231-236.

13장

영웅 혹은 반영웅의 초상 : 커스터울프와 늑대 오식스의 최후

1. U.S. Fish & Wildlife Service, Gray Wolf. [Online] https://www.fws.gov/species/gray-wolf-canis-lupus

2. Merritt, Dixon, (1921), World's greatest animal criminal dead (press release), U.S. Department of Agriculture, January 17. [Online] https://searchworks.stanford.edu/view/11646596

3. Secretary of the Interior, (1916), *Reports of the Department of the Interior* volume 1, p.787. [Online] http://asq.kr/y8l1O3g

4. 칼 사피나, (2017),『소리와 몸짓』, 김병하 옮김, 돌베개. pp.261-262.

5. 위의 책, pp. 261-273.

6. Ripple, W. J., Beschta, R. L., (2012), Trophic cascades in Yellowstone: the first 15 years after wolf reintroduction, *Biological Conservation* 145(1), pp. 205-213.

7. Blakeslee, Nate, (2017), "3. Star is Born", *American Wolf: A True Story of Survival and Obsession in the West*[eBook], Crown.

8. The 06 Legacy, "The '06 Female", Wolf Stories>06. [Online] https://www.the06legacy.com/wolf-stories-06

14장

사자는 지도를 볼 줄 모른다 : 세계를 흔든 세실

1. Time, (2016), These are Time's 100 most influential animals of 2016, *Time*, April 28. [Online] https://time.com/4301509/most-influential-animals/

2. 브렌트 스타펠캄프, (2018),『세실의 전설』, 남종영 옮김, 사이언스북스.

3. 위의 책.

4. Dowie, Mark, (2005), Conservation refugees, *Orion* November/December. [Online] https://orionmagazine.org/article/conservation-refugees/

5. 위의 글.

6. Brockington, Dan, (2002), *Fortress Conservation: The Preservation of the Mkomazi Game Reserve, Tanzania*, Indiana University Press.

7. Lindsey, P. A., Roulet, P. A. and Romanach, S. S., (2007), Economic and conservation significance of the trophy hunting industry in sub-Saharan Africa, *Biological Conservation* 134(4), pp.455-469.

8. 남종영, (2015), 「참수된 사자 '세실', 마을을 위한 '처녀 제물'처럼 죽어 갔다」,《한겨레》8월 7일. [Online] https://www.hani.co.kr/arti/society/environment/703611.html

4부 – 동물, 그 자체를 향해

| 15장 |
아기 고래야, 제발 가라앉지 마: 탈레쿠아와 17일의 장례식

1. Mapes, Lynda V., (2018), For third day, grieving orca carries dead calf in water, *The Seattle Times*, July 26. [Online] https://www.seattletimes.com/seattle-news/puget-sound/for-third-day-grieving-orca-whale-carries-dead-calf-in-water/

2. Mapes, Lynda V., (2018), 'We won't give up as long as she doesn't: Orca mother carries dead calf for fourth day, *The Seattle Times*, July 30. [Online] https://www.seattletimes.com/seattle-news/we-wont-give-up-as-long-as-she-doesnt-orca-mother-carries-dead-calf-for-fourth-day/

3. Mapes, Lynda V., (2018), Grieving mother orca falling behind family as she carries dead calf for seventh day, *The Seattle Times*, July 27. [Online] https://www.seattletimes.com/seattle-news/environment/grieving-mother-orca-falling-behind-family-as-she-carries-dead-calf-for-a-seventh-day/

4. 김미연·장수진, (2018), 「죽지 마, 떠나지 마… 남방큰돌고래의 애도」,《한겨레》7월 9일. [Online] https://www.hani.co.kr/arti/animalpeople/wild_animal/852468.html

5. King, Barbara J., (2013), *How Animals Grieve*, The University of Chicasge Press, p.10. (한국어판 2022,『동물은 어떻게 슬퍼하는가』, 정아영 옮김, 서해문집)

6. Goodall, Jane, (2000), *Through a Window*, Mariner Books, pp.196-197.

7. Mullen, William, (2004), One by one, gorillas pay their last respects, *Chicago Tribune*, December 8. [Online] https://www.chicagotribune.com/news/ct-xpm-2004-12-08-0412080315-story.html

8. King, Barbara J., (2013), 앞의 책, pp.8-10.

9. Biro, D., Humle, T., Koops, K., Sousa, C., Hayashi, M. and Matsuzawa, T., (2010), Chimpanzee mothers at Bossou, Guinea carry the mummified remains of their dead infants, *Current Biology* 20(8), pp.R351-R352.

| 16장 |
말하고 싶지 않아, 그게 우리야: 말하는 유인원

1. Miles, Lyn, (2015), 남종영에게 보낸 이메일, December 30.

2. Huggins, Lisa, (1978), UTC engages in 'Monkey' business, *The University Echo*, October 27.

3. Mendez, Esther, (1986), UTC terminates project Chantek, *The University Echo*, February 28.

4. Matthew, Cole, (2014), *The Ape Who Went to College*, Blink Films.

5. Hobaiter, C. and Byrne, R. W., (2014), The meanings of chimpanzee gestures, *Current Biology* 24(14), pp.1596-1600.

| 17장 |
거울 실험과 자의식의 탄생: 서울대공원의 오랑우탄들

1. Gallup, Gordon G., (1970), Chimpanzees: self-recognition, *Science* 167(3914), pp.86-87.

2. Gallup, Gordon G., (1977), Self recognition in primates: A comparative approach to the bidirectional properties of consciousness, *American psychologist* 32(5), pp.329-338.

3. Gallup, Gordon G., (2015), 남종영에게 보낸 이메일, October 17.

4. 프란스 드발, (2005), 『내 안의 유인원』, 이충호 옮김, 김영사. (원서 출판 2005, 『Our Inner Ape』, Riverhead Books)

5. Reiss, D. and Marino, L., (2001), Mirror self-recognition in the bottlenose dolphin: A case of cognitive convergence, *Proceedings of the National Academy of Sciences* 98(10), pp.5937-5942.

6. Plotnik, J. M., De Waal, F. B. M. and Reiss, D., (2006), Self-recognition in an Asian elephant, *Proceedings of the National Academy of Sciences* 103(45), pp.17053-17057.

7. Inoue-Nakamura, Noriko, (1997), Mirror Self-recognition in Nonhuman Primates: A Phylogenetic Approach, *Japanese Psychological Research* 39(3), pp.266-275.

8. Siwak, Christina T., (2002), Age-related changes in non-cognitive behaviours in a canine model of aging and dementia and therapeutic evaluation of adrafinil and modafinil (doctoral dissertation), University of Toronto.

9. White, Thomas I., (2008), *In Defense of Dolphins: The New Moral Frontier*[eBook], John Wiley & Sons.

10. 남종영, (2015), 「"자의식 가지고 있는 유인원은 비인간인격체"-토머스 화이트 교수 인터뷰」, 《한겨레》 1월 31일 16면. [Online] https://www.hani.co.kr/arti/society/environment/676169.html

11. Wise, Steven M., (2004), "Animal rights, one step at a time". 다음에 수록됨. Sunstein, C. R. and Nussbaum, M. C. (eds), (2004), *Animal rights: Current debates and new directions*, Oxford University Press.

12. Nonhuman Rights Poject, First elephant to pass mirror self-recognition test; held alone at the Brox Zoo. [Online] https://www.nonhumanrights.org/client-happy/

5부 – 앞으로 올 인간-동물 관계

| 18장 |

난 죽음의 사자가 아니야: 임종을 예견한 고양이 오스카

1. Dosa, Daivd. M., (2007), A day in the life of Oscar the cat, *New England Journal of Medicine* 357(4), p.328.

2. 데이비드 도사, (2010), 『고양이 오스카』, 이지혜 옮김, 이레, pp.25-28. (원서 출판 2009, 『Making Rounds with Oscar』, Hyperion New York)

3. Dosa, David, (2007), 앞의 글, pp.328-329.

4. Dosa, David, (2019), 남종영에게 보낸 이메일, May 1.

5. Donaldson, S. and Kymlicka, W., (2011), *Zoopolis: A Political Theory of Animal Rights*, Oxford University Press, pp.50-51.

6. 앨러스데어 코크런, (2021), 『동물의 정치적 권리 선언』, 박진용·오창룡 옮김, 창비, pp.89-94. (원서 출판 2020, 『Should Animals Have Political Rights?』, Polity Press)

7. Donaldson, S. and Kymlicka, W., (2011), 앞의 책.

8. 코린 펠뤼송, (2019), 『동물주의 선언』, 배지선 옮김, 책공장더불어, pp.61-76. (원서 출판 2017, 『Manifeste animaliste』, Alma Editeur)

9. 주폴리스에 대한 비판적 분석은 다음을 참고하라. 최훈, (2021), 「도널드슨과 킴리커의 동물 시민권론 비판」, 《윤리학》 10(2), pp.129-154.

10. Dosa, David, (2019) 앞의 이메일.

11. 박정윤 등, (2019), 『키티피디아』, 어떤책, p.56.

12. Dosa, David, (2022), Facebook: Oscatrhecat, Feburary 24. [Online] https://www.facebook.com/permalink.php?story_fbid=10166093448095 [Accessed at: March 7, 2022]

| 19장 |

세상에서 가장 외로운 고래를 찾아서: 단 하나뿐인 52Hz 고래

1. Jamison, Leslie, (2014), 52 Blue, *The Atavist Magazine* No. 40. [Online] https://magazine.atavist.com/52-blue/

2. Watkins, W. A., Daher, M. A., George, J. E., et al., (2004), Twelve years of tracking 52-Hz whale calls from a unique source in the North Pacific, *Deep Sea Research Part I: Oceanographic Research Papers* 51(12), pp.1889-1901.

3. Mulvaney, Kieran, (2017), The loneliest whale in the world?, *The Washington Post*, January 26. [Online] https://www.washingtonpost.com/sf/style/2017/01/26/the-loneliest-whale-in-the-world/

4. Revkin, Andrew C., (2004), Song of the sea, a cappella and unanswered, *The New York Times*, December 21. [Online] https://www.nytimes.com/2004/12/21/health/science/song-of-the-sea-a-cappella-and-unanswered.html

5. Hildebrand, John, (2017), 남종영에게 보낸 이메일, Feburary 14.

6. McDonald, M. A., Hildebrand, J. A. and Mesnick, S., (2009), Worldwide decline in tonal frequencies of blue whale songs, *Endangered Species Research* 9(1), pp.13-21.

| 20장 |
침팬지의 절망에 응답하기: 침팬지 루시와 사람 카터

1. 로저 파우츠·스티븐 투켈 밀스, (2017), 『침팬지와의 대화』, 허진 옮김, 열린책들, pp.191-204. (원서 출판 1997, 『Next of Kin』, William Morrow & Company)

2. 위의 책, p.267.

3. 위의 책, p.267.; 엘리자베스 헤스, (2012), 『님 침스키』, 장호연 옮김, 백년후. (원서 출판 2008, 『Nim Chimpsky』, Bantam)

4. Chimpanzee Rehabilitation Trust, (n.d.), The Lucy story. [Online] http://www.chimprehab.com/lucy/ [Accessed at: May 1, 2022]

5. Haraway, Donna J., (2010), *When Species Meet*, University of Minnesota Press. (초판 출판 2008)

6. Miles, Lyn, (2015), 남종영에게 보낸 이메일, December 30.

7. Haraway, Donna J., (2013), *Primate Visions: Gender, Race, and Nature in the World of Modern Science*, Routledge, p.131. (초판 출판 1989)

| 에필로그 |
지리산반달곰 KM-53의 도전

1. 박상현, (2022), 「반달곰 피해 늘어나는데… 환경부 '서식지 확대' 깜깜이 추진」, 《조선일보》 6월 1일. [Online] https://www.chosun.com/national/transport-environment/2022/06/01/K2FNC2YMIZC7POEHAGW5PEXHJU/

2. 환경부, (2021), 『제2차 반달가슴곰 복원 로드맵(2021-2030)』

3. 환경부, (2022), 「반달가슴곰, 지리산에서 첫 4세대 새끼 출산」 5월 31일 자 보도 자료.

프롤로그 – 우리는 왜 동물 탈옥수를 응원하나

p.15 　　　ⓒPittsburgh Post-Gazette

1부 – 길들임과 지배 사이

p.26 　　　public domain(2007, 미 국방부)

p.35 　　　ⓒRobert J Preston(2006, Alamy Stock Photo)

p.37 　　　ⓒGeza Teleki

p.45 　　　ⓒNature Picture Library/Angelo Gandolfi(2010, Alamy Stock Photo)

p.47 　　　ⓒPauloC.Simões-Lopes et al.

p.50 　　　public domain(Charles Eden Wellings, between ca. 1900 and 1922, Libraries Austra-
lia)

p.61 　　　public domain(Alonso de Mendoza, wikimedia)

p.69 　　　ⓒG. W. Murray and E. H. Warmington(1967, Trogodytica: The Red Sea Littoral in
Ptolemaic Times, *The Geographical Journal* Vol. 133, No. 1)

p.74 　　　ⓒAlex Nice(2020, Artstation)

p.81 　　　ⓒCahors Vallée du Lot

p.89 　　　ⓒLyudmila Trut(1999, Early Canid Domestication, *American Scientist* Vol. 87, No.2)

p.96 　　　ⓒW. H. Calvin(2006, wikimedia, CC BY-SA 4.0)

p.99 　　　ⓒJill D. Pruetz and Nicole M. Herzog(2007, Savanna Chimpanzees at Fongoli,
Senegal, Navigate a Fire Landscape, *Current Anthropology* Vol. 58, Sup. 1)

2부 – 동물정치의 개막

p.108 　　　public domain(Anonymous, 1890년경)

p.110 　　　public domain(Byron, 1900년대 초, Library of Congress)

p.116 　　　ⓒ남종영

p.121 　　　ⓒHumane Society International

p.251   public domain(Us Government, 1920, wikipedia)

p.254   ⓒNPS/Doug Smith

p.255   ⓒRIPPLE, WILLIAM J. et el.(2014, Status and Ecological Effects of the World's
         Largest Carnivores, *Science* Vol. 343, Issue 6167)

p.261   (위) ⓒPatrick Connolly
         (아래) ⓒNPS

p.267   ⓒBrent Stapelkamp

p.270   ⓒ연합뉴스(AP Photo/Jim Mone)

p.273   ⓒBrent Stapelkamp

p.277   ⓒGoogle 갈무리

4부 - 동물, 그 자체를 향해

p.287   ⓒKatie Jones/Center for Whale Research

p.291   ⓒChicago Tribune

p.292   ⓒOleg Senkov(Shutterstock)

p.298   ⓒThe University of Tennessee at Chattanooga

p.303   ⓒ연합뉴스(Alan Mothner/AP)

p.305   ⓒAdam K Thompson/Zoo Atlanta

p.307   ⓒ〈Project Nim〉/Mongrel Media

p.309   ⓒJerry Telfer(2018, San Francisco Chronicle via AP)

p.313   ⓒGordon Gallup

p.315   ⓒFriso Gentsch/dpa picture alliance(2022, Alamy Stock Photo)

p.320   ⓒ강재훈

p.322   ⓒ강재훈

p.324   ⓒ강재훈

5부 - 앞으로 올 인간-동물 관계

p.337   ⓒAP Photo/Stew Milne, File

p.353   ⓒNOAA

p.356   ⓒBleecker Street Media

p.363   ⓒKEO Films/HBO Max

p.369   ⓒKEO Films/HBO Max

도판 출처

에필로그 - 지리산반달곰 KM-53의 도전

p.372   ⓒ국립공원관리공단

북트리거 일반 도서

북트리거 청소년 도서

동물권력

매혹하고 행동하고 저항하는 동물의 힘

1판 1쇄 발행일 2022년 11월 30일
1판 2쇄 발행일 2024년 4월 30일

지은이 남종영
펴낸이 권준구 | 펴낸곳 (주)지학사
본부장 황홍규 | 편집장 김지영 | 편집 공승현 명준성
기획·책임편집 김지영 | 인포그래픽 김상준 이도훈 | 디자인 정은경디자인
마케팅 송성만 손정빈 윤술옥 | 제작 김현정 이진형 강석준 오지형
등록 2017년 2월 9일(제2017-000034호) | 주소 서울시 마포구 신촌로 6길 5
전화 02.330.5265 | 팩스 02.3141.4488 | 이메일 booktrigger@jihak.co.kr
홈페이지 www.jihak.co.kr | 포스트 post.naver.com/booktrigger
페이스북 www.facebook.com/booktrigger | 인스타그램 @booktrigger

ISBN 979-11-89799-85-4 03330

＊ 이 도서는 한국출판문화산업진흥원의 '2022년 우수출판콘텐츠 제작 지원' 사업 선정작입니다.

북트리거

트리거(trigger)는 '방아쇠, 계기, 유인, 자극'을 뜻합니다.
북트리거는 나와 사물, 이웃과 세상을 바라보는 시선에 신선한 자극을 주는 책을 펴냅니다.